D1754164

Seite 1:
Tazio Secchiaroli,
Foto von Gina Lollobrigida

Für diese Ausgabe:
© 1999 te Neues Verlag GmbH, Kempen
Für die Originalausgabe:
© 1998 Federico Motta Editore S.p.A., Mailand
Für die Fotografien:
© 1999 Tazio Secchiaroli

Originaltitel:
Tazio Secchiaroli, Dalla Dolce Vita ai Miti del Set

Deutsche Übersetzung: Claudia Bostelmann,
Anton Ebner, Deggendorf; Dr. Bruno Lill, Köln
Redaktion und Produktion: Christiane Blaß, Köln

ISBN 3-8238-2982-3
Printed in Italy

Diego Mormorio

DOLCE VITA

Tazio Secchiaroli

*Der Größte
 aller Paparazzi*

teNeues

Von der Dolce Vita zur Traumfabrik des Films

In den Wasserbehältern der Gemüsebauern

Im Jahr 1925, als Tazio Secchiaroli in Centocelle zur Welt kam, bestand der Ort aus ein paar Häusern inmitten der römischen Campagna. In unmittelbarer Nähe fanden sich imposante Spuren des antiken Rom, die umgeben waren von den in dieser Gegend typischen großen künstlich angelegten Wasserflächen, die den Hirten als Tränke für ihre Schafe dienten und in denen die Kinder nach den Regenfällen im Frühjahr herumtobten.

Die Strände von Ostia, die 30 Jahre später von der enorm gewachsenen Bevölkerung Roms im Sturm erobert werden sollten, lagen zu dieser Zeit, zumindest für die Einwohner der Vororte, in weiter Ferne. Wenn sich also im Sommer die künstlichen Seen in Schlammlöcher verwandelten, bekämpften Tazio und die anderen Kinder die glühende Hitze durch ein Bad in den großen Gießwassertonnen der Gemüsebauern.

Secchiarolis Familie stammte aus den Marken. Sein Vater war der Sohn von Bauern, die im Winter zur Feldarbeit nach Rom kamen. Zu dieser Zeit war die Stadt, die sich erst langsam über die Mauern hinaus ausdehnte, umgeben von Feldern, auf denen Gemüse und Wein angebaut wurde. Von Centocelle bis ins Zentrum von Rom waren es weniger als zehn Kilo-

Links:
Tazio im Alter von zwei Jahren

Rechts:
Tazio als Schüler der zweiten Grundschulklasse
(Dritter von rechts in der ersten Reihe)

Tazio als 18jähriger auf der Via Casilina, 1943 und unten auf der Harley-Davidson eines Freundes, 1950

meter, und doch schien die Stadt unglaublich weit weg zu sein. Mit dem Bummelzug der Strecke Rom–Frosinone war man in etwa einer halben Stunde dort: Das ist fast nichts im Vergleich zu der Zeit, die man heute braucht, um mit dem Auto von einem Stadtteil zum anderen zu kommen. In den Köpfen der Menschen dort war die Entfernung allerdings riesig. „Meine Mutter", so erinnert sich Secchiaroli, „sagte nie einfach nur, ich fahre in die Stadt, sondern: ich fahre nach Rom." Die Bewohner von Centocelle und der anderen Vororte verstanden sich weder als richtige Städter noch als Landbewohner. Daraus erklärt sich die Vehemenz, mit der einige, die wie Secchiaroli in den 30er Jahren aufgewachsen sind, die Stadt erobern wollten. In dem ländlichen Szenario um Rom, das vor der Vereinnahmung durch die Baulöwen in den 50er Jahren noch fast so war, wie Stendhal es zu Beginn des 19. Jahrhunderts beschrieben hatte: „Der Anblick der Landschaft ist großartig; es ist keine flache Ebene und die Vegetation ist kräftig. Wohin man blickt, sieht man Ruinen von Aquädukten oder Trümmer von Grabmälern, die der römischen Campagna einen unvergleichlichen Zug zur Größe geben"[1], gab es noch keine Studios von Cinecittà: jenem Ort, der für den beruflichen Werdegang von Secchiaroli so ausschlaggebend werden sollte. Offiziell eingeweiht wurden die Studios durch Mussolini zwölf Jahre nach der Geburt des Fotografen, am Nachmittag des 27. April 1937, bei einem Festakt mit politischen Würdenträgern, Fahnen, Fanfaren, Kindern in Uniform und militärisch aufgereihten Angestellten und Arbeitern. Das Regime legte mit derartigen Inszenierungen bereits den Grundstein für die späteren Kostümfilme mit ihren unzähligen, auf das Sonderbarste verkleideten Komparsen.

In die „Stadt des Kinos" kam Secchiaroli erstmals im Kriegsjahr 1943, und zwar als Laufbursche. Benzin war in dieser Zeit knapp, und so waren selbst so berühmte Schauspieler wie Alida Valli, Amedeo Nazzari und Luisa Ferida

---

[1] Stendhal, Römische Spaziergänge, Eugen Diederichs, Jena 1910, S. 8

dazu gezwungen, wie alle anderen auch, nach Cinecittà den Zug von Rom zu den Castelli zu nehmen. Als er seinen Job dort nach einigen Monaten aufgab, konnte er sich wohl kaum vorstellen, daß er, um in diese „neun von einer Mauer umgebenen Hallen" zurückzukehren, nicht nur die sechs Kilometer Landstraße, sondern einen sehr viel weiteren Weg zurücklegen mußte, der ganze 15 Jahre in Anspruch nehmen sollte. Er konnte natürlich nicht wissen, daß ihn sein Weg zurück über die Via Veneto und die Ereignisse des Sommers '58 führen würde.

Unter dem Zeichen des Schützen
Tazio Secchiaroli war Zeit seines Lebens dynamisch, optimistisch, von einer ausgeglichenen und jovialen Heiterkeit und immer auf der Höhe seiner Zeit. Eigenschaften, die für das Tierkreiszeichen des Schützen, unter dem er am 26. November 1925 geboren wurde, typisch sind.

Kurz zuvor erwarben seine Eltern mit ihrem Ersparten ein Stück Land in der Via di Bonifica (der heutigen Via Tor de' Schiavi), der einzigen Straße entlang der Häuser von Centocelle. Der Vater war Maurer und erbaute eigenhändig das Haus, in dem Tazio und seine zwei Schwestern zur Welt kamen. Durch sein Beispiel vermittelte er seinen Kindern schon früh die Bedeutung von Fleiß und persönlichem Einsatz.

Während der Sommerferien wurde Tazio von seinem Vater immer dazu angehalten, handwerkliche Fähigkeiten zu erlernen. So erwarb er seine Kenntnisse im Schreiner- und Schmiedehandwerk, auf die er immer stolz gewesen ist. Nachdem der Vater 1941 frühzeitig verstorben war, mußte Tazio die Schule verlassen. Für ein Jahr arbeitete er als Heizer bei der Bahn und, wie bereits erwähnt, als Laufbursche in Cinecittà. In diesem Jahr machte er mit der Kodak Retina 35 mm eines seiner Freunde am Rand eines Fußballfelds bei Centocelle seine ersten Fotos: ganz gewöhnliche Aufnahmen, die jeder hätte machen können, und doch zeigt eines davon bereits das fotografische Gespür Secchiarolis. Außerhalb des Spielfelds fährt sein Freund, der ihn gebeten hatte, ihn zu fotografieren, mit einem Fahrrad auf die Kamera zu, die Schultern auf der Höhe eines der beiden Tore. Als Secchiaroli abdrücken will, sieht er, daß der Ball über die Torlatte auf ihn zukommt. Er entschließt sich also zu warten und erst im letzten Augenblick abzudrücken, kurz bevor der Ball ihn trifft. So gelingt es ihm, den Freund auf dem Fahrrad neben dem fliegenden Ball einzufangen.

Nach seinem Job als Laufbursche in Cinecittà fing Secchiaroli 1944 als Straßenfotograf in Rom an. Wie viele andere hielt er sich rund um den Bahnhof und in der Nähe der bedeutendsten Monumente auf. Er arbeitete für verschiedene Fotogeschäfte und manchmal auch für absolut unprofessionelle „Arbeitgeber", die mit mehr oder weniger Erfolg in ihren alten Wohnungen im Centro Storico von Rom Fotos entwickelten und vervielfältigten.

Rom war in diesen Monaten voll von amerikanischen Soldaten und den üblichen Touristen. Ausgerüstet mit Filmmaterial, erwartete sie der Straßenfotograf an den einschlägig bekannten Stellen und bot mit einem gewinnenden Lächeln ein Erinnerungsfoto an. Viele nahmen das Angebot belustigt an; sie bekamen einen Abholzettel mit einer Adresse, doch kaum waren sie um die Ecke, warfen sie ihn weg oder vergaßen ihn in ihrer Tasche. Gezahlt hatten sie dabei gar nichts. In den Anfängen dieser eigenartigen Fotoarbeit waren sich die „Arbeitgeber", also die, die den Straßenfotografen die Filme und die Kameras zur Verfügung stellten, sicher, daß die Fotografierten ihre Fotos auch abholen. Innerhalb weniger Wochen erwies sich diese Sicherheit als absolut trügerisch. Von den Hunderten von Soldaten und Touristen hatte praktisch kein einziger die Fotos abgeholt. Nicht nur die Arbeit der Fotografen war umsonst, auch Tausende von Filmen waren verschossen worden. Aus diesem Grund waren Roms Straßenfotografen schon bald gezwungen, ihre Arbeitsweise zu ändern. Statt wahllos herumzuknipsen, näherten sie sich jetzt jemandem und taten so, als würden sie ihn fotografieren. Wer das Foto haben wollte, mußte 20 Lire im voraus bezahlen. Nur wenige gingen darauf ein. War dies jedoch der Fall, machte der Fotograf sicherheitshalber ein zweites Foto. Und natürlich war es immer dieses zweite Foto, das die Fotografierten vorgelegt bekamen, wenn sie das Foto abholten.

Links:
Tazio am Steuer der Lambretta, hinter ihm Luciano Mellace, Foto von Franco Pinna, 1952

Rechts oben:
Tazio mit einer Gruppe von Straßenfotografen, 1950

Rechts unten:
Tazio 1953 und 1954: „Ich hatte mich neu eingekleidet."

Mit dieser Methode, bei der unzählige Filme gespart werden konnten, machte der Straßenfotograf Hunderte von fingierten und sehr viel weniger echte Fotos. Im Laufe eines Tages waren das durchschnittlich 15 Aufnahmen. Das entsprach einem Verdienst von 300 Lire, denn die Vorauszahlung kassierte der Fotograf.
Als nach dem Abzug der Soldaten der Alltag erneut eingekehrt war, kamen wieder mehr Touristen nach Rom. Nur wenige von ihnen besaßen einen Fotoapparat, alle waren also potentielle Kunden. Der Verdienst der Straßenfotografen sicherte dabei gerade mal das Überleben. Im Sommer und an den Wochenenden mußten sie an die Strände von Ostia fahren, wo sie dann Kinder, Liebespaare und Familien beim Melonenessen vor der Kamera hatten.
Diese erste Periode von Tazio Secchiarolis professioneller Tätigkeit als Fotograf dauerte etwa fünf Jahre, also bis 1951. In diesem Jahr begann die Freundschaft des später als „Fuchs der Via Veneto" bekannten Secchiaroli mit dem römischen Fotografen Luciano Mellace, der für die amerikanische Agentur International News Service in der Via del Corso arbeitete. Durch ihn trat er, wenngleich auf der untersten Stufe, in die Welt des Fotojournalismus ein. Er übernahm kleine Arbeiten in der Dunkelkammer und manchmal fungierte er auch als Assistent.
Ein heute berühmtes Foto dokumentiert diese Zeit, die etwa ein Jahr dauern sollte. Es stammt von dem gleichaltrigen Franco Pinna, der, genau wie Secchiaroli, einer der größten Fotografen Italiens wurde. Aufgenommen wurde es am Dienstag, dem 17. Juni 1952, anläßlich einer antiamerikanischen Demonstration auf der Piazza Colonna mitten im Zentrum Roms. Im Vordergrund sieht man einen Jugendlichen von hinten, der von der Polizei abgeführt wird, und im Hintergrund einen Fotografen mit blitzender Kamera, der hinter dem jungen Secchiaroli auf einer Lambretta sitzt.

„Während dieser Festnahmen versuchte ich", so erinnert sich der Fotograf, „Mellace bis auf drei, vier Meter an das Geschehen heranzubringen, damit er aus einer optimalen Entfernung fotografieren konnte und keine Angst haben mußte, von der Polizei angehalten zu werden."
Diese Aufnahme wurde zusammen mit drei anderen am nächsten Tag von der linken Tageszeitung *Paese Sera* veröffentlicht.
Doch schon zehn Jahre später, als die Erinnerung an die antiamerikanische Demonstration verblaßt war und der Mythos der Fotografen der Via Veneto geboren wurde, war das Foto nur noch in einem Ausschnitt im Umlauf. Der von hinten fotografierte Jugendliche war verschwunden, und der Bildausschnitt zeigte nur noch Tazio Secchiaroli mit Luciano Mellace und der blitzenden Kamera auf der Lambretta. Es diente jetzt allein der Selbstdarstellung, mit der sich die römischen Fotografen zur Zeit der Dolce Vita in Szene setzten.

Adolfo Porry-Pastorel, der erste Lehrer von Tazio Secchiaroli

1988 schrieb Tazio Secchiaroli in der Einleitung zu einem kleinen Band über den Fotoreporter Adolfo Porry-Pastorel: „Die Spur, die er in mir hinterlassen hat, ist das, was die Psychoanalytiker als Imprinting (Prägung) bezeichnen."[2]
Diese Äußerung allein macht schon deutlich, welch entscheidende Rolle dieser Fotograf bei der professionellen Ausbildung von Secchiaroli spielte. Es ist daher unumgänglich, sich mit der Persönlichkeit und Handlungsweise von Pastorel zu beschäftigen, der als einer der Väter des italienischen Fotojournalismus gilt. In der Agentur dieses außergewöhnlichen Menschen begann Secchiarolis eigentliche Fotografenlehre. Allein schon der Name der Agentur zeugt vom eigenwillig-originellen Charakter ihres Gründers: Visioni Editoriali Diffuse Ovunque, wobei das Akronym VEDO (ich sehe) zweifellos für diese Wahl ausschlaggebend war.

Links:
Tazio auf einem Esel, zusammen mit seinem Lehrer Adolfo Porry-Pastorel, Castel San Pietro, 1954

Rechts:
Tazio (rechts) auf dem Flughafen von Ciampino, 1954

[2] Einleitung zu: Tita Di Domenicantonio, *Adolfo Porry-Pastorel un fotoreporter leggendario*, Palestrina 1988, S. 7

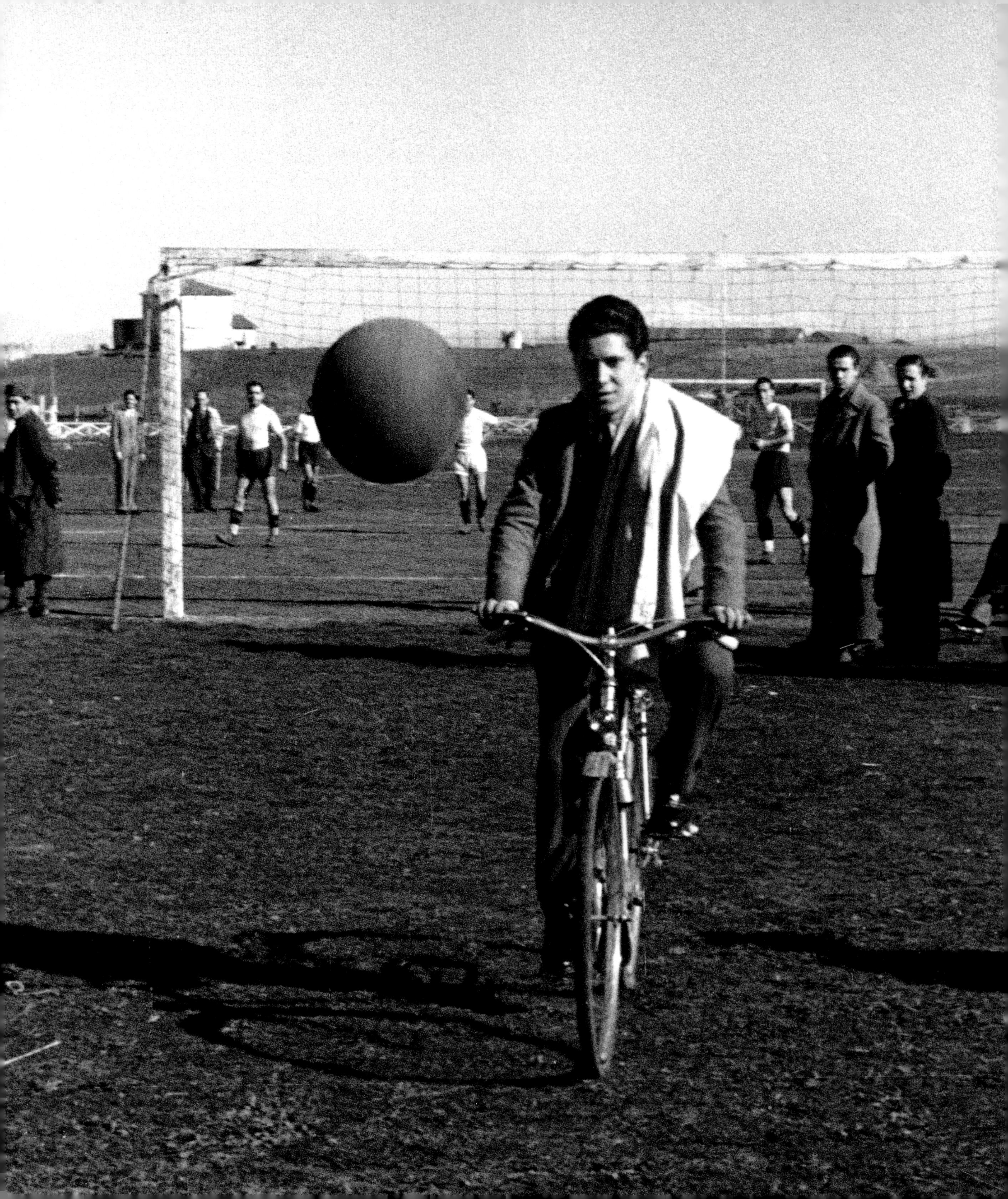

1888 wurde Porry-Pastorel, der anglo-französischer Abstammung war, in der Provinz von Treviso geboren. Im Alter von zwölf Jahren verlor er seinen Vater, einen Offizier der „Bersaglieri", und wurde fortan von seinem Stiefvater Ottorino Raimondi aufgezogen. Dieser arbeitete als Journalist für den *Corriere della Sera* und übernahm 1906 die Leitung des *Messaggero*. Noch bevor Raimondi dort Direktor wurde, begann Porry in der Druckerei der römischen Tageszeitung Gefallen „am Geruch der Druckerschwärze" zu finden. Die Idee, Sachverhalte mit Hilfe der Fotografie darzulegen, stand schon in den ersten Tagen seiner 1906 aufgenommenen Tätigkeit als Reporter so sehr im Vordergrund, daß er den Direktor davon überzeugte, sich mit den Drucktechniken vertraut zu machen, um in der Zeitung Fotos veröffentlichen zu können. Porry-Pastorel wurde daraufhin nach Deutschland geschickt, wo er sich in einem Fotodrucklabor die Kunst der Zinkdruckplattenherstellung aneignete.

Seine ersten Fotoaufnahmen erschienen mit großem Erfolg in der radikalen Tageszeitung *La Vita*, zu der er Ottorino Raimondi 1908 folgte. Seinen ersten Volltreffer, einen sogenannten Scoop, landete er 1909, als eines Nachts in Rom auf der Piazza di Pietra das Ehepaar Palmarini, das bei der Banca Bosio als Wachpersonal angestellt war, umgebracht wurde. Ein Nachtwächter entdeckte die Tat um 4.30 Uhr, noch bevor die Polizei eingetroffen war. Porry war, möglicherweise durch einen Tip des Wachmanns, bereits an Ort und Stelle. Kaum zwei Stunden später brachte seine Zeitung das Foto des ermordeten Ehepaars auf der Titelseite.

Mit der Regierung Giolitti hatte Porry leichtes Spiel, was seine politischen Arbeitsbeziehungen anging. Dem Staatspräsidenten war die „tollkühne Bohnenstange", wie er Porry nannte, sympathisch. Am Tag vor vertraulichen Treffen oder wichtigen Zeremonien rief ihn Giolitti persönlich an, um ihn darüber zu informieren und mit den notwendigen Einzelheiten zu versorgen, und dann, tags darauf, wenn er ihn leibhaftig vor sich hatte, ließ er es sich natürlich nicht nehmen, zu sagen: „Dieser verflixte Fotograf ist aber auch überall, eine richtige Plage."

Dann trat Italien in den Krieg ein und Porrys Fotos von der Front gingen um die ganze Welt… Die Widrigkeiten und Entbehrungen des Krieges taten seiner Vitalität und seinen eigenwilligen Methoden keinen Abbruch – Porry war immer noch besser als alle anderen. Das bewies er erneut am 3. Januar 1919 beim Italienbesuch des amerikanischen Präsidenten Wilson. Beim offiziellen Mittagessen kostete Wilson gerade den ersten Löffel der Suppe, als Porry ein Foto von ihm schoß, und nur eine Viertelstunde später überreichte Porry dem US-Präsidenten einen 50 x 60 Abzug des Fotos. Wilson erhob sich, reichte ihm die Hand und sagte, daß er sich gerne vor seiner Abreise mit ihm treffen würde. Als Porry zu ihm kam, bot Wilson ihm in Amerika eine Stellung an mit einem monatlichen Gehalt von über 30.000 Lire. Das war zwar eine astronomisch hohe Summe, doch er erhielt allein schon von der Zeitung *Giornale d'Italia* 16.000 Lire im Monat (während der Direktor des Blattes nur 12.000 Lire verdiente). Porry investierte sein Einkommen in seine Fotoagentur VEDO, die sich anfangs in der Via del Pozzetto und später in der Via di Pietra 87 befand und dort über ganze drei Etagen erstreckte.

1983, während eines Gesprächs mit Studenten der Theaterwissenschaften an der Universität von Rom, erinnerte sich Secchiaroli voller Dankbarkeit an Porry-Pastorel: „Zu seiner Zeit galt Porry als absolut ‚gerissen', und seine Kollegen fürchteten ihn, weil er ihnen gerne böse Streiche spielte. Er klebte z. B. Briefmarken auf ihre Objektive. Damals gab es noch keine Reflexkameras, d. h. man schaute nicht direkt durch das Objektiv, bemerkte also nicht, wenn es von irgend etwas verdeckt wurde. Pastorel benutzte oft solch unlautere Praktiken, um zu einem Exklusivfoto zu kommen, und er war deshalb nicht eben besonders beliebt. Ich erinnere mich noch an eine Geschichte aus der Zeit eines Hitlerbesuchs in Italien, die er mir selbst erzählt hat. Hitler war nach Neapel gekommen, um die Flotte zu inspizieren, und man hatte dazu eine Tagesfahrt auf dem Meer organisiert. Eingeladen waren auch fünf oder sechs Fotografen, darunter Pastorel. Nachdem man an Bord gegangen war, waren sich die anderen Fotografen

Links:
Tazio Secchiarolis erstes Foto, aufgenommen 1943 mit dem Fotoapparat eines Freundes auf einem kleinen Fußballplatz in der Nähe von Cinecittà

Tazio (unten rechts) im Quirinal, dem Sitz des italienischen Staatspräsidenten, 1955

[3] Diego Mormorio und Mario Verdone (Hg.), *Il mestiere di fotografo*, Romana Libri Alfabeto, Rom 1984, S. 47–48

sicher, daß Pastorel ihnen zumindest diesmal nicht übel mitspielen konnte, denn durch die gemeinsame Abfahrt und Ankunft würden alle ihre Fotos zur selben Zeit abliefern. Pastorel aber war einige Stunden früher mit einem Weidenkorb an Bord gegangen. Darin befanden sich 20 Brieftauben, zehn aus Neapel und zehn aus Rom. Als es dann soweit war, daß alle ihre Fotos machten, benutzte er eine Leica (auch hier war er einer der ersten, denn nur wenige Amerikaner und Deutsche verwendeten diese neue Technik, während die übrigen noch mit Fotoplatten arbeiteten). Unter dem Vorwand, sich unwohl zu fühlen, ging er in seine Kabine, entwickelte die Negative – alles dafür Notwendige hatte er dabei –, befestigte an jeder Taube ein Bild und ließ sie fliegen. Als dann nach 24 Stunden das Schiff wieder im Hafen anlegte, waren die Zeitungen bereits voll mit Fotos, und zwar mit seinen."[3]

Als Secchiaroli 1952 mit VEDO zusammenzuarbeiten begann, war die Agentur, so der Fotograf, bereits „veraltet und marode". „Doch", so fügt er hinzu, „für mich war sie von außerordentlicher Bedeutung, weil ich dort die Möglichkeit hatte, einen ungewöhnlichen Menschen kennenzulernen, seine Geschichten zu hören und seine Fotos zu sehen: Für mich war das ein absoluter Glücksfall."[4]

Dabei war das Zusammentreffen der beiden reiner Zufall. Einen Monat nach der antiamerikanischen Demonstration, bei der Secchiaroli die Lambretta mit Mellace auf dem Rücksitz lenkte, kam Mario Tursi, ein Fotograf von VEDO, zur International News Service Agentur, weil er verzweifelt jemanden suchte, der ihn im August vertreten könnte. Er fragte alle verfügbaren Fotografen, aber keiner erklärte sich dazu bereit. Secchiaroli, der zu dieser Zeit noch kein Reporter war, hatte man nicht gefragt, und so bot er sich freiwillig an. Tursi zögerte, meinte dann aber resigniert: „Was soll's, ich brauche unbedingt Urlaub…" Er dachte nicht im Traum daran, daß dieser Freiwillige innerhalb von zehn Jahren einer der berühmtesten Fotografen Italiens werden könnte.

Der einmaligen Chance bewußt stürzte sich Secchiaroli voller Begeisterung in die neue

Tazio fotografiert Gina Lollobrigida

[4] Ebd., S. 48

Rechts:
Annamaria Moneta Caglio fotografiert von Secchiaroli während einer Anhörung im Montesi-Prozeß, Rom 1954

Arbeit. Und schon bald wurde ihm das Format des Gründers dieser Agentur bewußt, von dem alle wie von einem fernen Mythos sprachen. Der künftige „Fuchs der Via Veneto" wollte diesen Mythos unbedingt kennenlernen. Sein Wissensdurst bestimmte sein ganzes Leben und noch immer bringt er schlaflose Nächte mit der Lektüre unzähliger Bücher zu.[5] Nach Tursis Rückkehr blieb Secchiaroli weiter in der Agentur. An den Sonntagen kam er oft nach Castel San Pietro, wo Porry als Bürgermeister lebte. Einmal verbrachte er dort eine ganze Woche, um dem Mann zuzuhören, den er als seinen wahren Lehrmeister ansah. So kam es, daß er gewisse Züge von Porry übernahm, auch er war den anderen immer einen Schritt voraus und ließ sich durch nichts von einer Sache abbringen.

Zwei italienische Geschichten

Für VEDO arbeitete Secchiaroli oft auch am Sonntag bei den Fußballspielen der beiden römischen Mannschaften Lazio und Roma. Hinter einem der beiden Tore wartete er auf gefährliche Situationen und stand dabei ständig unter der Spannung, nur ja den entscheidenden Moment nicht zu verpassen. Für ihn war das eine wichtige Lektion, denn so lernte er die hohe Kunst des Wartens. Mit derselben Ausdauer harrte er oft Stunden aus in der Redaktion der Tageszeitung *Momento Sera*, der die Agentur VEDO die ständige Präsenz eines ihrer Fotografen vertraglich zugesichert hatte. Diese Zeitung war es auch, für die Secchiaroli 1954 seine ersten berühmten Fotos machte und bei der er seinen ersten großen Scoop landete.

„Eines Tages", erzählt er, „ich war gerade mit meinem Kollegen Pietro Brunetti in der Redaktion, wurde ein Fotograf angefordert. Die Stimmung war auf einmal sonderbar. Ich sah, wie die Redakteure miteinander tuschelten und hatte das Gefühl, daß es hier um irgendeine große Sache ging. Also sagte ich zu meinem Kollegen: ,Pie, ich mach das, wenn Du nichts dagegen hast?' Er war froh, nicht raus zu müssen und meinte nur: ,In Ordnung, geh Du.' Sie brachten mich also vor das Portal eines Palazzo im Prati-Viertel, wo mir der Journalist dann die ganze Sache erklärte."

Es sollte hier zu einem der größten italienischen Skandale der 50er Jahre kommen. In dem Palazzo in der Via Corridoni 15 befand sich ein Bordell, in dem ein herausragender Vertreter der Kommunistischen Partei Italiens, der Anwalt Giuseppe Sotgiu, mit seiner Frau aus und ein ging. Der schon betagte Anwalt schaute dort seiner jungen (zweiten) Frau, der Malerin Liliana Grimaldi, beim Sex mit dem jungen Buchhalter Sergio Rossi und manchmal auch mit anderen Männern oder Frauen zu.

Das Ehepaar Sotgiu gab sich vor dem Buchhalter und den anderen Liebespartnern eine Zeit lang als „Signor Mario" und „Signora Pia" aus, nur die Hausherrin kannte ihre wahre Identität. Es ist so gut wie sicher, daß auch die Polizei davon wußte, die in diesen Jahren über alle bedeutenderen Vertreter der Kommunistischen Partei Dossiers anfertigte. Fraglich ist, ob die Zeitung durch sie davon Wind bekommen hatte. Weitaus wahrscheinlicher ist es, daß das Haus der Signora Margherita Angelina Fantini auch einen Journalisten des *Momento Sera* zu seinen Besuchern zählte. Ohne gesehen zu werden, machte Secchiaroli ein Foto des Anwalts, als er gerade das Haus in der Via Corridoni betrat. Nach etwa vier Stunden sah er ihn wieder herauskommen. Er wollte ihn eigentlich wieder unbemerkt fotografieren, doch es war bereits Abend und er mußte das Blitzlicht einschalten. Der Anwalt entdeckte ihn und stellte ihn wegen des Fotos zur Rede. Secchiarali antwortete ihm geistesgegenwärtig, daß er nur ein Foto fürs Archiv machen wollte. Sotgiu gab sich damit zufrieden und ahnte nicht, daß diese Fotos kurz darauf erscheinen und die Kommunisten in ernsthafte Schwierigkeiten bringen sollten. Diese hatten nämlich, obwohl sie wie auch die Christdemokraten sehr auf die moralische Integrität ihrer Parteimitglieder bedacht waren, beim Parteieintritt von Sotgiu keinerlei Nachforschungen über ihn angestellt, war er doch von Togliatti höchstpersönlich vorgeschlagen worden. Der Skandal traf die Kommunisten absolut unvorbereitet und war höchst peinlich, insbesondere, weil der Anwalt nur wenige Monate zuvor die Verteidigung des Journalisten Muto auf die Sittenlosigkeit und die Korruption des Bür-

---

[5] Seit über 30 Jahren ist Giuseppe Gioacchino Belli, der römische Dichter des 19. Jahrhunderts, Secchiarolis Lieblingsautor, gefolgt von dem jüdischen Schriftsteller Isaac B. Singer. Seine bevorzugte Lektüre, vor allem in den letzten Jahren, sind Werke zur Geschichte des 20. Jahrhunderts, insbesondere zu den beiden Weltkriegen.

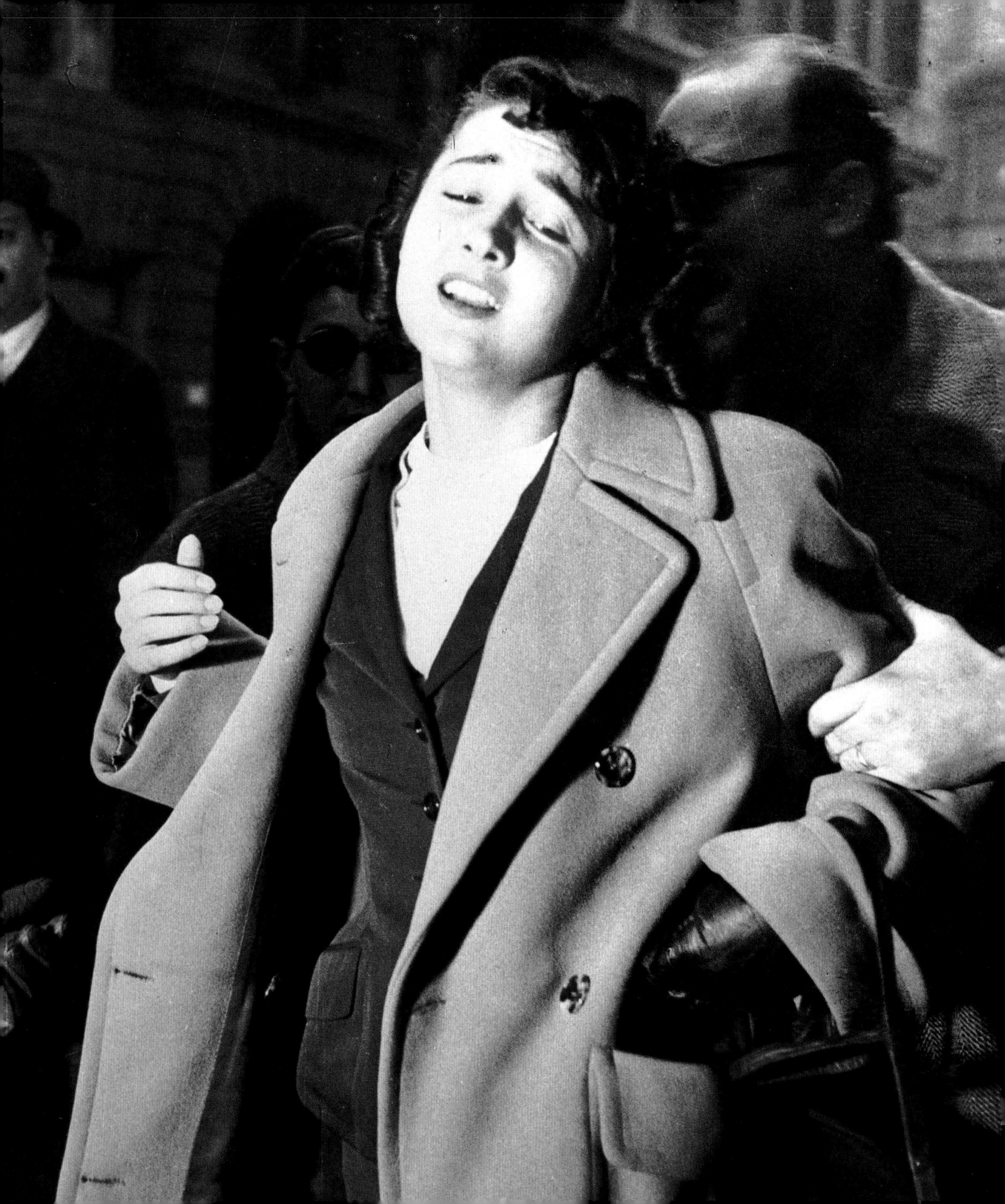

Rechts:
Tazio tanzt mit Annamaria Moneta Caglio, einer Zeugin im Montesi-Prozeß

gertums gestützt hatte, das das Verbrechen an Wilma Montesi erst möglich gemacht habe. Sein Assistent hatte versucht, das Verbrechen in der Wochenzeitschrift *Attualità* zu rekonstruieren, indem er verschiedene hochrangige Persönlichkeiten in Verbindung mit Sex und Drogen brachte, wofür er sich schlußendlich in einem Prozeß wegen „Verbreitung falscher Tatsachen und versuchter Störung der öffentlichen Ordnung" verantworten mußte.

Dieser Prozeß war nichts weiter als ein unbedeutendes Anhängsel an den Montesi-Prozeß, bei dem sich auch Secchiaroli drei Jahre später durch spektakuläre Fotos hervortat. Der Montesi-Prozeß sorgte in jenen Jahren für großes Aufsehen und gab Einblick in die Mischung aus Heuchelei, Anständigkeit, Laster und Ausschweifung im Leben der sogenannten „rechtschaffenden Bürger" von Rom.

Der Fall Montesi
Begonnen hatte alles am Morgen des 11. April 1953. Am Strand von Tor Vaianica wurde Wilma Montesi, eine junge Schönheit, die von einer Karriere als Schauspielerin träumte, leblos und mit nackten Beinen aufgefunden.

Unverzüglich und ohne über die Absurdität dieser These nachzudenken, gab das römische Polizeipräsidium eine Stellungnahme ab, in der es hieß, das Mädchen sei bei „einem Fußbad" ums Leben gekommen: Sie habe die Strümpfe ausgezogen, sei mit den Füßen ins Wasser gegangen und dann „durch ein plötzliches Unwohlsein" ertrunken. Man hätte wohl kaum eine noch unwahrscheinlichere Erklärung finden können, die zudem so offensichtlich nichts mit der tatsächlichen Situation gemein hatte: der Körper von Wilma Montesi trug keinerlei Anzeichen eines Tods durch Ertrinken.

Hinter dieser Erklärung stand der Polizeipräsident Saverio Politi, der in der Zeit nach dem Zweiten Weltkrieg für einiges Aufsehen gesorgt hatte. Nachdem er unter der Sozialrepublik von Salò wegen „versuchter Vergewaltigung" zu 24 Jahren Gefängnis verurteilt worden war, galt er schließlich als Kriegsinvalide und bezog eine Pension, die noch kurz vor dem Prozeß wegen „eines posttraumatischen nervösen Syndroms

und daraus resultierender Beeinträchtigungen der Kauorgane und einer Gehbehinderung durch die Verkürzung des rechten Beins um drei Zentimeter" erhöht worden war.

Im Innenministerium wußte man wohl, daß es Politi nicht wirklich schlecht ging, zumindest beließ ihn Minister Scelba im Amt. Nur zwölf Tage nachdem die rechte Wochenzeitschrift *Meridiano d'Italia* Unregelmäßigkeiten bei den Pensionsbezügen von Politi aufgedeckt hatte, wurde ihre bereits seit einiger Zeit erscheinende Reihe „Storia fotografica di Mussolini" von den Beamten des Polizeipräsidiums beschlagnahmt, obwohl zuvor eine Genehmigung durch den Senatspräsidenten erteilt worden war.

Kurz nachdem die Leiche von Wilma Montesi entdeckt worden war, ging die Behauptung um, sie hätte mit „dem Sohn eines bekannten Politikers" in einem Auto gesessen. Für den Vater der Montesi war das ganze ein Unglücksfall, die Mutter dagegen verglich ihre Tochter anfangs mit Maria Goretti (der Heiligen, die bei einer Vergewaltigung ums Leben kam), schwenkte aber später auf die Aussage ihres Mannes um, daß Wilma „in Ostia ihr Ekzem auskurieren wollte und das Fußbad sie umgebracht habe". Auch bei der Autopsie wurden keinerlei Anzeichen von Gewaltanwendung festgestellt. An diesem Punkt betrat die angehende Schauspielerin Annamaria Moneta Caglio, die Tochter eines Notars aus einer alten Mailänder Familie, die Szene. Die junge Frau sagte aus, daß Wilma Montesi bei einer Drogenparty von Ugo Montagna und Piero Piccioni gestorben sei.

Der erste von den beiden war ein schwerreicher Immobilienberater mit ausschweifendem Lebenswandel und einflußreichen Freunden ohne jeden Anstand. So gehörte zu Montagnas Freundeskreis auch der päpstliche Leibarzt Galeazzi Lisi, der 1958 die Fotos des sterbenden Pius XII. an die Presse verkauft hatte. Montagna selbst gab sich je nach Situation als Commendatore oder Marchese aus. Der andere, Piero Piccioni, war der Sohn des christdemokratischen Ministers Attilio Piccioni, der an der Seite des großen Staatsmannes Alcide De Gasperi stand und gerade in diesen Monaten dessen politisches Erbe antreten wollte. Dasselbe Ziel verfolgte auch der Politiker Amintore Fanfani. Durch die Aussage der Caglio war er zum geheimen Kopf des Prozesses geworden. Denn aus den Prozeßakten ging für den Journalisten der *Attualità* eindeutig hervor, daß die Caglio von Fanfani beeinflußt worden war: „Am 17. November besuchte ich einen in Rom wohnhaften Priester und vertraute ihm all meine Zweifel gegenüber Montagna an. Der Priester berichtete Herrn Fanfani darüber..."

Welches „Spiel" Fanfani hier spielte, war klar: er wollte den Ruf von Attilio Piccioni mit Hilfe der Beschuldigungen gegen seinen Sohn zerstören und dann selbst Parteisekretär der Christdemokraten werden. Und genauso kam es. Schon wenige Monate nach Prozeßbeginn war der einst hochangesehene Piccioni politisch ruiniert.

Zu guter Letzt wurden die beiden Hauptangeklagten freigesprochen, nachdem sie die Schande einer Inhaftierung über sich hatten ergehen lassen müssen, und der Prozeß wurde, wie so oft in Italien, abgeschlossen, ohne daß der Tod von Wilma Montesi in irgendeiner Weise aufgeklärt worden wäre.

Vier Jahre lang waren die Zeitungen voll davon: sie berichteten über den Auftritt zahlreicher, zweifellos dunkler Gestalten, veröffentlichten Klatschgeschichten, wühlten jede Menge Staub auf und waren doch zu keiner Zeit ernsthaft daran interessiert, die Umstände und Motive für den Tod des Mädchens ans Tageslicht zu bringen. Inmitten dieses Geschehens gelang Secchiaroli sein zweiter großer Scoop als Fotoreporter. Die Rede ist von den Fotos der beiden Hauptverdächtigen Montagna und Piccioni.

„Nach drei Tagen des Wartens vor dem Haus, in dem der Sohn des Ministers wohnte, sieht mein Mitarbeiter Velio Cioni den Wagen Montagnas auf das Haus zufahren. Wenig später kommt Piccioni zur Tür heraus und steigt in das Auto, das sofort wieder wegfährt. Cioni verfolgt den Wagen auf seinem Motorroller. In der Nähe des Stadions hält der Wagen, und Velio gibt mir telefonisch Bescheid. Ich fahre sofort zum Stadion: Damals war kaum Verkehr und man konnte in wenigen Minuten in der Stadt von einem Ort zum anderen fahren. ‚Dort

Piccioni und Montagna, die Hauptangeklagten im Montesi-Prozeß, auf der von Tazio Secchiaroli versperrten Straße in der Nähe des Stadions, Rom 1959

sind sie', sagte Cioni. Sie hatten in einer Sackgasse geparkt. Um wegzufahren, mußten sie also wieder auf demselben Weg herauskommen. Ich parkte meinen Wagen so, daß die Hälfte der Straße versperrt war. Als sie ihr Gespräch beendet hatten und mit dem Wagen zurückkamen, verstellte ich ihnen die Durchfahrt. Sie erkannten sofort, daß ich ein Fotograf war. Um einem Foto zu entgehen, hätten sie mich erst umfahren müssen. Sie fuhren also geradewegs auf mich zu, als wollten sie mich tatsächlich überfahren. Ich bewegte mich nicht. Einen Meter vor mir hielten sie an, und ich konnte fünf, sechs Fotos machen, die dann in der *Epoca* veröffentlicht wurden."

Menschenjäger mit der Kamera
Italien war nach dem Montesi-Prozeß und der Affäre Sotgiu ein Land voller Korruption und Heuchelei, was von einigen Zeitungen auf unterschiedlichste Weise unter den Tisch gekehrt wurde. Andere wieder legten sich mit den Fotografen an, um sie als die eigentlich Schuldigen an der ganzen Misere hinzustellen.
So berichtete eine Zeitschrift unter dem Titel „Menschenjäger mit der Kamera" von einem Treffen zwischen dem Buchhalter Rossi – dem Dauerliebhaber von Sotgius Frau – und einem ebenfalls in die Angelegenheit verwickelten Callgirl und kam dabei zu dem Schluß: „Der Buchhalter Sergio Rossi und Signorina Lucia Carducci hatten sich vor der Chiesa Nuova verabredet, um ihre Aussagen vor dem Untersuchungsrichter abzustimmen. Die Piazza della Chiesa Nuova liegt zentral, aber ruhig. Doch auch wenn sich die beiden in einer Gasse von Trastevere, den unterirdischen Gängen des Palatin oder der Bronzekugel auf der Kuppel von Sankt Peter verabredet hätten, das Resultat wäre immer dasselbe gewesen: Überall wären sie auf Fotografen gestoßen. Die ersten vier fielen auf der Piazza della Croce Rossa über den Buchhalter her, als er gerade von einem Bus in einen anderen umsteigen wollte, aber es gelang dem jungen Mann wie durch ein Wunder, sie loszuwerden, indem er in ein Taxi flüchtete. Doch am Treffpunkt waren bereits andere, und es wurden immer mehr, wie Fliegen, die vom Honig angelockt werden. Blitzschnell und ohne Zusammenhang wie in einem alten Slapstick liefen die Szenen vor der Chiesa Nuova ab: der junge Mann und das Mädchen springen in ein anderes Taxi, um sich in irgendein Café bringen zu lassen, in der Hoffnung, dort ein ruhiges Gespräch führen zu können; doch noch bevor sie ‚verdammte Fotografen' sagen können, stürmt eine Horde das Lokal und eröffnet ein Blitzlichtfeuer auf das flüchtende Paar. Er springt in das dritte Taxi dieses Vormittags, und sie rennt weinend in einen Friseursalon.
Signorina Carducci war ein Callgirl, wie man heute in der amerikanischen Umgangssprache sagt, und als solches spielte sie in der Affäre Sotgiu eine Rolle; sie war Callgirl, doch man kann sich vorstellen, daß ihr für immer die Lust daran vergangen ist. Im Alter von 20 Jahren

und mit Hilfe ihrer angesehenen Familie kann sie sich noch ein neues Leben aufbauen: Vielleicht ist es das, woran sie denkt, wenn sie beim Ansturm der Fotografen in Tränen ausbricht. [...] An die Fragen des Untersuchungsrichters muß sie sich wohl oder übel gewöhnen, auch wenn ihr kein Verbrechen zur Last gelegt wird. Man kann aber nicht verlangen, daß sie – noch irgend jemand anderer der Beteiligten – sich an die unverschämten und dummen Angriffe junger, mit Kameras bewaffneter Männer gewöhnen. Hier geht es nicht mehr um das Recht auf Bilder, sondern um den Respekt, den man der Würde, der Ruhe und der körperlichen Unversehrtheit jedes Menschen schuldig ist. Noch mehr als rüpelhaft geben sich die Angreifer als dumm zu erkennen: Diese in Massen gemachten Aufnahmen, die sich alle gleichen, werden tags darauf allen Redaktionen für 3000 Lire angeboten; das ist dann das fragwürdige Ergebnis."[6] Die Zeitschrift ist sich aber nicht zu schade, diese Fotos genau im Rahmen des Artikels, der die Fotografen so heftig kritisiert, in aller Breite und unter dem reißerischen Titel „Die Flucht des Buchhalters" zu veröffentlichen.

Konnte die Carducci auch „mit der Hilfe ihrer angesehen Familie" noch einmal von vorne anfangen, so blieben ihre Verfolger doch, was sie waren: „Schlecht rasierte junge Männer, die man in den Armenvierteln von Rom, in den Bergen der Abruzzen oder der Sabinergegend aufgelesen hatte."

Schließlich schlug der Verfasser des Artikels etwas mildere Töne gegenüber den Fotografen an: „Zu ihrer Entschuldigung muß man sagen, daß sie einer Richtung folgen, die von anderen eingeschlagen wurde: der Mode der ‚Großaufnahme'. Reportagen bestehen oft nur noch aus den gängigen Fotos; nur, wo Rolleiflex und Blitzlicht nicht hinkommen, ist der Bleistift gefragt. Die Bedeutung eines Geschehens wie auch die Tatsachen treten selbst hinter den unbedeutendsten Personen zurück, die in Großaufnahme die Seiten beherrschen. Ihr Charakter wird nicht weiter beschrieben, aber ihre Kleidung, die Krawatte, die Schuhe und Strümpfe. Von all den Leuten, die die Gänge des Justizpalastes entlang gehen, weiß jeder, ob er einen Anzug oder Mokassins aus festem Leder angehabt hat. Möglicherweise sind nicht nur die Reporter und Fotografen, sondern die ganze Gesellschaft für diese Unsitte verantwortlich, und sollte sich die Berichterstattung in eine einzige enorme Klatschspalte verwandelt haben, so sollte man sich an diesen Satz aus dem 18. Jahrhundert erinnern: ‚Ehrenmänner interessieren sich für die Fakten, die Knechte reden über die Leute.'"[7]

Die Fotojäger

Dieser abwertende Ton sollte auch mehr oder weniger stark in der Polemik der „engagierten Fotografen" Italiens gegen die Paparazzi mitschwingen. Als Angehörige des gehobenen Bürgertums und in den meisten Fällen zudem bekennende Kommunisten, sahen sie die Fotografie unter ästhetischen und politischen Aspekten und verachteten die Kollegen, die für die Boulevardblätter arbeiteten. Diese Einstellung wurde von zahlreichen Intellektuellen geteilt und kommt auch in *Photographie und Gesellschaft* von Gisèle Freund zum Ausdruck: „In den 50er Jahren begannen die Skandalzeitschriften in Italien außerordentlich populär zu werden; mit ihnen entstand eine neue Sorte von Photographen: die *paparazzi*. Sie bedienen sich der Teleobjektive, um bekannte Persönlichkeiten in ihrem Privatleben zu photographieren. [...] Die Sensationspresse [...] gibt es in allen kapitalistischen Ländern, nicht dagegen in denen des Ostblocks, wo sie als unmoralisch gilt. [...] Diese Presse dient auch als Ventil für die Haßgefühle, die aus den Alltagsproblemen entstehen. Selbst, wenn man das Leben dieser Kreise beneidet, so fühlt man sich doch gleichzeitig über sie erhaben."[8] Diese Überlegungen muß man einer differenzierteren Betrachtung unterziehen. Erstens: Die Fotografen, die man seit Federico Fellinis Film *La Dolce Vita* von 1960 als Paparazzi bezeichnet, waren in Wirklichkeit kein neuer Typus von Fotografen. Es gibt sie, seitdem die Boulevardpresse ihre Skandale der Reichen und Schönen auch mit Fotos an den Mann bringt. Die tatsächlichen Vorgänger der Paparazzi waren die Agenturfotografen der 40er und 50er Jahre, einer Zeit, die der Gründer der Wochenzeitschrift *L'Espresso*, Arrigo Benedetti, so treffend

Eine Gruppe von Fotografen, die Tazio während des Montesi-Prozesses 1955 vor dem römischen Justizpalast fotografierte

---

[6] Andrea Rapisarda, „Cacciano teste a colpi d'obiettivo", in *Cronache della politica e del costume*, Jg. I, Nr. 31, 14. Dezember 1954, S. 20
[7] Ebd., S. 22
[8] Gisèle Freund, *Photographie und Gesellschaft*, Rowohlt Taschenbuch Verlag, Reinbeck 1979, S. 197

Tazio inmitten einer Gruppe von Fotoreportern, aufgenommen im Quirinal, 1955

als „Zeitalter des Blitzlichts" bezeichnete. Diese Fotografie „hat keine künstlerischen Ambitionen und ist doch oft Kunst", der „Fotograf ist unvoreingenommen" und „will die Wirklichkeit einfangen und denkt nicht daran, ein falsches Bild wiederzugeben".[9] Zweitens: In den 50er Jahren verwendeten die italienischen Paparazzi ausnahmslos „normale" Objektive, arbeiteten mit Blitzlicht und machten ausschließlich Nahaufnahmen. Drittens: In den sozialistischen Ländern gab es keine Boulevardpresse, da es keine Pressefreiheit im allgemeinen gab, und das war sicher nicht moralisch motiviert. Viertens: Soziologische Studien haben gezeigt, daß die Leser der Skandalblätter die Prominenten und ihre Lebensart keinesfalls hassen, sondern sich zu einem guten Teil mit ihnen identifizieren.

Um das Phänomen der Paparazzi wirklich zu verstehen, muß man schon etwas weiter ausholen. Verblüffend klar beschrieb schon 1949 der Schriftsteller, Journalist, Herausgeber, Maler und Grafiker Leo Longanesi in der Einleitung zu einem von ihm herausgegebenen Fotoband einen augenfälligen Wesenszug dieser Art von Fotografie. Er definierte zudem das besondere Verhältnis des Fotografen zu den Fotografierten und den Betrachtern der Fotos: „Die ursprüngliche künstlerische Intention der Fotografie interessiert heute keinen mehr. Fotos dokumentieren vielmehr das Zeitgeschehen und hier vorzugsweise das Verbrechen. Das Lieblingsmotiv ist die Leiche; der Ermordete ist das wahre Stilleben, die *natura morta* der Fotografie. Der gewaltsame Tod beherrscht das Bild. Und auch

[9] Arrigo Benedetti, Vorwort zu: Vincenzo Carrese, *Un album di fotografie*, Il Diaframma, Mailand 1970, S. 9

Tazio mit Elsa Maxwell an der Bocca della verità, 1958

wir haben uns letztendlich an die Leichen gewöhnt. Wir bestaunen ihre tragischen Positionen und halten mit krankhafter Neugier nach entstellten und verzerrten Gesichtern Ausschau. [...] Wir finden es mittlerweile ganz normal, ja geradezu unverzichtbar, beim Blättern in einer Zeitschrift Ermordete neben schönen Schauspielerinnen im Badeanzug zu sehen: unterhaltsam ist es doch erst, wenn das Schöne eines Frauenkörpers und das Makabre eines Ermordeten aufeinandertreffen.

Fotos machen die Menschen nicht besser, sie verderben sie und stimulieren sie zu Sünde, Gewalt und Verbrechen. [...] Abgelichtete Körper, egal ob tot oder lebendig, dienen nur der Fleischbeschau. Ein Foto ist erregend, pervers, obszön oder traurig, es bringt keine Erlösung, es ist nur ein profanes Bild. Fotos sind so realistisch, daß sie jede Illusion zerstören."[10]

Diese extreme Definition von Longanesi gilt selbstverständlich nicht für die Fotografie im Allgemeinen, aber doch für einen beträchtlichen, sehr wichtigen Teilbereich: jene Fotos, die ein grundlegendes Bedürfnis des Menschen befriedigen, das Elias Canetti in seiner Abhandlung *Macht und Überleben* anspricht – die belebende Kraft angesichts des Todes anderer.

„Der Schrecken über den Toten," so Canetti, „wie er vor einem daliegt, wird abgelöst von Genugtuung: man ist nicht selbst der Tote. Man hätte es seien können. Aber es ist der andere, der liegt. Man selbst steht aufrecht, ungetroffen und unberührt, und ob es ein Feind war, den man getötet, ein Freund, der einem

[10] Leo Longanesi, „Il cadavere e il bello fotografico", Einleitung zu: *Il mondo cambia, storia di cinquant'anni*, Rizzoli, Mailand 1949; auch in: Diego Mormorio (Hg.), *Gli scrittori e la fotografia*, Editori Riuniti, Rom 1988, S. 29–30

Zwei Paparazzi verfolgen um 4.20 Uhr, in einer Sommernacht des Jahres 1958, den Wagen von Ava Gardner, Foto von Tazio Secchiaroli

[11] Elias Canetti, *Macht und Überleben. Drei Essays*, Literarisches Colloquium Berlin, Berlin 1972, S. 8–9

starb, alles sieht plötzlich so aus, als wäre der Tod, von dem man bedroht war, von einem selber auf ihn abgelenkt worden."[11]

Tod, Katastrophen und diverse Formen von Gewalt, das führt die Mehrzahl der Fotos vor Augen. Sie sind die Antwort auf das dringlichste, wenngleich unbewußte, aus Angst und Unsicherheit resultierende Bedürfnis des Publikums, aus einer sicheren Position zu beobachten, wie die anderen um ihr Leben kämpfen und auch, wie sie diesen Kampf verlieren.

Solche Fotos faszinieren das Publikum. Besonders reizvoll sind alle Szenen, in denen Prominente vor den Fotografen flüchten. In einem solchen Duell zahlen sie den Preis für ihre Berühmtheit mit dem Verlust ihrer Privatsphäre. Sie sind verletzlich, und das unterscheidet sie von der breiten Masse und zugleich auch wieder nicht. Je verbissener dieses Duell ausgetragen wird, desto begeisterter ist das Publikum.

Aus dem Fotografen ist ein Kämpfer geworden, ein Menschenjäger, der nicht aufgibt, bis er seine Beute (mit der Kamera) eingefangen hat. In einem Artikel in der Zeitschrift *Epoca* vom September 1958 schreibt Secchiaroli über das Verhalten der Paparazzi: „Das sind wir: Wer sollte uns je wieder vergessen? Es ist klar, daß uns in dieser Sache keiner aufhalten wird. Wir nehmen alles in Kauf, umgestoßene Tische und Ober, das Schreien der alten Dame, die nicht gleich versteht, was passiert. Wir nehmen es in Kauf, daß sich der Bürger – solche wird es immer geben – aufregt und im Namen der Menschenrechte protestiert, und im Gegenzug auch, daß wir andere wachrütteln, die – auch solche wird es immer geben – für uns im Namen der Pressefreiheit und der Verfassung Partei ergreifen. Wir nehmen es in Kauf, daß die Polizei eingreift und daß wir jemanden die ganze Nacht hindurch verfolgen müssen, wir lassen nicht locker und kämpfen Seite an Seite mit unseren Blitzlichtern. [...] Unsere immer unerbittlicheren Konkurrenten gestehen uns keinerlei Feingefühl zu. Unsere Aufgabe und unsere Technik als Fotojäger, bei der wir selbst – von allen gejagt – immer auf der Hut sein müssen, machen ein anderes Verhalten aber unmöglich. Sicher, auch wir würden gern abends einen Spaziergang machen, in aller Ruhe einen Espresso trinken und die Via Veneto wäre dann auch für uns einfach ein internationaler Prachtboulevard und kein riesiges Arbeitsfeld, oder besser gesagt, kein Kriegsschauplatz."[12]

Secchiaroli verwendet den Ausdruck „Fotojäger" und spricht angesichts der Via Veneto von einem „Kriegsschauplatz". Das läßt keinen Zweifel am Selbstverständnis der Paparazzi. Bei einer anderen Gelegenheit erklärt er ausdrücklich: „Sicher, etwas Wut war auch dabei. Dieser Luxus, die amerikanischen Autos, all das Geld. Ich verdiente zu dieser Zeit läppische 1.500 Lire am Tag..."[13] Noch deutlicher wird er in einem anderen Gespräch, in dem er zugibt: „Wir hatten nichts, und sie, die gnädigen Herren, genossen das süße Leben und hatten alles: schöne Frauen, Autos, Geld..."

So gesehen stand hinter den Fotos der Paparazzi mehr als der Kampf ums lebensnotwendige Geld: Es war auch ein Kampf Mann gegen Mann, bei dem die Lust am Kämpfen und am Siegen eine große Rolle spielte.

Die Übergriffe auf die Fotografen

Bezeichnenderweise begründetete ein derartiger Kampf den Ruhm von Secchiaroli. Es begann mit einer Pressenotiz auf der Titelseite der Mailänder Tageszeitung *Il Giorno* vom Dienstag, den 19. August 1958.

Die Schlagzeile lautete „Fotograf von Faruk und Franciosa angegriffen". Und der Text führte aus: „Dramatische Ereignisse erlebte ein Fotograf Freitagnacht in der Via Veneto, als er zuerst von dem ehemaligen König Faruk von Ägypten und dann von dem Schauspieler Anthony Franciosa angegriffen wurde. Das ganze ereignete sich in der Nacht des 15. August ab zwei Uhr morgens im Café de Paris am linken Tiberufer. Jede Nacht füllten mehr mondäne Nachtschwärmer das Café und zu dieser Stunde auch die stattliche Erscheinung des ehemaligen Machthabers.

König Faruk hatte sich also in seiner Sommeruniform in einem tiefen Sessel niedergelassen. Um ihn herum war ein kleiner Hofstaat versammelt: Irma Capece Minutolo – der Boulevardpresse bestens als ständige Begleiterin des korpulenten Ex-Königs bekannt –, die Schwester der Minutolo[14] und der Neapolitaner Mario Ottieri, der Vater jenes ‚Gennarino Pascià', der eine indische Prinzessin geheiratet hatte.

Irgendwann kamen dann fünf Fotografen auf den ehemaligen König zu, um, wie schon so oft, das nächtliche Gefecht zu eröffnen, das Faruk normalerweise außerordentlich zu schätzen schien. Freitagnacht war das nicht der Fall. So schnell es seine Körperfülle zuließ, schoß er aus dem Sessel auf einen der Reporter zu, und erwischte dabei Tazio Secchiaroli. Der hatte seine Kamera vor dem Griff des ehemaligen ägyptischen Königs in Sicherheit gebracht und versuchte sich loszureißen. Zum Glück kamen die Leibwächter, die Faruk Tag und Nacht bei sich hatte, ihrem Schützling zu Hilfe und verhinderten vor allem für Secchiaroli Schlimmeres.

Während Mario Ottieri den Schauplatz des Geschehens ganz standesgemäß in aller Stille verließ und König Faruk sich in den hintersten Winkel des Café de Paris flüchtete, traf ein Polizeitrupp ein, und die Fotografen verließen endgültig das Lokal, zumal sie schon wieder ein neues Ziel im Visier hatten. Am rechten Tiberufer sorgten Ava Gardner und Anthony Franciosa, Hauptdarsteller des Films *Die nackte Maya* und damaliger aktueller Begleiter der sprunghaften Ava, für Aufsehen.

Oben:
König Faruk und Irma Capece Minutolo (rechts von ihm) im Café de Paris in der Nacht des 15. August 1958

Unten:
Anthony Steel und Anita Ekberg vor einer Gruppe von Fotografen, darunter Tazio, Foto von Massimo Ascani

---

[12] Tazio Secchiaroli, „Li fotografiamo e loro ci picchiano", in *Epoca*, Jg. IX, Nr. 414, 7. September 1958, S. 53
[13] Diego Mormorio und Mario Verdone, op. cit., S. 46
[14] Nach Aussage von Irma Capece Minutolo handelte es sich nicht um ihre Schwester, sondern um eine andere Person.

Oben und rechts:
Tazios berühmte Begegnung mit Walter Chiari,
Foto von Elio Sorci, 1958

Das Paar des Tages betrat gerade das ‚Brick Topo', und wieder war es der Fotoreporter Tazio Secchiaroli, der abblitzte. Anthony Franciosa stürzte sich, wie zuvor Faruk, auf den Fotografen, nur war er um einiges kräftiger und schneller. Diesmal mußten die Fotografen den Kollegen aus seiner Notlage befreien.

Ava und Anthony betraten den Nachtclub und kamen nach über zwei Stunden, genau um 4.30 Uhr, wieder heraus, sie zusammen mit ihrem Presseagenten David Hama, während Anthony seinen ‚Freunden mit der Kamera' ein entwaffnendes Lächeln schenkte. Wie alle Geschichten hatte also auch diese ein Happy End."

Am 24. August erschien ein vergleichsweise fundierter Artikel in einer der damals einflußreichsten Wochenzeitschriften, dem *Espresso*. Die Schlagzeile: „Der 15. August in Rom. Die schreckliche Nacht auf der Via Veneto". Zwei an sich unbedeutende Stories wurden so zu einem Mythos voller Figuren der Vergangenheit und Gegenwart: Könige, Leibwächter, Begleiterinnen, Polizisten, Fotoreporter und Schauspieler. Was trug sich aber tatsächlich in der Nacht vom 15. auf den 16. August 1958 zu? Beim Rückweg von einem feuchtfröhlichen Abendessen kamen Secchiaroli und drei andere Fotografen – Bonora, Guidotti und Pierluigi – auf die Via Veneto. Als sie am Café de Paris vorbeifuhren, bremste Pierluigi und sagte: „Faruk ist da! Los rein." An sich war das nichts besonderes, die drei wollten sich einfach aus der Stimmung des Abends heraus noch einen Spaß erlauben. Pierluigi ließ den Wagen mitten auf der Straße stehen, stürzte heraus und pirschte sich von links an die Blumenrabatten vor dem Café. Dann drückte er blitzschnell ab, Giudotti macht dasselbe von der rechten Seite. Secchiaroli aber sprang über die Rabatten, drängelte sich durch einige Stuhlreihen und drückte dann aus unmittelbarer Nähe ab.

Der Ex-König war die Blitzlichter der Fotografen gewohnt und ließ sich normalerweise gern fotografieren. Diesmal aber, so erinnerte sich die spätere Ehefrau von Faruk, Irma Capece Minutolo, ging alles so schnell, daß er dachte, es handle sich um ein Attentat. Damit machte er den Auftritt der Fotografen berühmt. Denn, ohne den Artikel auf der Titelseite von *Il Giorno* und die Darstellung im *Espresso* hätte niemand von der Sache erfahren, bzw. die Fotos wären einfach wie üblich in irgendeiner Illustrierten erschienen.

Die Zeit der Auseinandersetzungen zwischen Fotografen und berühmten Persönlichkeiten begann 1949. Der Regisseur Roberto Rossellini und die schwedische Schauspielerin Ingrid Bergmann hatten seit kurzem eine Affäre und waren gerade bei Dreharbeiten auf Stromboli. In Rom waren sie zuvor nie zusammen gesehen worden. Eines Abends bekamen Ivo Meldolesi und sein Mitarbeiter Pierluigi Praturlon den Tip, daß die beiden sich in einem Restaurant in der Nähe der Porta Pinciana aufhielten.[15] „Es gelang ihnen, unbemerkt einige Fotos zu machen; doch dann sah Rossellini die beiden und warf spontan einen Teller Spaghetti nach ihnen. In dem folgenden Durcheinander floh er gemeinsam mit seiner Begleiterin aus dem Lokal. Pierluigi, der dem Spaghettianschlag wie durch ein Wunder entgangen war, sprang rasch auf das Motorrad, um den Regisseur vor seinem Haus in der Via Bruno Buozzi abzufangen und das Paar dann vor der Haustür zu fotografieren. Rossellini bemerkte ihn aber gleich, als er durch die Eingangspforte kam, setzte ihn mit einer überraschenden Bewegung außer Gefecht und sperrte ihn in eine Kammer auf dem Hausflur, so daß er weder fotografieren noch das Weite suchen konnte. Pierluigi blieb solange in diesem Gefängnis, bis ihn ein anderer Hausbewohner, der seine Hilferufe gehört hatte, befreite und schließlich gehen ließ".[16] Zu derartigen Zwischenfällen mit Fotografen kam es fortan schon deshalb immer häufiger, weil immer mehr Schauspieler ins „Hollywood am Tiber", wie Rom damals genannt wurde, kamen. Auf der Suche nach dem großen Glück wurden Jahr für Jahr auch Zwei- bis Dreitausend junge Mädchen angelockt, „die", so ein Journalist, „durch das Sex-Appeal der Schauspielerinnen italienischer Filme zu der Annahme verleitet wurden, daß es bei der Schauspielerei allein auf körperliche Vorzüge ankomme".[17] Nach den Zwischenfällen mit Faruk und Anthony Franciosa erreichten die Attacken auf Fotografen 1958 ihren absoluten Höhepunkt.

„Steel", berichtet Secchiaroli, „kam gerade zusammen mit Anita Ekberg aus einem Nachtlokal. Ich ging auf die beiden zu, um ein Foto zu machen, doch er stellte sich mir in den Weg. Dafür gab es eigentlich keinen Grund, denn es war eine ganz harmlose Situation. Ich habe gleich kapiert, daß er betrunken war. Ich erinnere mich gut, es war drei Uhr früh, die Via Veneto war absolut verlassen, und es herrschte eine Stimmung wie in den Bildern von De Chirico. Außer einem Nachtwächter, dem Fahrer des Wagens, mir und einem anderen Fotografen war niemand da. Steel begann zu toben und stürzte auf mich zu. Die ganze Situation entbehrte nicht einer gewissen Komik, als ich da so durch die Tische hindurch vor ihm flüchtete, ein Foto von ihm machte und einen Stuhl hinter mich warf, über den er dann stolperte."
Der berühmteste und gänzlich beabsichtigte Zwischenfall war allerdings der zwischen Secchiaroli und dem Schauspieler Walter Chiari. „Eines Abends", erinnert sich der Fotograf, „verfolgten wir Ava Gardner und Chiari bei ihrer Tour durch die römischen Nachtlokale. Wir waren zu viert: ich, Elio Sorci und unsere Mitarbeiter. Wir hatten die beiden jeweils beim Betreten und Verlassen der Lokale fotografiert: unbedeutende Fotos, die es massenhaft gab. Als er dann den Wagen parkte und sie gerade die Tür öffnen wollte, sah ich, wie sich Sorci bereithielt. Ich ging also direkt auf die Gardner zu und schoß ganz nah vor ihrem Gesicht ein Foto; sie stieß einen Schrei aus und augenblicklich warf sich Chiari auf mich. Das wiederum fotografierte Sorci sofort. Ein paar seiner Aufnahmen erwecken den Anschein, wir würden miteinander kämpfen." Diese Bilder wurden unter großem Aufsehen zuerst in der Zeitschrift *Settimo Giorno* veröffentlicht und machten dann in vielen anderen Zeitungen die Runde.

„Bei Gelegenheiten wie dieser", so Secchiaroli, „ging es darum, mit kleinen, künstlich inszenierten Zwischenfällen Geld herauszuschlagen. Nur so konnten wir statt der üblichen, beschämenden 3.000 Lire, die uns die Zeitungen für ein Foto zahlten, 200.000 Lire verlangen."

Zur selben Zeit herrschte unter denen, die sich auf unterschiedlichste Art mit der Schauspielerei durchbrachten, die weitverbreitete Überzeugung, daß Widerstand gegen die Fotografen, und sei er auch nur vorgetäuscht, der beste Weg sei, um in die Zeitungen und somit an die Öffentlichkeit zu kommen. Das ging so weit, daß einige die Fotografen über jeden ihrer Schritte informierten, nur um sicherzugehen, irgendwo mit irgend jemandem „überrascht" zu werden.

Viele Skandalgeschichten waren also reine Inszenierungen, bei denen beide Seiten – Darsteller wie Fotografen – ihre Rolle zu spielen hatten. Im Gegensatz zur vorherrschenden Meinung ist es also nicht so, daß sich die Paparazzi von den anderen Fotografen dadurch unterschieden, daß sie die ersten Skandalfotos gemacht hätten, die gab es eigentlich schon immer. Das tatsächlich Neue und Typische ihrer Arbeit war die Vorgehensweise: der Akt des Fotografierens wurde zu einer Provokation und zugleich – und das ist entscheidend – zu einem Akt der Selbstdarstellung des Fotografen.

---

[15] Ivo Meldolesi gehörte eine Agentur in der Via due Macelli und sein Mitarbeiter Pierluigi Praturlon (später bekannt als Pierluigi) sollte Setfotograf bei dem Film *La Dolce Vita* von Federico Fellini werden und eines jener Fotos machen, die den Regisseur zu einer Szene des Films anregten.
[16] Andrea Nemiz, *Vita, dolce vita*, Network edizioni, Rom 1983
[17] Mario Tedeschi, *Roma democristiana*, Longanesi, Mailand 1957, S. 98

Das Zeitalter des Blitzlichts und des Fiat 600

Walter Benjamin zufolge ist bei der Fotografie immer das Verhältnis des Fotografen zur Technik ausschlaggebend. Die ganze Technik hinter der Arbeit der Paparazzi steckte in der zweiäugigen Spiegelreflexkamera der Marke Rollei: der Rolleiflex oder der preisgünstigeren Rolleicord, robuste, mittelgroße Kameras mit dem unverzichtbaren, sperrigen Blitzgerät von Braun, das sich nur langsam auflud und mit einem schweren Bleiakkumulator betrieben wurde. Mit dieser Ausrüstung blieben die Paparazzi natürlich nicht unbemerkt, zumal sie nur aus kurzen Entfernungen fotografieren konnten. Die Provokationstechnik war somit beim Fotografieren auf offener Straße die beste Methode. Ästhetische Gesichtspunkte spielten dabei keine Rolle. Doch gerade deshalb schufen sie unbewußt eine eigenständige, klare und unverwechselbare Ästhetik. Diese spiegelt die Herkunft der Fotografen genau wieder – die Welt der einfachen Leute, in der man nicht mit theoretischem Wissen weiterkommt, sondern mit der Kunst, sich in jeder Situation zurechtzufinden. Die Paparazzi gingen anstrengenden Arbeiten möglichst aus dem Weg und fast alle kamen damit ihr ganzes Leben durch. Auch Tazio Secchiaroli arbeitete – sobald er es sich leisten konnte – immer nur wenn er Lust hatte. „Nur drei oder vier Monate im Jahr." Den Rest seiner Zeit verbrachte er mit Spaziergängen und der Lektüre von Büchern, die ihn mit der Zeit immer wißbegieriger machte.

In diesen Jahren erlebte Italien einen gewissen Aufschwung, obwohl es weiterhin ein armes Land blieb. Zu Beginn der 50er Jahre waren nur 7,4 Prozent der italienischen Haushalte ans Stromnetz und die Trinkwasserversorgung angeschlossen und ebenso wenige verfügten über sanitäre Einrichtungen in den Häusern. Die Mehrzahl der Menschen arbeitete in der Landwirtschaft. Bei der Volkszählung von 1951 lebten 42,2 Prozent der Bevölkerung von Landwirtschaft, Jagd und Fischfang. Im Süden waren es sogar 56,9 Prozent.[18]

Dank der niedrigen Kosten für die Arbeitskräfte konnten sich die italienischen Industriebetriebe in diesen Jahren große Anteile am internationalen Markt sichern. Das war der Beginn für die große Industrialisierung und den sogenannten Wirtschaftsboom. Das Nettoinlandsprodukt Italiens stieg von 1954 bis 1963 auf fast das Doppelte, nämlich von 17 auf 30 Milliarden. Das Pro-Kopf-Einkommen stieg von 350.000 auf 571.000 Lire. Die Beschäftigten in der Landwirtschaft gingen um circa 3 Millionen zurück, während 40 Prozent der Bevölkerung in der Industrie und an die 35 Prozent im Dienstleistungsbereich arbeiteten.

Bedingt durch die veränderten Beschäftigungsstrukturen war ganz Italien in einem Wandel begriffen. 1952 fuhren auf Italiens Straßen gerade mal 500.000 Autos. Motorroller, vor allem der Marken Vespa und Lambretta, gab es dafür jede Menge. 1953 investierten die Fiatwerke gewaltige Summen in eine Montagestraße für die Produktion des Seicento, des Fiat 600, der 1956 das Zeitalter der Massenmotorisierung in Italien einläutete.

Wo immer also Paparazzi auf der Bildfläche erschienen, hörte man das Knattern ihrer Vespas und Lambrettas und später ihrer Seicentos.

Die Agentur Roma Press Photo und Secchiarolis Karriere

Tazio Secchiaroli besaß seit 1951 eine Lambretta, die er aber gleich, als der Seicento auf den Markt kam, gegen das neue Fiatmodell eintauschte. Er war mittlerweile als Fotograf sehr erfolgreich. Seit etwa einem Jahr betrieb er mit Sergio Spinelli die Agentur Roma Press Photo. Die zwei Geschäftspartner teilten die Arbeit ihren Fähigkeiten entsprechend auf. Secchiaroli übernahm selbstverständlich den Part des Fotografen. Spinelli kümmerte sich, wie schon zuvor in der Agentur von Pastorel, in der sich die beiden späteren Freunde kennengelernt hatten, um die Vermarktung der Fotos und um die Public Relations.

Ein Arbeitstag von Secchiaroli und Spinelli hatte zu Beginn oft mehr als zwölf Stunden, wobei der eine hauptsächlich nachts und der andere am Tag aktiv war. Am späten Nachmittag ging Secchiaroli in die Via Veneto und bei Morgengrauen kam er wieder zurück, nachdem

[18] Vgl. Paul Ginsburg, *Storia d'Italia dal dopoguerra a oggi. Società e politica 1943–1988*, Einaudi, Turin 1989

Der am 28. Januar 1960 in der Wochenzeitschrift *Oggi* veröffentlichte Artikel, in dem Tazio aus der Zeit der Dolce Vita erzählt

er zuvor bereits die Aufnahmen der Nacht entwickelt und Abzüge angefertigt hatte. Spinelli hingegen trat bei Redaktionsbeginn der Zeitungen in Aktion und besorgte telefonisch oder persönlich Reportagen. Ihre ersten Kunden waren Illustrierte wie *Le ore*, *Settimo Giorno* und *Settimana Incom*. Doch bald schon zählten auch renommiertere Zeitschriften wie *L'Europeo* und *L'Espresso* zu ihren Auftraggebern.

In nur zwei Jahren eroberte sich die Agentur einen beachtlichen Markt, und so mußte sie 1957 in neue Räume umziehen und zwei Mitarbeiter, Velio Cioni und Giovanni Lentini, einstellen. 1960 waren es bereits 12 Mitarbeiter. Durch die hervorragende Organisation der Agentur wurde aus Tazio Secchiaroli in kürzester Zeit ein weithin bekannter Fotograf.

Knapp einen Monat nach der Aufsehen erregenden Nacht des 15. August 1958 und dem Artikel auf der Titelseite der Tageszeitung *Il Giorno*, erschien in der Wochenzeitschrift *Epoca* vom 7. September ein sechsseitiger Artikel des Fotografen mit dem Titel: „Li fotografiamo e loro ci picchiano" (Wir fotografieren sie und sie schlagen uns). Darauf folgte eine Reportage in *Settimo Giorno* mit der berühmten Verfolgungsszene zwischen dem Schauspieler Walter Chiari und Secchiaroli, die Elio Sorci aufgenommen hatte. Am 6. November 1959 brachte die Wochenzeitschrift *Rotosei* als Aufhänger für die zweite Folge ihrer „Geschichte des Fotojournalismus" ein Foto von Secchiaroli und auf der folgenden Seite das Foto, auf dem Walter Chiari den Fotografen verfolgt. Entscheidend war aber, daß sein Name im Text zusammen mit den bekanntesten Vertretern der Pressefotografie genannt wurde. In der Ausgabe vom 28. Januar 1960 veröffentlichte die Wochenzeitschrift *Oggi* einen Artikel von Secchiaroli: „Ich habe mich mit Faruk in der Via Veneto geprügelt". Kurz darauf schwappte die Welle seines Ruhms über Italien hinaus und erreichte Magazine wie *Paris Match* und *Time*. Im Oktober 1962 lud man ihn ein, zusammen mit dem Direktor von *L'Espresso*, Arrigo Benedetti, dem Schauspieler Walter Chiari und dem Anwalt Giuseppe De Gennaro an einer Fernsehdebatte der RAI zum Thema Dolce Vita teilzunehmen. Zu diesem Zeitpunkt galt Secchiaroli bereits als der berühmteste Fotograf Italiens. Genau genommen war er der einzige, der überhaupt weithin bekannt war.

Fellini und der Mythos der Paparazzi
Tazio Secchiaroli wäre ohne Federico Fellinis Film *La Dolce Vita* nie derart berühmt geworden. Es war der Film, der den Mythos der Via Veneto und die Figur des Paparazzo zum Leben erweckte. Dieser Mythos wurzelte dabei nur teilweise in der Art von Leben, das sich tatsächlich Tag für Tag auf dieser Straße abspielte. „Bei meiner verzweifelten Suche nach einem Produzenten", schreibt Fellini, „ich war gerade mitten in der Vorbereitung für den Film, und das glückliche Zusammentreffen mit Angelo Rizzoli hatte noch nicht stattgefunden, fand ich schließlich einen, der den Film unbedingt *Via Veneto* nennen wollte.

Und noch heute melden sich insbesondere amerikanische Journalisten und flehen mich an, sie in die intellektuellen und erotischen Riten einzuführen, deren Ausgangs- und Endpunkt doch die Via Veneto sei. Die Skrupellosesten machen

Geldangebote, sichern ihre Diskretion zu und verlangen, daß ich Anita Ekberg mitbringe. Wenn ich ihnen antworte, daß ich nichts für sie tun kann, daß ich das Passwort in die Welt der *roman holidays* nicht kenne, glaubt mir keiner. Noch weniger würden sie mir die Wahrheit glauben, nämlich, daß ich in meinem Film eine Via Veneto erfunden habe, die es so gar nicht gibt. Durch meine Phantasie verwandelte ich diese Straße in eine einzige große Allegorie."[19]

Die Via Veneto von Fellini ist demnach ein überdimensionales Sinnbild, das die Realität allenfalls verzerrt wiedergibt. Sie ist aber auch genau die Straße, in deren Alltag Fellini genügend Raum für seine Phantasmagorien und Allegorien vorfand.

In einem der *Fogli di via Veneto* des Schriftstellers Ennio Flaiano, der mit Fellini und Tullio Pinelli die Handlung und das Drehbuch zu *La Dolce Vita* verfaßte, steht dazu: „Juni 1958. Ich überarbeite gerade mit Fellini und Tullio Pinelli eine alte Idee zu einem Film, und zwar die, daß ein Junge aus der Provinz nach Rom kommt, um dort Journalist zu werden. Fellini möchte sie in der heutigen Zeit spielen lassen und ein Bild der società del caffè entwerfen mit dem mondänen Leben in den Cafés, das zwischen Erotik, Wahnsinn, Langeweile und plötzlichen Glücksmomenten hin und her schwankt. [...] Einer unserer Schauplätze wird natürlich die Via Veneto sein, die immer mehr zu einer Vergnügungsstraße wird. Für den heutigen Abend habe ich ihnen einen Spaziergang dort vorgeschlagen, um sie in ihrer ganzen Pracht zu erleben. Wie hat sie sich doch seit 1950 verändert, als ich jeden Morgen an der Villa Borghese vorbei dort hinging und bei der Buchhandlung zusammen mit Napolitano, Bartoli, Saffi, Brancati, Maccari und dem Dichter Cardarelli stehen blieb. Die Luft war sauber, es gab kaum Verkehr (Brancati war mit dem Fahrrad unterwegs), aus der Bäckerei kam der Duft warmer Brioches, die Stimmung war von einer für das Landleben typischen Heiterkeit, Journalisten und Schriftsteller nahmen einen Aperitif, die Maler boten keinen Ramsch an, und die Menschen ließen sich mehr Zeit. [...] Wie eine Straße sich doch verändern kann! Wer heute im Sommer hier ankommt, dem springt es geradezu in die Augen, daß das hier keine Straße mehr ist, sondern eher ein Strand. Die Cafés überschwemmen die Gehsteige [...]. Die Autos gleiten wie Gondeln vorbei, halten kurz und setzen sich dann ruckartig wieder in Bewegung, und das Publikum treibt träge über die Straße wie Algen im Meer und fühlt sich in der Masse so sicher wie ein schlechter Sänger im Chor. [...] An einen Badeort erinnern auch die geschmacklosen und scherzhaften Unterhaltungen, in denen es um nichts anderes geht als ums Essen und die Frauen. Es fehlt nur noch, daß sie sich mit Wasser bespritzen oder Ball spielen."[20]

Kaum 60 Jahre früher stand an diesem Ort der „Strandunterhaltungen" die schönste Villa von Rom: die Villa Ludovisi. Ihrem Zauber war auch Henry James erlegen. Er schrieb 1883 in seinen *Portraits of Places*: „Die Grünanlagen, die Gärten und die mächtige alte Stadtmauer geben Rom den Anschein von Weite, ohne daß sie selbst klein erscheinen. Dort gibt es alles: schattige Laubengänge, die seit Jahrhunderten in Form geschnitten werden, kleine Täler, Lichtungen, kleine Wälder, Weiden, mit Ackerwurz überwucherte Brunnen, große blühende Wiesen, auf denen da und dort riesige, vom Wind geneigte Pinien emporragen."

1887 zerstörte die Bauwut diese großartige Anlage. An ihrer Stelle entstand das Ludovisi-Viertel, dessen Zentrum die Via Veneto ist. Hier wohnten anfangs Kleinbürger, während sich die reicheren Römer nicht weit davon in den kurz zuvor erbauten großen Herrschaftshäusern auf dem Esquilin niederließen. Nur 30 bis 40 Jahre später begannen die Reichen die Via Veneto für sich zu entdecken, und erst danach wurde sie zum „Zentrum der Hotels und zu einem internationalen Treffpunkt".[21] Doch unmittelbar hinter den schönen Auslagen entlang der Straße hatte das ursprüngliche Kleinbürgerviertel deutliche Spuren hinterlassen: dunkle Treppenhäuser, Toiletten auf den Balkons und stinkende Innenhöfe. Und es kam sogar noch Anfang der 50er Jahre vor, daß mitten in der Nacht, wenn die Nachtschwärmer gerade die Bars verließen, eine Herde Schafe die Stadt durchquerte.

Tazio in der Via Veneto im Sommer 1958, Fotos von Velio Cioni

[19] Federico Fellini, „Fellini presenta la storia di via Veneto", in *L'Europeo*, Jg. XVIII, Nr. 27, 8. Juli 1962, S. 59
[20] Ennio Flaiano, *Opere. Scritti postumi*, Bompiani, Mailand 1988, Bd. I, S. 623
[21] Silvio Negro, *Roma, non basta una vita*, Neri Pozza Editore, Venedig 1962, S. 250

Mit Fellini beim Abendessen im Restaurant „Da Gigetto er pescatore", November 1958

²² *Sparare in casa di un brigante* ist eine süditalienische Redensart, die eine unnütze und dumme Handlungsweise bezeichnet.
²³ Federico Fellini, „Fellini presenta la storia di via Veneto", in *L'Europeo*, Jg. XVIII, Nr. 27, 8. Juli 1962, S. 60
²⁴ Diego Mormorio, „Pierluigi. Dalla dolce vita in su", in *Photo Italia*, Nr. 159, September 1988, S. 82
²⁵ Einige Wochen später erschienen diese Fotos in der Zeitschrift *Tempo Illustrato* und beeindruckten Fellini tief, ebenso wie die Bilder vom Überfall auf Faruk, von Walter Chiari, der Secchiaroli verfolgt, von der wunderbaren Erscheinung in Terni und vom Striptease im Rugantino.

Fellini und die Fotografen

Der Ruhm von Secchiaroli und der Mythos der Paparazzi gründen, wie gesagt, zu einem großen Teil auf Fellinis Film *La Dolce Vita*. Doch verdankt auch der Regisseur den Fotografen einige Ideen zu fundamentalen Episoden.

„Ich verbrachte", erinnerte sich Fellini im Sommer 1962, „zahlreiche Abende im Gespräch mit den Fotoreportern der Via Veneto, mit Tazio Secchiaroli und den anderen, um mehr über ihre Tricks bei der Arbeit zu erfahren. Darüber, wie sie ihre Beute fixierten und nervös machten und wie sie ihre maßgeschneiderten Reportagen für die verschiedenen Zeitungen vorbereiteten. Es waren unterhaltsame Geschichten über das langwierige Auflauern, über kühne Fluchten und dramatische Verfolgungsjagden. Eines Abends hatte ich alle Fotoreporter, die ich finden konnte, zum Abendessen eingeladen, und sie tischten mir, beschwingt vom römischen Weißwein, auch eine Reihe von Märchen auf, bis Secchiaroli dem Ganzen ein Ende machte: ‚Hört auf damit, Märchen zu erfinden, da *schießt ihr in ein Räuberhaus*'²², und ich wußte nicht so recht, ob ich das als Kompliment oder als Beleidigung auffassen sollte."²³

Dieses Abendessen fand im November 1958 im Restaurant „Da Gigetto er pescatore" in der Gegend des Ponte Milvio statt. Unter den Fotografen waren außer Tazio Secchiaroli noch Guglielmo Coluzzi, Ezio Vitale, Sandro Vespasiani und Pierluigi (Praturlon).

Pierluigi, der später die Aufnahmen der Filmszenen von *La Dolce Vita* machen sollte, inspirierte Fellini zu der berühmten Brunnenszene mit Anita Ekberg in der Fontana di Trevi.

„Mit Anita", erinnert sich Pierluigi²⁴, „gingen wir oft aus. Wir gingen tanzen in ein Lokal in der Gegend von Casalpalocco. An einem Abend, es war im Jahr 1958, verletzte sich Anita, die immer barfuß tanzte, am Fuß. Als wir um vier Uhr morgens nach Rom zurückfuhren, kamen wir an der Fontana di Trevi vorbei und Anita sagte: ‚Bleib stehen, damit ich meinen Fuß ins Wasser halten kann.' ‚Aber nein', sagte ich, ‚in fünf Minuten bist Du zu Hause.' Sie ließ sich jedoch nicht davon abbringen, so hielten wir schließlich an. Sie stieg aus, hob den Rock hoch und stieg in den Brunnen. Da fing ich an, ohne Blitzlicht Fotos von ihr zu machen. Ich erinnere mich, daß außer zwei Polizisten, die in einer Ecke standen, niemand da war; die beiden waren um die 20 Jahre alt, sagten kein Wort, starrten aber wie verzaubert auf diese Frau, die auf ihren zwei ‚an Säulen erinnernden Beinen' gleich einer Statue im Brunnen stand."²⁵

Die Filmszene mit der wunderbaren Erscheinung verdankt Fellini dagegen Secchiaroli. An einem ereignislosen Tag im Sommer '58 las Sergio Spinelli beim Durchblättern der Zeitungen in *Il Tempo* eine Pressenotiz, in der davon die Rede war, daß in Terni zwei Kinder die Muttergottes auf einem Baum gesehen hatten. Also bat er Secchiaroli, dorthin zu fahren und sich die Geschichte aus der Nähe anzusehen. Der suchte nach allen möglichen Ausreden, um Rom nicht verlassen zu müssen, unter anderem gab er vor, sein Auto sei kaputt. Spinelli bot ihm daraufhin seinen Wagen an und ließ ihm keine andere Chance, als sich auf den Weg zu machen.

Der Ort der Erscheinung, Latteria di Maratta Alta, war ein offener Platz mit einigen Hütten. Secchiaroli, der allein schon wegen der weiten Fahrt nicht mit leeren Händen zurückkommen wollte, sah gleich, daß es nicht einfach sein würde, aus dieser Situation etwas zu machen. Geduldig machte er sich auf die Suche nach den zwei Kindern und überredete die Eltern dazu, ihnen ihre Kommunionskleider anzuziehen. Dann ging er mit ihnen an den Ort der Erscheinung, ließ sie niederknien und brachte sie dazu, einen leicht entrückten Gesichtsausdruck zu machen. Nach und nach versammelten sich immer mehr Menschen um diese Szene. Jetzt war das Bild perfekt: die zwei betenden Kinder, der Baum im Vordergrund und an die 30 Bauern im Hintergrund.

Die Reportage ließ sich leicht verkaufen, und Secchiaroli fuhr noch ein weiteres Mal hin. So wurde die Geschichte über einige Wochen am Leben erhalten, bis die Kirche schließlich erklärte, daß dort keinerlei Wunder stattgefunden habe. Es war nur die Einbildung zweier Kinder, die Leichtgläubigkeit der einfachen Leute und der Erfindungsreichtum eines Fotografen.

Der Striptease im Rugantino

Die Fotos, die die Stripteaseszene von *La Dolce Vita* anregten, wurden von verschiedenen Fotografen, darunter auch Secchiarioli, gemacht und führten zu einem Skandal, der in der Beschlagnahmung der Wochenzeitschrift *L'Espresso* gipfelte. Die Zeitschrift hatte die besagten Fotos in der Ausgabe vom 16. November 1958 veröffentlicht und mit einem Artikel versehen, der eines der glänzendsten Zeugnisse dieser Jahre ist: „Rom. Donnerstagnachmittag brach Panik aus. Kurz nach 12 Uhr läuteten wie wild Dutzende römischer Telefone im eleganten Viertel Parioli, in den Vorstadtvillen sowie in den Palästen des antiken Rom. An den Apparaten waren Vertreter der römischen Café-Society, junge Adlige, die gewöhnlich ihre Abende in den Bars nahe der Via Veneto verbrachten, Schauspieler und Schauspielerinnen, junge Industrielle, reiche Erbinnen, Maler und Varieté-Künstler. Noch müde von der bewegten Nacht und dem vergeblichen Bemühen, wenigstens in den Morgenstunden ein wenig Schlaf zu finden, führten sie konfus und nervös einige Gespräche, darunter sogar Ferngespräche. Die Nachricht, daß die türkische Tänzerin Aiché Nanà sich am Abend zuvor im Rugantino in Trastevere während eines privaten Empfangs ausgezogen hatte, war bis nach Turin, Genua und Mailand vorgedrungen.

Was war an diesem Mittwochabend, dem 5. November, wirklich im Rugantino geschehen? Um dies zu beantworten, muß man zunächst wissen, um wen es sich bei Olghina de Robilant handelte. Sie hatte nämlich das Fest organisiert, welches sich dann so ungewöhnlich entwickelte. Die blonde hochaufgeschossene Olga de Robilant (alle nennen sie Olghina) ist 25 Jahre alt und stammt aus einer alten venezianischen Familie. Wie viele reiche, aber auch arme Mädchen des italienischen Adels würde sie gerne arbeiten, um unabhängig zu sein und sich nicht zu langweilen. Viele streben eine Stelle als Sekretärin, Übersetzerin oder Verkäuferin bei einem Schneider an, Olghina hatte beschlossen, Schauspielerin zu werden. Sie spielte sogar schon eine kleine Rolle in dem Film *Geschichte einer Nonne* von Fred Zinnemann.

Seit einiger Zeit ist Olghina davon überzeugt, daß Ruhm in der Welt des Kinos am schnellsten über Publicity zu erreichen ist: seinen Namen, oder besser noch ein eigenes Foto in die Zeitung zu bringen, ist nützlicher als 1000mal einen Regisseur anzulächeln oder zwei Jahre die Schauspielschule zu besuchen.

Wie sie dieses Ziel erreichen konnte, wurde Olghina anhand eines Ereignisses klar, das sich zwei Wochen zuvor in Rom zugetragen hatte. Wie jedes Mädchen aus diesem Milieu war Olghina über alles, was in der internationalen Filmszene Roms passierte, informiert. Sie wußte also auch von dem Empfang des Franzosen Marc Doelnitz, der bisher nur auf der Rive Gauche in Paris bekannt war, über den aber mit Fotos in verschiedenen italienischen Zeitschriften berichtet worden war. Und dies aus welchem Grund? Die Party von Doelnitz hatte die Presse nicht nur wegen der anwesenden wichtigen Persönlichkeiten interessiert, sondern vor allem, weil dabei etwas ganz Neues geschehen war: Wie in Frankreich mischten sich plötzlich die Namen der Aristokratie mit denen aus den Bereichen Kino, Theater, Literatur und zeitgenössischer Malerei. Olghina wollte das nachahmen. Da sie aber weder besonders reich noch bekannt war, bat sie ihre Freunde um Hilfe und wandte sich an den amerikanischen Milliardär Peter Howard Vanderbilt, um die Kosten für die Lokalmiete und das Buffet zu teilen.

Das Zusammentreffen der mondänen Gesellschaft mit der künstlerischen Welt, das Mittwochnacht im Rugantino in Trastevere stattfand, übertraf sogar das im Hause Doelnitz bisher dagewesene. Alle Gäste waren pünktlich erschienen, da mit dem Fest von Olghina eine Phase der Langeweile, die seit Beginn der Saison bestand, unterbrochen wurde. [...]

Zu Beginn schien das Fest von Olghina nur ein weiterer vergeblicher Versuch, diese endlosen Tage der Langeweile zu unterbrechen. Der Scotch, die Brathähnchen und das Roastbeef allein erweckten das Rugantino nicht zum Leben. Viele Gäste lauschten dem bekanntesten italienischen Jazzorchester, der New Orleans Jazz Band, anstatt aufzustehen und zu tanzen. Nicht einmal der handgreifliche Rausschmiß eines

Ein Ober bringt Pizza für die Fotografen auf der Treppe der Osteria dell'Orso

Tazio mit der Schauspielerin Barbara Valentin 1959 auf der Biennale del Cinema in Venedig

Gastes durch Peter Howard Vanderbilt konnte die Monotonie unterbrechen. Der Mann, ein Amerikaner, um die 35, blond und ein wenig kahlköpfig, entfernte sich ohne Protest. ‚Das ist ein Mitarbeiter von Confidential', sagte Vanderbilt. ‚Er ist ein echter Verräter. Er war einmal ein guter Freund, doch vor zwei oder drei Jahren hat er mich an diese Skandalzeitschrift verkauft.'

Im Halbdunkel des Saals bemerkte selbst das Eintreffen von Anita Ekberg und Linda Christian fast niemand. Die junge Amerikanerin wurde von zwei römischen Freunden begleitet; ihre blonde Perücke hob sich auffällig von den schwarzen Perlenohrringen ab. Die schwedische Schauspielerin war in ein schwarzes Samtkleid gehüllt und trug die langen Haare offen über die Schulter. Sie nahm Jacques Sernas' Aufforderung zum Tanz sofort an.

Anita war wohl die einzige, die die drückende Langeweile in rauchiger Luft sofort verspürte und die Initiative ergreifen wollte, um den Abend zu beleben. Sie bat den Fotografen Gerard Hearter, einen Charleston mit ihr zu tanzen und bemühte sich dabei so sehr, daß sie bei der Ausführung von schnellen Pirouetten zweimal ausrutschte und hinfiel. In diesem Augenblick erhob sich ein dunkelhaariges Mädchen, das bisher unbemerkt in einer Ecke gesessen hatte. Sie ging zum Orchester, aber Trompete und Saxophon machten es unmöglich, zu verstehen, was sie dem Schlagzeuger Peppino D'Intino sagte. Ihre Anfrage war aber offensichtlich ziemlich ungewöhnlich, da der Musiker verblüfft dreinschaute. Kurz darauf spielte er ein Solo, und die junge Dunkelhaarige begann, alleine zu tanzen. Niemand außer Anita Ekberg schenkte dem Geschehen viel Beachtung. Sie fragte Novella Parigini, ob dieses Mädchen vielleicht vorhatte, einen Bauchtanz aufzuführen. ‚Ich glaube, sie ist eine Profitänzerin', sagte die Schauspielerin zu den Freunden am Tisch. Das dunkelhaarige Mädchen hatte in der Zwischenzeit mit dem Tanzen aufgehört. Daraufhin ging Novella Parigini zu ihr und bat sie im Namen Anita Ekbergs, einen Bauchtanz vorzuführen. Das unbekannte Mädchen antwortete, sie trüge nicht das richtige Kleid, denn für einen orientalischen Tanz müßte der Bauch frei sein. Novella Parigini ging zu Anita Ekberg zurück, flüsterte es ihr ins Ohr, wobei ihr Gespräch immer lauter wurde. Im wesentlichen sagte die Schauspielerin, daß sie sich ebenfalls ausziehen würde, wenn das dunkelhaarige Mädchen ihr weißes Kleid als erste ausziehen würde. Auf keinen Fall aber wollte sie damit beginnen. Plötzlich verbreitete sich das Gerücht über einen Striptease im Saal. All die Gäste, die sich bis dahin abseits aufgehalten hatten und leise miteinander sprachen, kamen nun in den Hauptraum des Rugantino. Endlich schien etwas zu passieren. ‚Es war aber auch Zeit', sagte ein junger Süditaliener, ‚das war ja nicht mehr zum Aushalten.' Es schien, als ob jemand ein Fenster in einem luftleeren Raum geöffnet hätte.

Plötzlich im Mittelpunkt der allgemeinen Aufmerksamkeit, von der Aufforderung einer berühmten Schauspielerin, die sie zum ersten Mal gesehen hatte, geschmeichelt, stieg die junge Frau aufs Orchesterpodium und stellte eine Bedingung: Sie brauche einen Teppich, da der Bauchtanz nicht auf irgendeinem Fußboden aufgeführt werden könne. Dieser Wunsch wurde ihr sofort erfüllt. Einige junge Männer rissen die Tischdecken herunter und legten sie auf die Fliesen. Die Unbekannte sagte, daß dies nicht genügte, sie wollte auf einer mit Männerjacken bedeckten Tanzfläche tanzen. Ein kräftiger Mann um die 30 ging mit gutem Beispiel voran und warf seine dunkle Jacke auf die mit Sauce, Lippenstift und Rotwein verschmutzten Tischdecken. Weitere Jacken wurden hinterher geworfen: Der Teppich war fertig.

Die Trommel wirbelte, und der Schlagzeuger versuchte den Klang eines Tam-Tam aus dem Instrument herauszulocken. Nach ein paar Whiskys stützte die junge Frau eine Hand in die Seite und berührte den Reißverschluß ihres Kleides. Im Nu rutschte das Kleid zu Boden, so daß die junge Frau nur noch mit einer schwarzen Spitzenunterhose bekleidet war. Im Rhythmus der Trommel zog sie sich langsam einen Strumpf nach dem anderen aus und warf sie mit schmachtenden Gesten ins Publikum.

Der Bauchtanz war allerdings schnell zu Ende. Der Lokalbesitzer hatte zwei Polizisten in Zivil kommen lassen, um den Schmuck der Damen zu bewachen. Diese verboten den Tanz und drängten auf Beendigung der Party. Die Gäste strömten zum Ausgang. Als letzte ging Aiché Nanà. Das Mädchen, das halbnackt getanzt hatte, war eine junge Türkin, die in der Hoffnung auf ein Schauspielengagement nach Rom gekommen war. Sie ging allein heraus, weil ihr Begleiter, der Schwierigkeiten mit der Polizei befürchtete, sich schon entfernt hatte. Sie weinte in ihrem alten Mantel und wurde am nächsten Tag wegen Erregung öffentlichen Ärgernisses angezeigt."[26]

Das Umfeld
An dem Abend des Striptease befanden sich im Rugantino neben Secchiaroli vier weitere Fotografen – Frontoni, Sarsini, Pallottelli und Guidotti –, die ganz nah an der Szene blieben und fast ausschließlich die Tänzerin fotografierten. Mit großem Gespür für die richtige Einstellung stieg Secchiaroli hingegen ein paar Meter entfernt auf einen Tisch, so daß er auch die Umgebung gut aufnehmen konnte. Instinktiv verstand er, daß das Ereignis in erster Linie die Anwesenheit der gesamten „guten Gesellschaft" ausmachte, der begehrliche Blick der Männer,

Mit der Prinzessin Paola di Liegi, 1960, Foto von Paolo Pavia

[26] *L'Espresso*, Jg. IV, Nr. 46, 16. November 1958, S. 12–13

die der Tänzerin einen Teppich aus ihren Jacken bereitet hatten, und das Halblächeln der leicht gelangweilten Frauen. „Was hier vor meinen Augen geschah", sagt er, „war für diese Zeit unbeschreiblich, es war das sündhafteste und erotischste, was ich je fotografiert habe."[27]
Secchiaroli wußte nur zu gut, daß er nicht einfach ein Mädchen fotografierte, welches sich auszog. Das Ereignis ergab sich aus seinem Umfeld. „An jenem Abend", schrieb *L'Espresso* auf der ersten Seite, „waren Männer und Frauen um die nackte Türkin herum versammelt, die die gängigen gesellschaftlich-konservativen Überzeugungen vertreten". Und die daher so taten, „als wären sie davon überzeugt, einen Anspruch auf eine besondere Moral zu besitzen".
Secchiaroli verwendete Film und Blitzlicht sparsam, um nicht „im schönsten Moment im Dunkeln zu stehen". Auf diese Weise gelang es ihm, den gesamten Striptease aufzunehmen, wobei er hin und wieder den verächtlichen Blick Anita Ekbergs fotografierte, die neben ihm stand. Nachdem er den ersten Film zu Ende geknipst hatte, ging er hinaus, um zu vermeiden, daß die vom Besitzer gerufe Polizei, die jeden Moment eintreffen konnte, ihm den Film abnehme. Er versteckte ihn in einer Seitentasche seines Fiat 600. Im Getümmel am Schluß nahm er den Film, den er noch im Apparat hatte, heraus und schob ihn dem Presseagenten Lucarini unter, der „ihn in Sicherheit brachte".
Die Fotos dieses Abends wurden auch in *Life* und in anderen ausländischen Zeitungen abgedruckt. Die römische Dolce Vita wurde so bereits vor dem Start von Fellinis Film zu einem international bekannten Phänomen. Nur dem Film sollte es jedoch meisterlich gelingen, die psychologische, soziale und kulturelle Umgebung dieses Phänomens wiederzugeben. Der italienische Schriftsteller Alberto Moravia sollte in seiner Rezension folgende, quasi prophetische Äußerung von sich geben: „Die Präsenz des Reporters Marcello Rubini in Federico Fellinis *La Dolce Vita*, der sich aus beruflicher Notwendigkeit heraus für jede schlagzeilenverdächtige Meldung interessieren muß […] genügt schon, um die Mittelmäßigkeit und die Leere des modernen Großstadtlebens zu beschreiben. Auf der anderen Seite führt Rubini selbst ein Leben, das dem in den Schlagzeilen seiner eigenen Zeitung beschriebenen sehr ähnelt: Es ist, ungeachtet der Fülle und Aktivität an der Oberfläche, ein absurdes, leeres unbefriedigendes Leben, ohne Anfang und Ende. Durch diesen glücklichen Handgriff wird er nicht zu einem über den Dingen stehenden, strengen Richter, er ist vielmehr zugleich Schauspieler und Zuschauer, der sich im Augenblick seiner eigenen Fehler bereits über diese Gedanken macht. Etwa wie die Figur, die im *Satyrikon* von Petronius in der ersten Person spricht, ein literarisches Zeugnis einer Dolce Vita aus einer Zeit, die in vieler Hinsicht mit der unseren vergleichbar ist.
Petronius haben wir nicht zufällig erwähnt. Man sagt, Fellini sei Katholik, und er ist es sicherlich auf seine Art. Vor allem aber ist er ein dekadenter Barockmensch, der seine Kamera auf Dinge richtet, die denen des spätlateinischen Autors sehr ähneln. Hiermit meinen wir, daß Fellini vielleicht unwillentlich, sicherlich aber mit großer Akribie, die alexandrinischen Elemente, die die moderne Gesellschaft mit der aus Petronius' Zeit gemeinsam hat, aufzunehmen wußte. Die Elemente dessen, was wir alexandrinisch nennen, finden sich alle in dem Film *La Dolce Vita*: sexuelle Promiskuität, latenter Mystizismus, Grausamkeit, Sterilität, Drang zu ungewöhnlichen Gelüsten, Weltbürgertum, übersteigerte Ästhetik, Irrationalität usw. Es spielt keine Rolle, daß Fellinis Gesellschaft nur aus wenigen 100 Personen in der Umgebung der Via Veneto besteht. Fellini hat gut daran getan, diese Gesellschaft als repräsentativ darzustellen, denn das ist sie: zunächst als direktes Ergebnis der modernen Kultur und dann als italienischer Ausläufer einer um so breiter gefächerten internationalen Gesellschaft."[28]
Wenn er von der Erzählstruktur des Films spricht, trifft Moravia die Sache ganz genau: „Mit *La Dolce Vita* hat Fellini seinen besten Film gemacht und gleichzeitig einen der aussagekräftigsten der letzten Jahre, weil es ihm gelungen ist, die Erzählstruktur zu finden, die ihm am nächsten liegt. […] Gemessen an den vorangegangenen Filmen zeigt uns dieser, so viel umfassendere, reichere, klangvollere Film *La Dolce*

[27] Mimmo Pacifici, „Così cominciò la dolce vita", in *Gente Mese*, Oktober 1988, S. 114
[28] Alberto Moravia, „Il *Satyricon* di Fellini", in *L'Espresso*, Jg. VI, 14. Februar 1960, S. 23

Vita, daß Fellini die ‚offene' Erzählstruktur, ohne Verbindung, ohne Anfang und Ende besonders gut liegt. Der Film basiert nicht auf einer logischen und kohärenten Entwicklung, sondern auf einer statischen und quasi endlosen Wiederholung. Das ‚Satyrikon' von Petronius ist ein gutes Beispiel für eine sogenannte ‚offene' Erzählung. *La Dolce Vita* dauert über drei Stunden, die aufgrund der außergewöhnlichen Bravour des Regisseurs leicht und angenehm vergehen. Der Film könnte aber genauso gut auch doppelt oder dreimal so lang sein. In diesem Sinn offenbart sich Fellinis Dekadenz auch in technischer Hinsicht. Er kennt wie alle Dekadenten keine Grenzen und kein Gleichmaß."[29]

In diesem großen Fresco der raffinierten Dekadenz einer Gesellschaft, die, um der Langeweile zu entkommen, inmitten von ebenfalls unbedeutenden Ereignissen Schiffbruch erleidet, ist der Fotograf die Gestalt, in der Verwirrung und Leere besonders deutlich zum Ausdruck kom-

Titelseite der Wochenzeitschrift *L'Europeo* vom 8. Juli 1962: Fellini präsentiert die Geschichte der Via Veneto

[29] Ebd.

L'EUROPEO

Continua il grande documentario

LA STORIA DI VIA VENETO

SETTIMANALE POLITICO D'ATTUALITÀ

L. 100 - 15 LUGLIO 1962

La famosa estate del '58

L'EUROPEO

LA STORIA DI VIA VENETO

Continua il grande documentario a cura di Fellini e Flaiano sugli anni della dolce vita romana

I retroscena dello sciopero di Torino

L'EUROPEO

Continua il grande documentario

LA STORIA DI VIA VENETO

men. In Fellinis *La Dolce Vita* steht der Paparazzo mit seiner Aufdringlichkeit für eine Welt, die jeden Sinn für das richtige Maß verloren hat.

Die Entstehung des Begriffs Paparazzo

„Eine frivole Gesellschaft, die ihre kalte Lebenslust ausdrückt, indem sie sich eher darstellt, als das Leben wirklich zu genießen, verdient aufdringliche Fotografen", bemerkte Ennio Flaiano zu der Zeit, als er am Drehbuch von *La Dolce Vita* arbeitete. „Die Via Veneto ist voll von diesen Fotografen. In unserem Film wird es einen geben, der untrennbar mit dem Protagonisten verbunden ist. Fellini hat die Rolle klar im Kopf, und er kennt das Vorbild: einen Agenturfotografen, dessen schreckliche Geschichte er mir erzählt hat. Der Fotograf wurde zum Begräbnis einer Persönlichkeit geschickt, die Opfer eines schrecklichen Unglücks geworden ist, nur um die weinende Witwe zu fotografieren. Wegen eines kleinen Fehlers ist der Film jedoch falsch belichtet worden, so daß die Aufnahmen nicht zu verwenden waren. Der Chef der Agentur sagte ihm: ‚Sieh zu, was Du machen kannst und bring' mir in zwei Stunden die weinende Witwe, oder Du fliegst raus und ich verklage Dich wegen des entstandenen Schadens.' Unser Reporter eilte zum Haus der Witwe und fand sie dort vor, gerade vom Friedhof zurückgekehrt. Sie trug noch ihr Trauerkleid und irrte von einem Raum zum anderen, gezeichnet von Schmerz und Müdigkeit. Um es kurz zu machen, sagte er der Witwe, daß er seinen Job verlieren würde und damit seine zukünftige Frau (er war seit kurzem verlobt), wenn er sie nicht weinend fotografieren könnte. Die Witwe wollte ihn wegjagen. Ihr war sicherlich nicht danach zumute, in all der Trauer eine Komödie aufzuführen. Hier aber fiel der Fotograf auf die Knie; er flehte sie an, ihm doch entgegenzukommen, nur eine Minute lang zu weinen, selbst nur zum Schein! Nur für eine Momentaufnahme. Sein Bemühen hatte Erfolg. Von Mitleid übermannt ließ sich die arme Witwe weinend auf dem Ehebett, am Schreibtisch ihres Mannes, im Wohnzimmer und in der Küche ablichten."[30] Nach dieser wirklich nicht schmeichelhaften Beschreibung des Fotografentyps, der im Mittelpunkt des Films steht, fügte Flaiano hinzu: „Und nun müssen wir diesem Fotografen einen exemplarischen Namen geben, denn ein treffender Name ist äußerst nützlich und erfüllt die Figur mit Leben. [...] Für den Fotografen fiel uns kein Name ein, bis wir zufällig in dem Büchlein *Am Gestade des Ionischen Meeres* von George Gissing blätterten und auf den eindrucksvollen Namen ‚Paparazzo' stießen. Der Fotograf sollte Paparazzo heißen. Er wird niemals erfahren, daß er den ehrenwerten Namen eines Hoteliers aus Kalabrien erhielt, von dem Gissing mit Anerkennung und Bewunderung spricht. Aber Namen haben ihr eigenes Schicksal."[31] Ähnliches gilt auch für den von George Robert Gissing, den Flaiano versehentlich falsch geschrieben hatte und der daher in manchen Fotografiebüchern als „Gessing" erscheint.

In seinem 1909 verfaßten Reisebericht *Am Gestade des Ionischen Meeres*[32] ist Coriolano Paparazzo Besitzer eines Hotels in Catanzaro, der, nachdem er „zu seiner großen Enttäuschung erfahren hat, daß gewisse bei ihm einquartierte Reisende ihre Mahlzeiten in anderen Restaurants einzunehmen pflegten", diesen Reisenden mitteilt, „daß ihr Verhalten nicht nur seine persönlichen Gefühle verletze, sondern auch die Reputation des Hotels schädige."

Anders als Flaiano zeigte Gissing keinerlei Anerkennung und Bewunderung für den Hotelier, sondern sagte nur: „Signor Paparazzo gefiel mir gut." Obwohl Gissing das sagt, ist es für den Leser offensichtlich, daß der Hotelier eine absurde Erwartung hat, eine Aufdringlichkeit, die sich nicht sehr von der eines Fotografen der Via Veneto unterscheidet. Aber sicherlich erhielt der Fotograf aus *La Dolce Vita*, der dem von Marcello Mastrioanni dargestellten Protagonisten wie ein Schatten folgt, nicht deshalb diesen Namen. Der Name drückt phonetisch Geringschätzung aus, und das paßte in den Köpfen von Flaiano und Fellini nur zu gut zu der von Walter Santesso gespielten Figur.

Den Grund liefert die Endsilbe -azzo, eine Variante von -accio. Im Italienischen wird -accio üblicherweise als Verstärkung eines Pejorativs verwendet wie z. B. bei donnaccia (liederliches

Links:
Die Geschichte der Via Veneto in drei Ausgaben des *Europeo* von 1962

---

[30] Ennio Flaiano, „La storia di via Veneto, alla ricerca della strada perduta", in *L'Europeo*, Jg. XVIII, Nr. 28, 15. Juli 1962; auch in: Ennio Flaiano, *Opere*, op. cit., Bd. 1, S. 630

[31] Ebd.

[32] Die italienische Übersetzung von Gissings Buch erschien im Dezember 1957, also genau in den Tagen, in denen Fellini, Flaiano und Tullio Pinelli dabei waren, das Drehbuch für *La Dolce Vita* zu verfassen.

Die Geschichte der Via Veneto geht weiter

Weibstück), figuraccia (Blamage) oder fattaccio (Verbrechen). Dieselbe Bedeutung wie -accio hat -azzo, das, wenn auch selten, im heutigen Italienisch noch gebraucht wird. In Süditalien ist es immer noch weit verbreitet, und in einigen norditalienischen Dialekten wird das italienische -accio fast wie das süditalienische -azzo ausgesprochen.

In diesem Sinn ist Paparazzo ein „beispielhafter Name". Er besitzt eine semantische Nähe zu der Person, die ihn trägt. Es handelte sich dabei also keinesfalls um eine zufällige Wahl, sondern um die glückliche Schöpfung eines in der ganzen Welt verwendeten Begriffs.

Achtung, es wird gedreht (und wir amüsieren uns)!

Man glaubte einige Zeit, daß Tazio Secchiaroli die Rolle des Paparazzo spielen könnte. Am 15. März 1959 schrieb die Wochenzeitschrift *Lo Specchio*: „Immer noch offen für die Rolle des Fotoreporters ist die Verpflichtung eines der besten, geschicktesten und skrupellosesten Spürhunde der italienischen Skandalnachrichten, den es zur Zeit gibt: Tazio Secchiaroli."[33]

Am 16. März aber, um 11.35 Uhr, als im Saal Nr. 14 von Cinecittà die erste Szene von *La Dolce Vita* gedreht wurde, wußten alle, daß Fellini Walter Santesso vorgezogen hatte, da er bereits bei der ersten Einstellung – der Nr. 206 – auftrat. Für die Fotoreporter der Via Veneto stand Pierluigi Praturlon auf dem Set. „Die Fotoreporter des Films (Santesso, Doria, Cerusico, Paradisi) machen sich gut", schrieb Tullio Kezich im Dezember 1960 im Vorwort des von ihm herausgegebenen Drehbuchs. „Sie haben einige Wochen lang mit den Apparaten und Blitzgeräten geübt und bewegen sich nun mit perfekter Lässigkeit."[34]

Secchiaroli erschien am zweiten Drehtag am Set, um Fellini zu begrüßen, und Kezich führt hierzu an: „Heute ist ein zweiter Fotoreporter gekommen, Tazio Secchiaroli. Er ist es, der Fellini einige Anregungen für *La Dolce Vita* gegeben hat." Daher zeichnet Kezich ein kurzes Porträt von ihm. In diesem wichtigen Buch über die Geschichte des italienischen Kinos, herausgegeben von einem seiner bedeutendsten

Kritiker, erhält Secchiaroli eine wichtige Stellung. Neben einigen Bildern des Beitrags, welcher Fellini zur Sequenz des falschen Wunders inspirierte, wird er mehrfach zitiert und mit drei Fotografien abgebildet. Auf diese Weise wird sein Name eindeutig mit dem des Regisseurs in Verbindung gebracht. „Von da an dachte Fellini, daß ich ihm Glück brächte. Bis er mich jedesmal rief, wenn er einen neuen Film drehte", sagt Secchiaroli. Der große Meister von *Achteinhalb* wußte genau, daß Secchiaroli unter den Fotografen der Via Veneto etwas Besonderes war. Er stand aufgrund seiner Intelligenz und seiner Kreativität weit über den anderen.

Vom Paparazzo zum Setfotografen

Seinem Talent folgend, stellte Secchiaroli seine Tätigkeit als Straßenfotograf bald ein. Nachdem *La Dolce Vita* angelaufen war, gab er die nächtlichen Verfolgungen auf, obwohl er zweifelsohne die notwendigen Voraussetzungen für hochwertige Reportagen besaß.[35] Da er aber die Wahl hatte, trieb es ihn zu neuen Ufern: zu der phantastischen Atmosphäre am Drehort. Er sammelte erste Erfahrungen als Setfotograf, um schließlich zu dem Fotografen zu werden, der zwischen zwei Klappen den Stars der Leinwand die Blicke und Gesten entlockte, welche eine ganze Galerie wunderschöner Porträts hervorbrachten, eine einzigartige Sequenz atmosphärischer Bilder.

Im Februar 1961 bestätigte sich die geringe Wertschätzung, die er der Welt des Journalismus, insbesondere der italienischen, entgegenbrachte. In der Neujahrsnacht hielt sich Secchiaroli als Setfotograf von Alessandro Blasettis Film *Ich liebe, Du liebst* in Moskau auf. Die Truppe wurde zu einem Fest des Moskauer Domkinos eingeladen. Unter den Gästen befand sich auch der große italienische Nuklearphysiker Bruno Pontecorvo, der sich zehn Jahre zuvor aus politischen Gründen in die Sowjetunion abgesetzt hatte. Secchiaroli erkannte den Ex-Assistenten von Enrico Fermi sofort. Zum Erstaunen der

Links:
Seiten aus dem *Europeo* vom 29. Juli 1962

Rechts:
Auszüge aus dem Buch über Fellinis *La Dolce Vita*, herausgegeben von Tullio Kezich, Capelli, 1960, Fotos von und mit Secchiaroli

[33] Für dieselbe Rolle war auch der Fotograf Paolo Pavia im Gespräch
[34] „Hinter ihnen drängelt der Setfotograf Pierluigi Praturlon, bekleidet mit einer schwarzweiß karierten Mütze und einer falschen Hirschfelljacke. Wenn eine Einstellung abgedreht ist, schreit Pierluigi wie angestochen: 'Fotografie!' Und damit beginnt ein Spiel, das sich durch den ganzen Film zieht: Die Techniker tun so, als ob sie ihn nicht beachteten, der Aufnahmeleiter Martelli droht damit, das Licht auszuschalten, Fellini schreit pittoreske Beschimpfungen heraus. Um den Einsatz von Pierluigi zu bremsen, ist allerdings einiges mehr erforderlich."
Tullio Kezich (Hg.), *La dolce vita di Federico Fellini*, Cappelli editore, Bologna 1960, S. 41
[35] „Seit dem Film *La Dolce Vita* von Fellini", sagt Secchiaroli, „geht jeder in Rom, der eine Kamera besitzt, in die Via Veneto, um es den Paparazzi gleich zu tun. Es wimmelt dort von Fotografen."

Secchiarolis Scoop über Pontecorvo in Moskau,
L'Europeo, Februar 1961

Anwesenden zog er schnell seine alte Leica aus der Tasche – „1954 von einem Taxifahrer für 60.000 Lire, zwei Monatslöhne eines Arbeiters, gekauft" – und begann zu fotografieren. So entstand ein interessanter Beitrag mit Scoop-Charakter. Denn seitdem Pontecorvo in der Sowjetunion lebte, gab es von ihm nur ganz wenige (und häufig gestellte) Aufnahmen. Einen Monat später veröffentlichte die Wochenzeitschrift *L'Europeo* die Reportage von Secchiaroli mit einem Eklat auf der ersten Seite. Der Text zu den Bildern war so verfaßt, daß der Leser denken mußte, der Autor sei bei dem Fest zugegen gewesen. In Wirklichkeit befand sich dieser aber an jenem Abend nicht in Moskau. Er gab lediglich die Erzählung des Fotografen wieder, jedoch ohne ihn zu zitieren. Der Name Secchiaroli erschien nur kleingedruckt unter der Unterschrift des Journalisten. Dies wiederum brachte Secchiaroli zur Weißglut, hatte er doch bereits 1957, ebenfalls bei einer Reportage zur Sowjetunion, eine unangenehme Erfahrung mit dieser Wochenzeitschrift gemacht. In dem Jahr wurde das „Fest der Jugend", das alljährlich von den Kommunisten in einem anderen sozialistischen Land organisiert wurde, in Moskau gefeiert. Für nur 30.000 Lire konnte man zwei Wochen in Moskau, „all inclusive", verbringen. Secchiaroli, jede Gelegenheit ausnutzend, war nach Moskau gefahren, um die Stadt kennenzulernen, und hatte dort einige Fotos von Jugendlichen geschossen, die gerade von ihren Altersgenossen aus Ländern jenseits des Eisernen Vorhangs westliche Kleidungsstücke erstanden. Zurück in Italien wollte er die Fotos an den *Europeo* verkaufen. Girogio Fattori, der Chefredakteur, „sagte, mir in die Augen schauend", so Secchiaroli, „Sie sind Gast in einem fremden Land und zeigen es von seiner schlechtesten Seite?" Dann kaufte er den Beitrag, ohne ihn je zu veröffentlichen.

Secchiaroli war kein politischer Kopf und besaß keinerlei polemische Absicht gegenüber den sozialistischen Ländern. Nach dieser Erfahrung aber mußte er einsehen, daß es in Italien schwierig war, gewisse Dinge zu äußern.

Die Geschichte über Pontecorvo brachte ihn paradoxerweise zu dem Entschluß, eine andere Richtung einzuschlagen – er wechselte zur Setfotografie, deren Reportagen zu einer authentischen, poetischen Welt wurden: zu einem Universum, in dem die fiktive Welt des Kinos sich in einen großen Zirkus verwandelte, der sich zwischen der Materialität der Persönlichkeiten und der situativen Traumwelt bewegte.

Diese Vision wurde bereits um 1960 konkreter, als Secchiaroli begann, seinen fotografischen Instinkt zu verfeinern: Das Unvorhergesehene, der Zufall wurde mit seiner eigenen komplexen Sichtweise der fotografierten Realität in Einklang gebracht. Er begann, in einer verspielten und träumerischen Welt zu arbeiten und gleichsam zu einer glücklichen Jugend zurückzukehren: zu etwas, das wir als Utopie bezeichnen könnten. Ausschlaggebend war sowohl die Erfahrung mit *La Dolce Vita* als auch die Begegnung mit Gjon Mili, die, wie so oft, rein zufällig geschah, während einer Probeaufnahme zu *Jovanka und die anderen* von Martin Ritt.

Der große, von *Life* beauftragte Fotograf bewegte sich langsam, mit hoher Konzentration. Secchiaroli ahnte nicht, um wen es sich handelte, bis jemand ihm einen Tip gab. Dann allerdings verfolgte er den amerikanischen Meister, der schließlich einwilligte, ihn als Assistenten ohne Bezahlung anzustellen. Um Mili zu assistieren, verzichtete Secchiaroli auf alle anderen Verpflichtungen. Drei Monate lang, während der gesamten Dreharbeiten, folgte er ihm wie ein Schatten. Die Auswahl des großen Meisters aufmerksam beobachtend, begriff er die bildhauerischen Eigenschaften des Lichts, die Ursachen von Unschärfen im Vordergrund und den kompositorischen Wert der Hintergrundeinstellungen. Darüber hinaus machte er die für ihn wichtigste Entdeckung: „Wir befanden uns in den österreichischen Bergen und hielten hin und wieder an, um Fotos zu machen. Plötzlich nahm Mili vor einer kleinen Kirche die Kamera in die Hand, wechselte das Objektiv und fotografierte ein wenig. Ich verstand den Sinn der Sache nicht und fragte ihn danach. Da antwortete er mir: ‚Siehst Du, Gott ist größer als die Berge.' Mit Hilfe des Zooms hatte er die Kirche so aufgenommen, daß sie größer als die Berge schien. In diesem Moment begriff ich etwas Wesentliches: ‚Er denkt, bevor er fotografiert'. Für mich war die Fotografie nur Bewegung, eine schnelle instinktive Sache, eine Geste; es war die Via Veneto. Mili aber benutzte seinen Verstand."[36]

Von nun an schlug Secchiaroli definitiv einen anderen Weg ein, auf dem er vor allem zwei Persönlichkeiten fotografierte: Federico Fellini und Sophia Loren.

Federico ...

Für Secchiaroli war die Begegnung mit Fellini der Beginn eines neuen Lebens, die Entdeckung der endlosen Welt der Phantasie und Erfindung: „Ohne Fellini wäre ich vielleicht ein Paparazzo geblieben, er hat mir die Pforten von Cinecittà geöffnet, aber vor allem habe ich durch ihn Dinge verstanden, auf die ich allein nie gekommen wäre. Indem ich ihn beobachtete, habe ich gelernt, die Welt ohne Illusionen und doch heiter zu betrachten. Es ist so, als ob einem eine Last von den Schultern genommen wird, oder besser aus dem Kopf."

Mit Ausnahme von *Julia und die Geister* und *Orchesterprobe* war Secchiaroli auf allen Sets der Filme Fellinis seit *La Dolce Vita* zugegen.

Während der Vorbereitungen zu dem Film, bei dem sie sich begegnet sind, bat Fellini den Fotografen, verschiedene Kandidaten im Profil mit Blitzlicht aufzunehmen. „Diese Bitte verwunderte mich in jenem Moment. Ich hätte Porträts machen und dabei einheitlicheres Licht verwenden wollen. Aber Fellini sagte mir, daß er sie unbedingt mit Blitzlicht haben wollte: mit demselben Licht, welches die Fotografen der Via Veneto während ihrer nächtlichen Verfolgungsjagden verwendeten. Den Grund für diese Bitte habe ich erst im Laufe der Jahre erkannt, so wie ich erst später die Bedeutung von *La Dolce Vita* verstanden habe. Bei der ersten Vorführung gefiel mir der Film nicht, er schien ohne Erzählung zu sein. Erst hinterher realisierte ich, daß gerade das seine Schönheit ausmachte. Ich war eben immer noch ein Fotograf der Via Veneto und das, was mich mit Fellini verband, war rein persönlich. Wir haben uns sofort verstanden, seit unserer ersten Begegnung im Restaurant ‚Da Gigetto er pescatore'. Ich habe eine instinktive Bewunderung und ein großes Vertrauen gegenüber Fellini verspürt."

Dieses Vertrauen zeigte er auch in einer schwierigen Situation. „Als es unmöglich schien, einen Produzenten für *La Dolce Vita* zu finden", erin-

Oben:
Tazio Secchiaroli, fotografiert von Gina Lollobrigida, 1971

Mitte:
Secchiaroli mit Fellini bei den Dreharbeiten zu *Amarcord*, Foto von Pierluigi, 1974

Unten:
Am Set von *Intervista*, 1987

[36] Diego Mormorio und Mario Verdone, op. cit., S. 48

Oben:
Tazio am Set von *Hochzeit auf italienisch*, 1964

Unten:
Tazio mit Sophia Loren am Set von *Die Sünde*, 1970

Rechts:
Sophia Loren und Tazio Secchiaroli

nert sich der Fotograf, „und als er mich sah, wie ich dessen ungeachtet Probeaufnahmen und Porträts von möglichen Schauspielern abzog, fragte mich Fellini lächelnd: ‚Hör mal Tazio, wer bezahlt Dich überhaupt für diese Fotos?' und ich, der ich überzeugt war, daß Fellini früher oder später einen Produzenten finden würde, antwortete: ‚Irgendeiner wird die Aufnahmen schon bezahlen.' Das ruhige Lächeln, durch das Secchiaroli seinen Optimismus zum Ausdruck brachte, bewog Fellini – der ja etwas abergläubisch war – zu jenem Gefühl von Sympathie, welches ihn bis zum Schluß mit dem Fotografen verband. Vor der Linse von Secchiaroli fühlte sich Fellini völlig entspannt, er war ganz er selbst: eine unvergleichliche Bühnenfigur. „Er war ein Vulkan, der Witze und Schlagwörter ausspieh. Auf dem Set war es scheinbar wie im Zirkus. Ein großes Durcheinander, aber alles funktionierte perfekt. Man folgte ihm wie einem großen Orchesterdirigenten. Dadurch konzentrierte sich meine Aufmerksamkeit mehr auf ihn als auf die Filmszenen. Ich hatte den Eindruck, daß er in jedem Fall die Hauptperson war. Er interessierte mich, seine Persönlichkeit."
Das zeigte sich besonders auf dem Set von *Achteinhalb*. Dort stimmte Secchiarolis Interesse für die Person Fellinis perfekt mit dem autobiographischen Zug des Films überein. Dabei entstand das schönste Porträt des Regisseurs, welches er in seiner gesamten Karriere hervorgebracht hat. Ein Muß für jeden, der sich mit Fellini beschäftigen möchte.[37]

... und Signora Loren

1964, nach dem Erlebnis von *Achteinhalb*, erzählte Marcello Mastroianni, mit dem Secchiaroli sich bereits während der Arbeiten zu *La Dolce Vita* angefreundet hatte, dem Fotografen von Sophia Loren, mit der er gerade *Hochzeit auf italienisch* drehte.
„Signora Loren", wie Tazio sie immer nannte, forderte ihn auf, zum Set zu kommen, und nach zehn Arbeitstagen machte er eine Serie wunderschöner Fotografien von ihr.[38]
Sophia Loren war so begeistert von diesen Aufnahmen, daß sie den Fotografen anrief und ihm ihre Hochachtung ausdrückte, die sicherlich über das hinausging, was man üblicherweise dem Autor eines schönen Beitrags an Anerkennung zollte. Die Schauspielerin, die es wie alle großen Diven liebte, als letzte am Set zu erscheinen, sagte zu ihm: „Ich hasse alle, die nach mir eintreffen. Aber Sie können kommen, wann Sie wollen. Sie sind ein Künstler." Dies war der Anfang einer 20jährigen Zusammenarbeit, in deren Verlauf Secchiaroli die Schauspielerin auch in den unterschiedlichsten privaten Situationen fotografierte.
„Bei der Loren", sagt der Fotograf, „habe ich wirklich verstanden, was das Licht ist. Nur ganz wenige Personen besitzen wie sie den Sinn für diese fundamentale, nicht materielle Sache. Aber es ist nicht nur das. Die Loren ist einer der wunderbarsten Menschen, die ich kennengelernt habe. Hinter der Diva verbirgt sich eine einfache und großzügige Frau, die – wegen ihres großen Gerechtigkeitssinns – Zyniker, Schlauberger und arrogante Menschen verabscheut." Ihrerseits hat die Schauspielerin Secchiaroli in einer Weise beschrieben, die in ihrer Präzision einfach nur schön ist. „Hinter seiner kalten und flüchtenden Art besitzt Tazio das Gespür und die kontrollierte Agressivität des Rassefotografen, desjenigen, der 100 oder auch 1000 Fotos schießt, bis er sicher ist, das gefunden zu haben, was er gesucht hat. Tazio besitzt vor allem eine bedeutende Eigenschaft: Er bedrängt dich nicht, er verwirrt deine Gedanken nicht mit Ratschlägen, er versteift sich nicht auf sterile Bemühungen. Wie ein guter Jagdhund (Tazio möge mir diesen Vergleich verzeihen, aber ich liebe Hunde) rennt und springt er nicht umsonst. Er wartet geduldig und mit wachem Sinn auf den richtigen Augenblick."[39]
Mit Sophia Loren hat Tazio die Welt bereist. Seite an Seite mit den berühmtesten Schauspielern und Regisseuren ist er immer der einfache Junge aus der Vorstadt geblieben. Seine Verbindung mit der Schauspielerin endet erst, als er beschloß die Fotografie aufzugeben. „Denn", wie er sagt, „die Fotografie erfordert wie jede Kunst eine große Leidenschaft. 1983 spürte ich, daß diese Leidenschaft in mir erlosch. Und so beschloß ich aufzuhören."

---

[37] Secchiaroli selbst räumt ein, daß er die Bedeutung seiner Arbeit erst einige Zeit später vollständig verstand, als ihm bewußt geworden war, daß *Achteinhalb* innerhalb von Fellinis Werk weit über seinem Lieblingsfilm *Die Müßiggänger* stand und daß mit *Achteinhalb* Ende der 50er Jahre einer der bedeutendsten Filme der Kinogeschichte entstanden war.
[38] „Ich hatte", erinnert sich Secchiaroli, „einige meiner schönsten Fotos gemacht."
[39] Sophia Loren, Einleitung zu: *Tazio Secchiaroli. The original paparazzo*, Photology, Mailand 1996

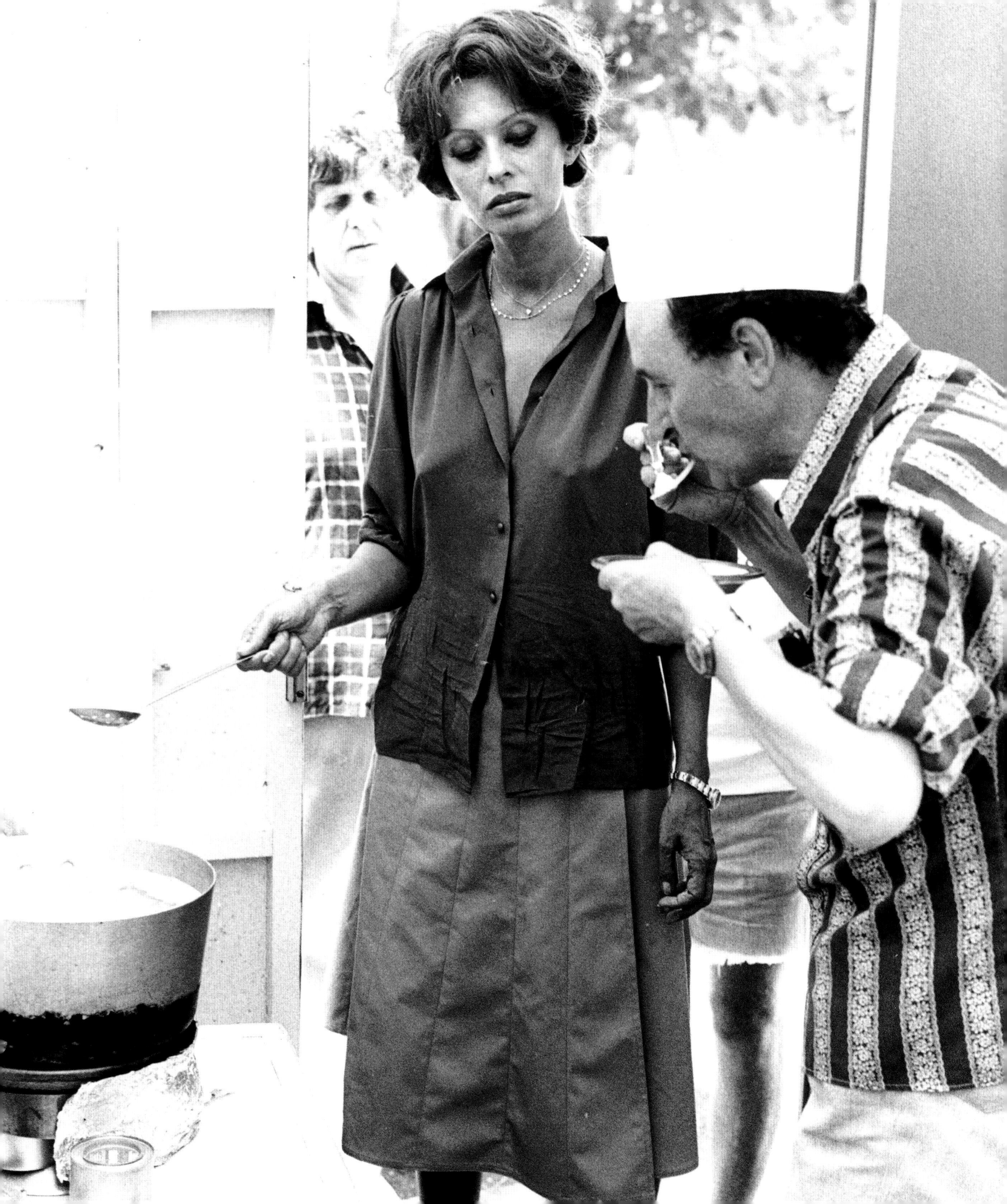

Die Jahre der Dolce Vita

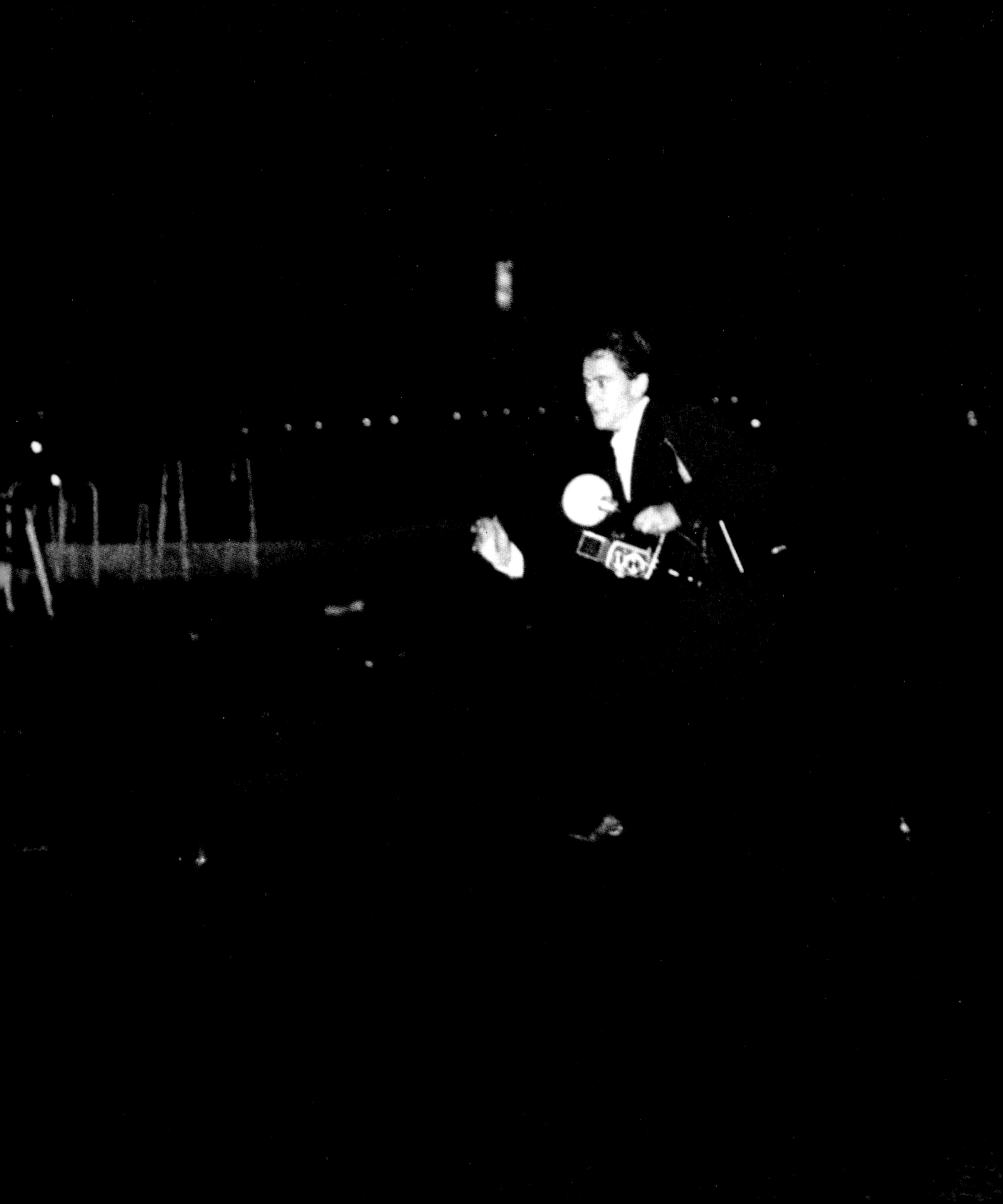

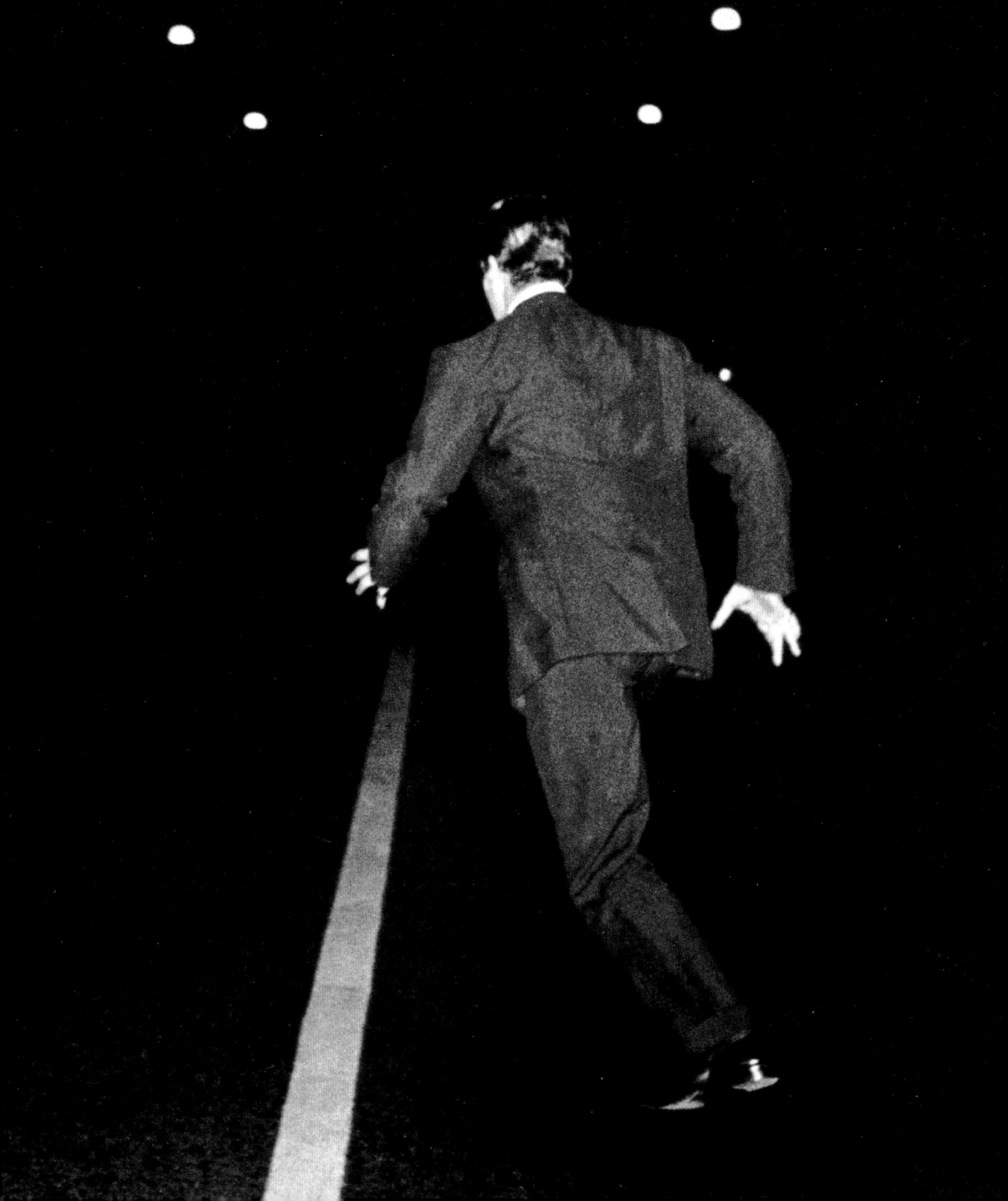

Seite 46–47:
Anthony Steel verfolgt den Fotografen Paolo Pavia

Anthony Steel (in Begleitung von Anita Ekberg) verfolgt die Paparazzi in der Via Veneto

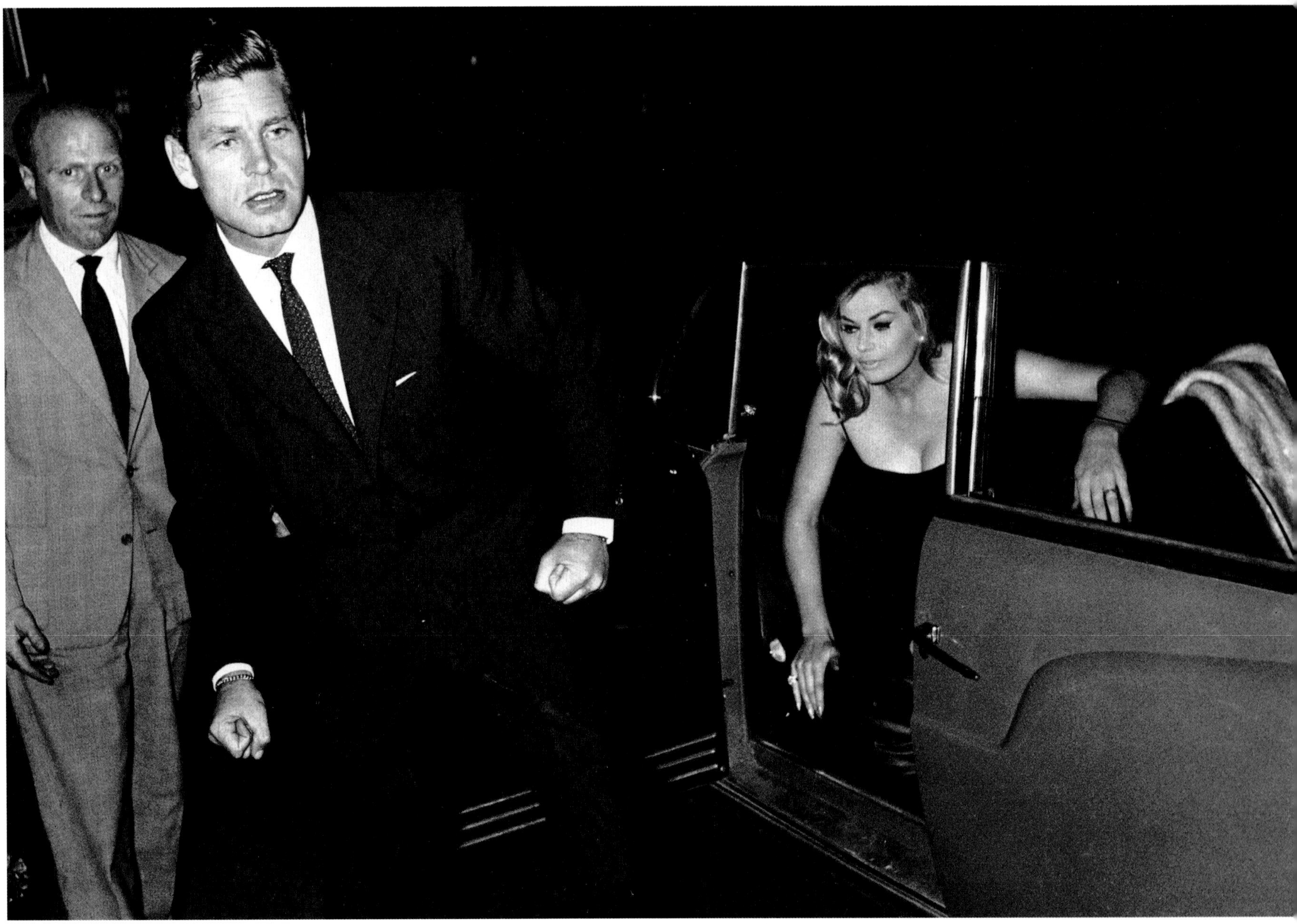

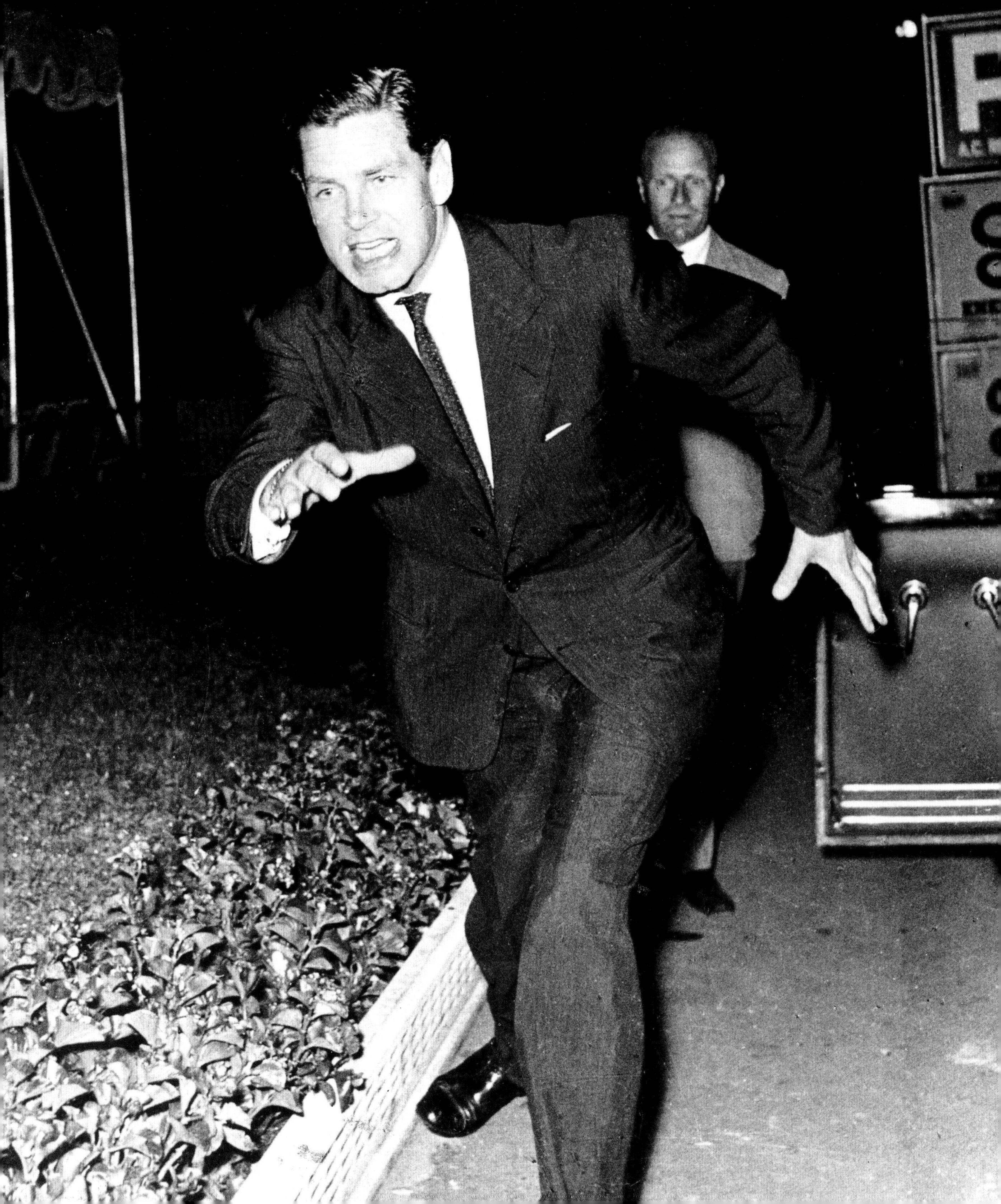

Enrico Lucherini,
Novella Parigini und
Olghina de Robilant
auf deren Fest
am Abend des
berühmten Striptease
im Rugantino,
1958

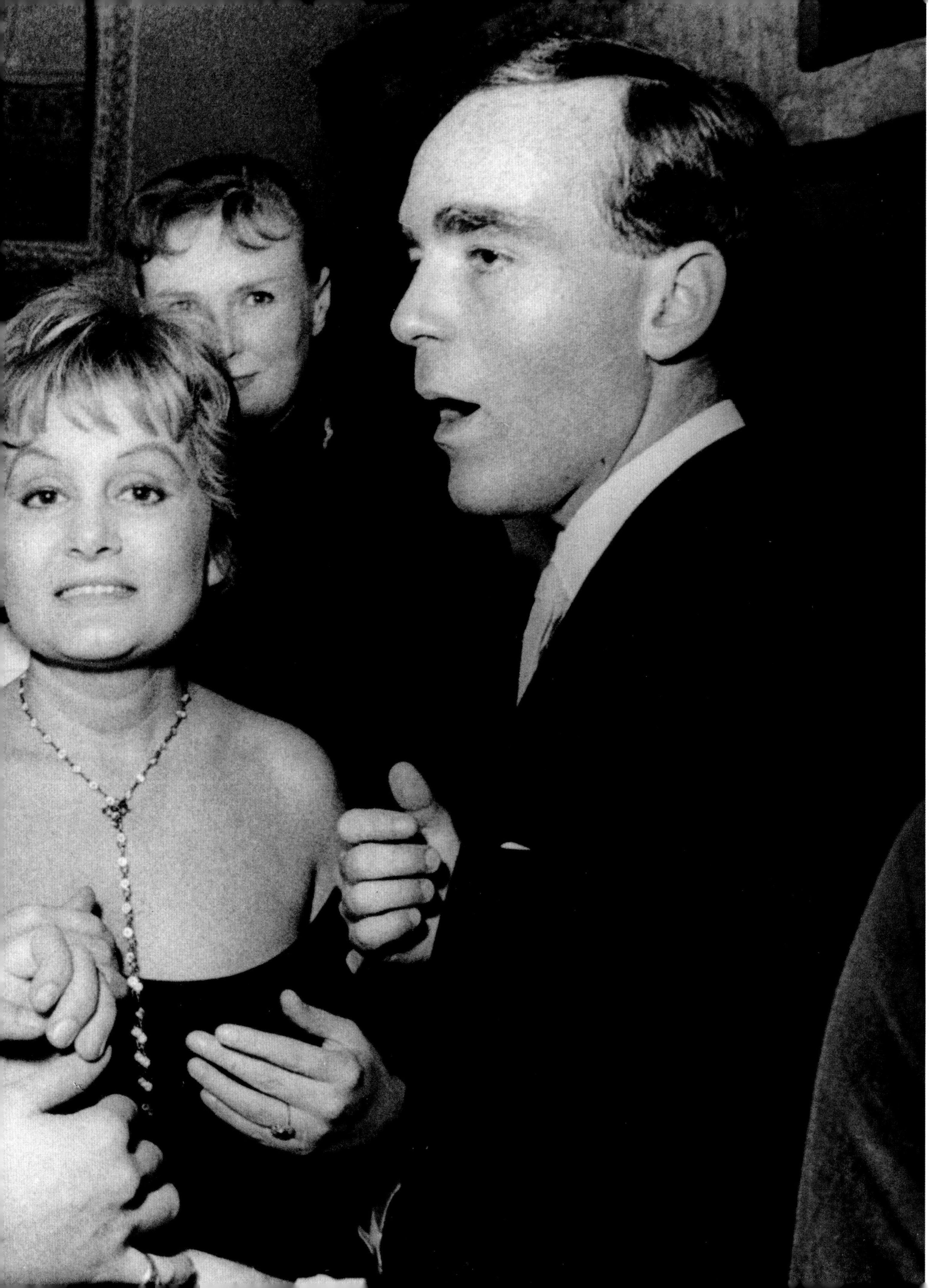

Auf dieser und den folgenden Seiten:
Striptease im Rugantino, 1958

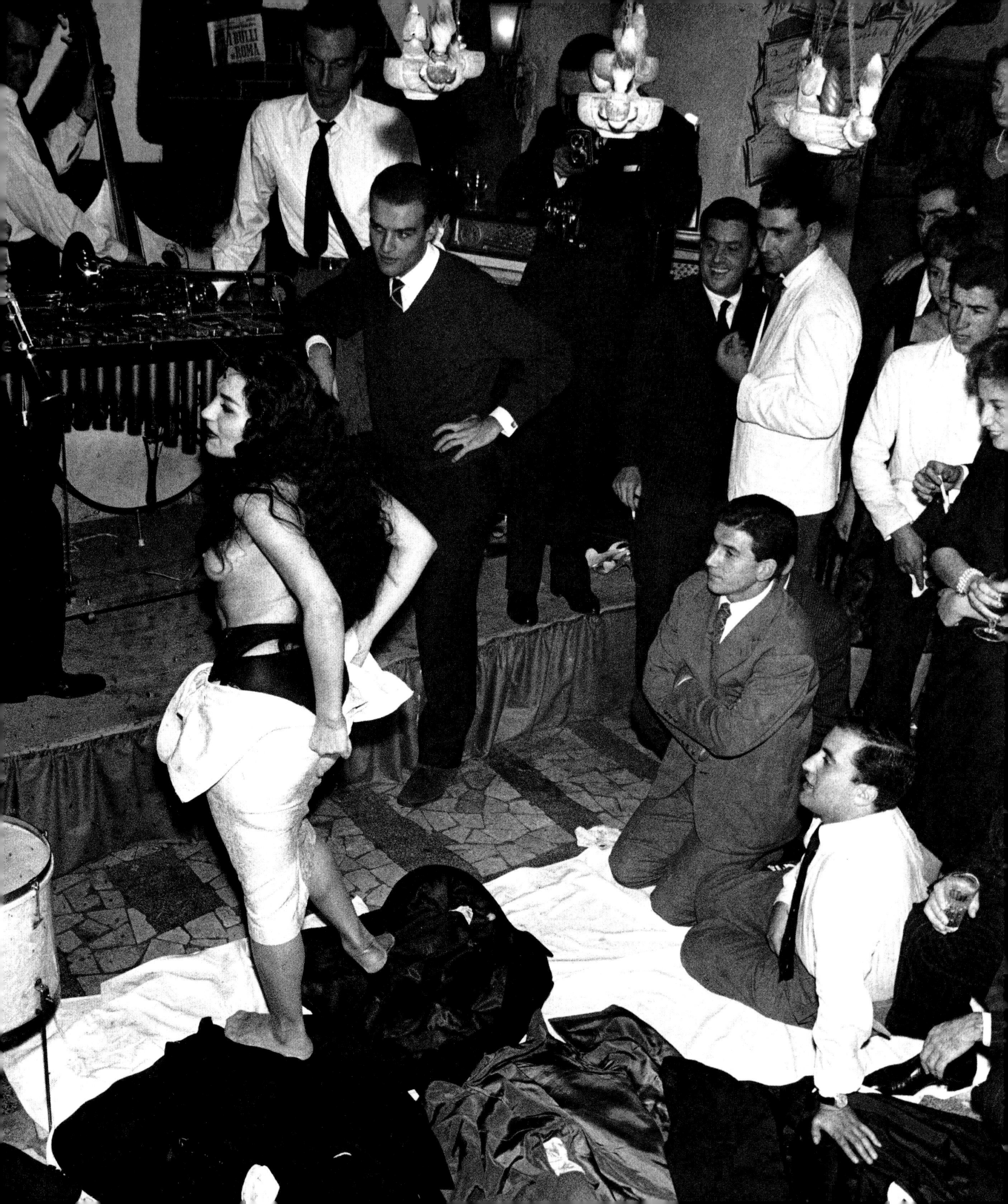
BULLI
ROMA

56

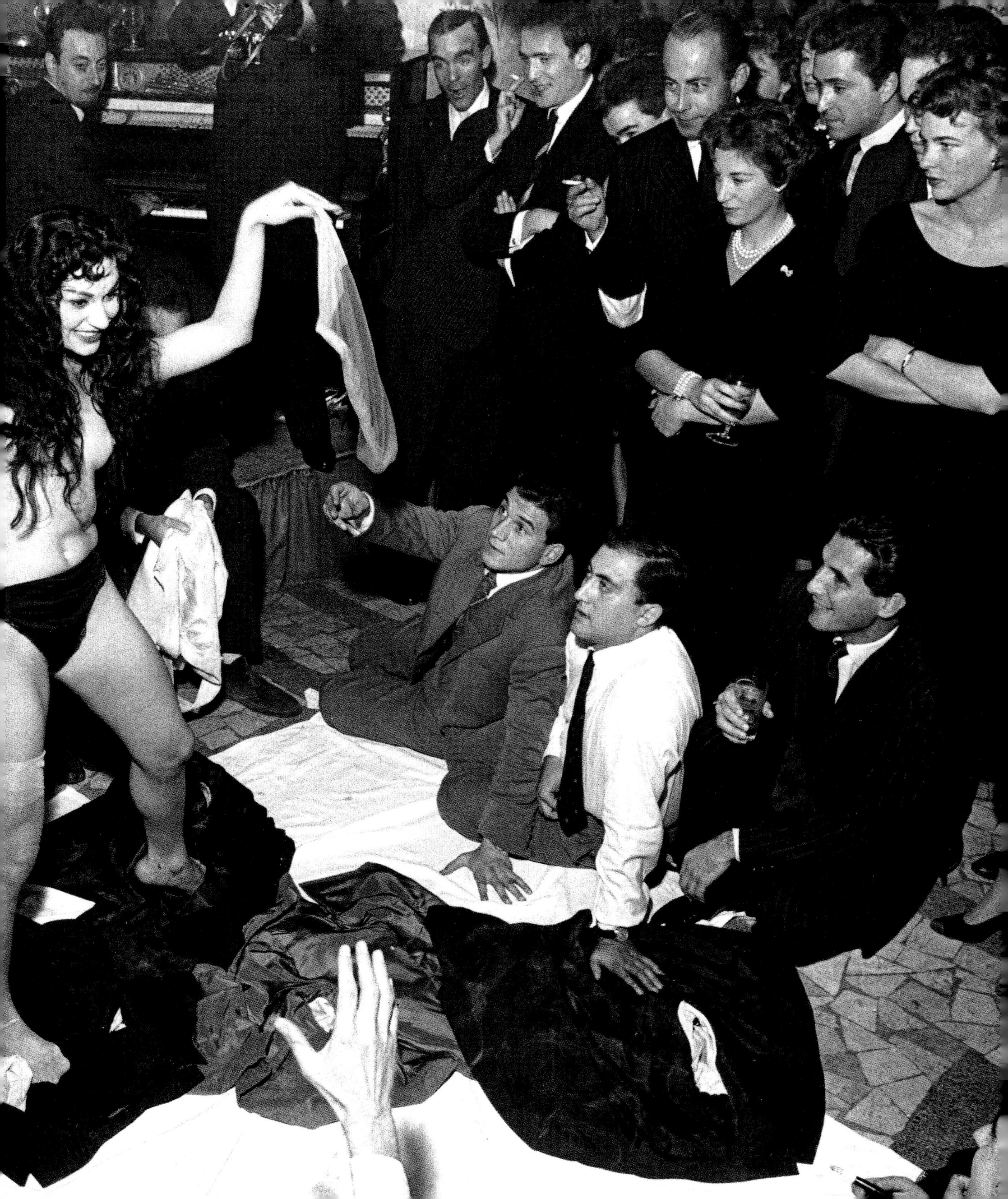

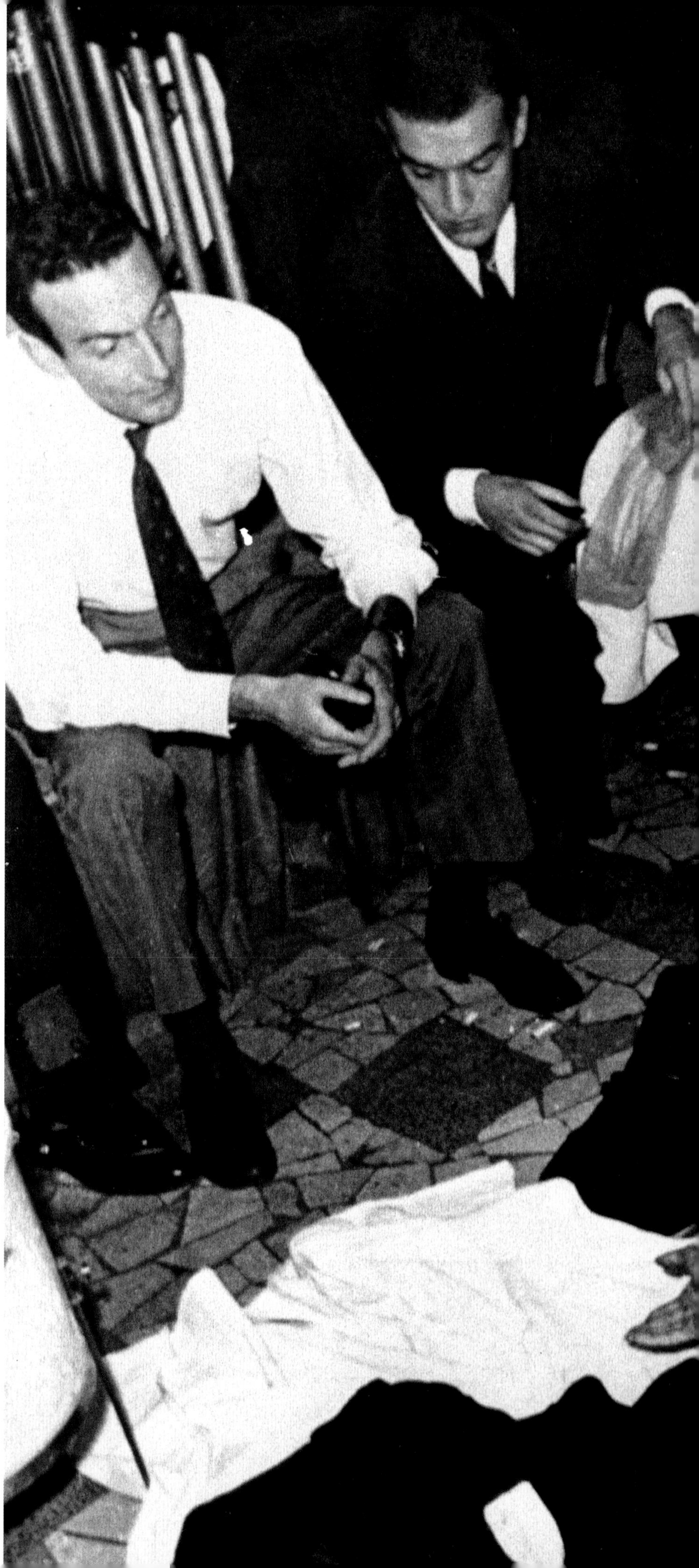

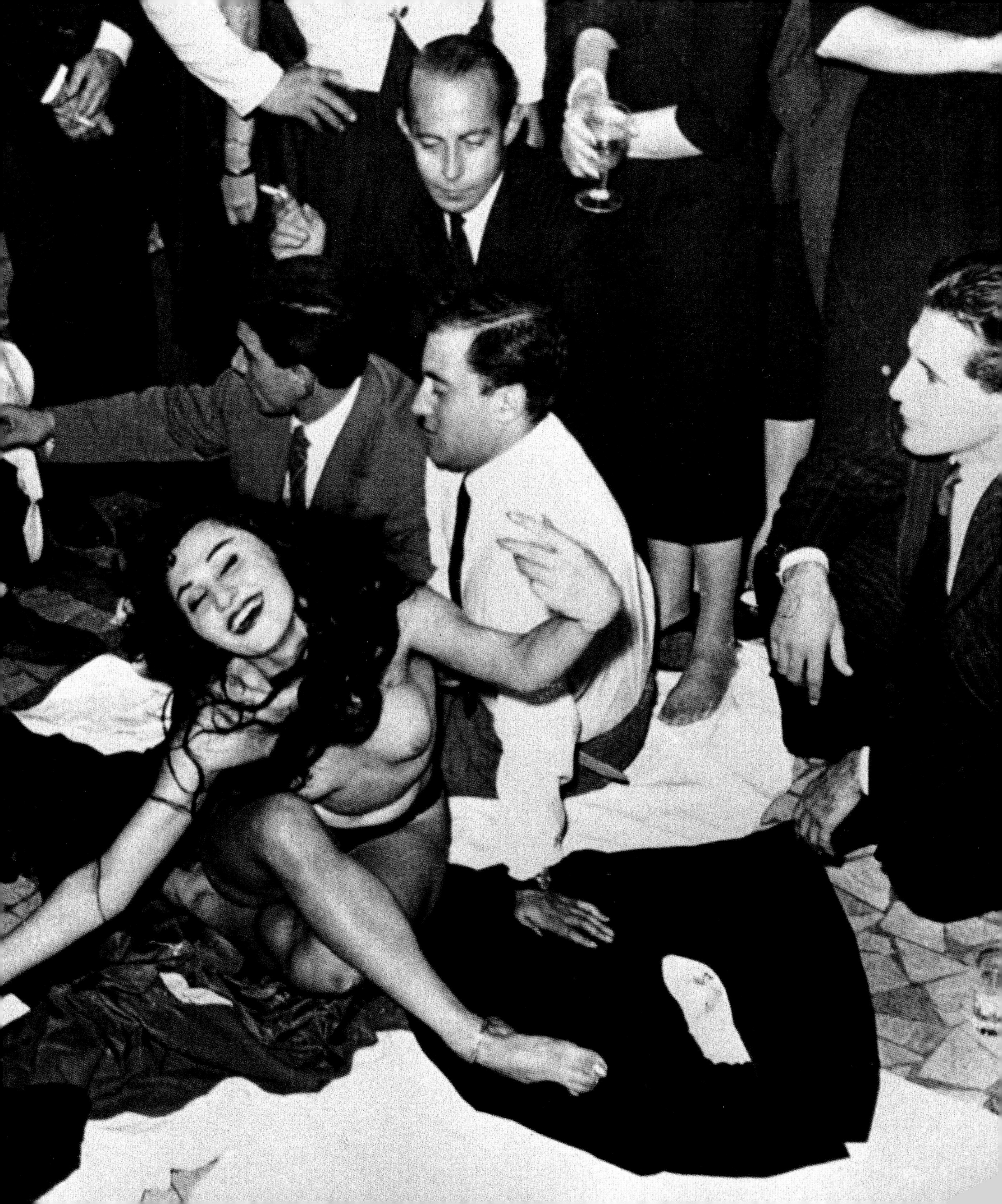

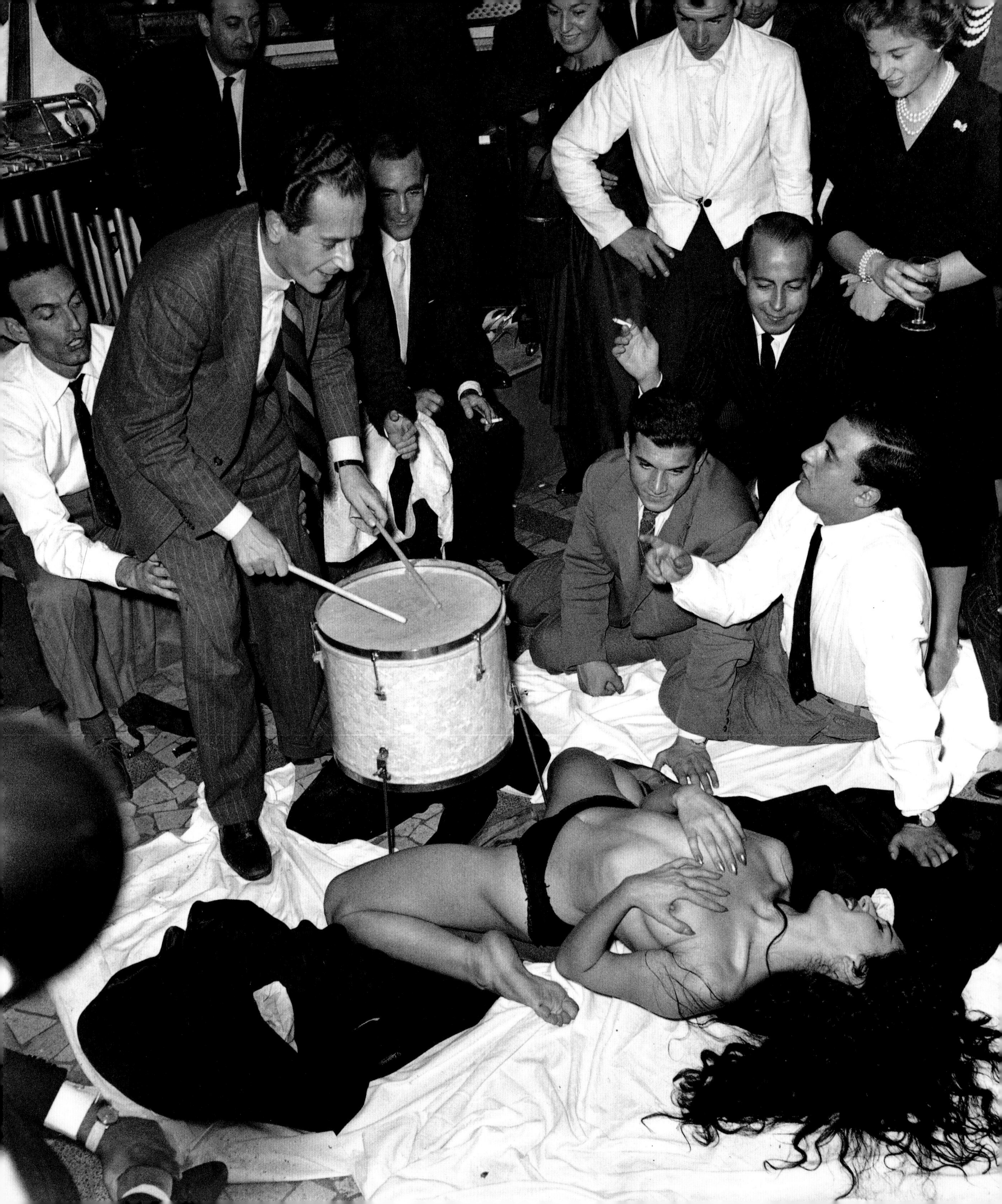

Anna Magnani und Tennessee Williams in der Via Veneto, August 1958

Auf dieser und den folgenden Seiten:
Das Wunder in der Milchhandlung
von Maratta Alta,
Terni, Juni–Juli 1958

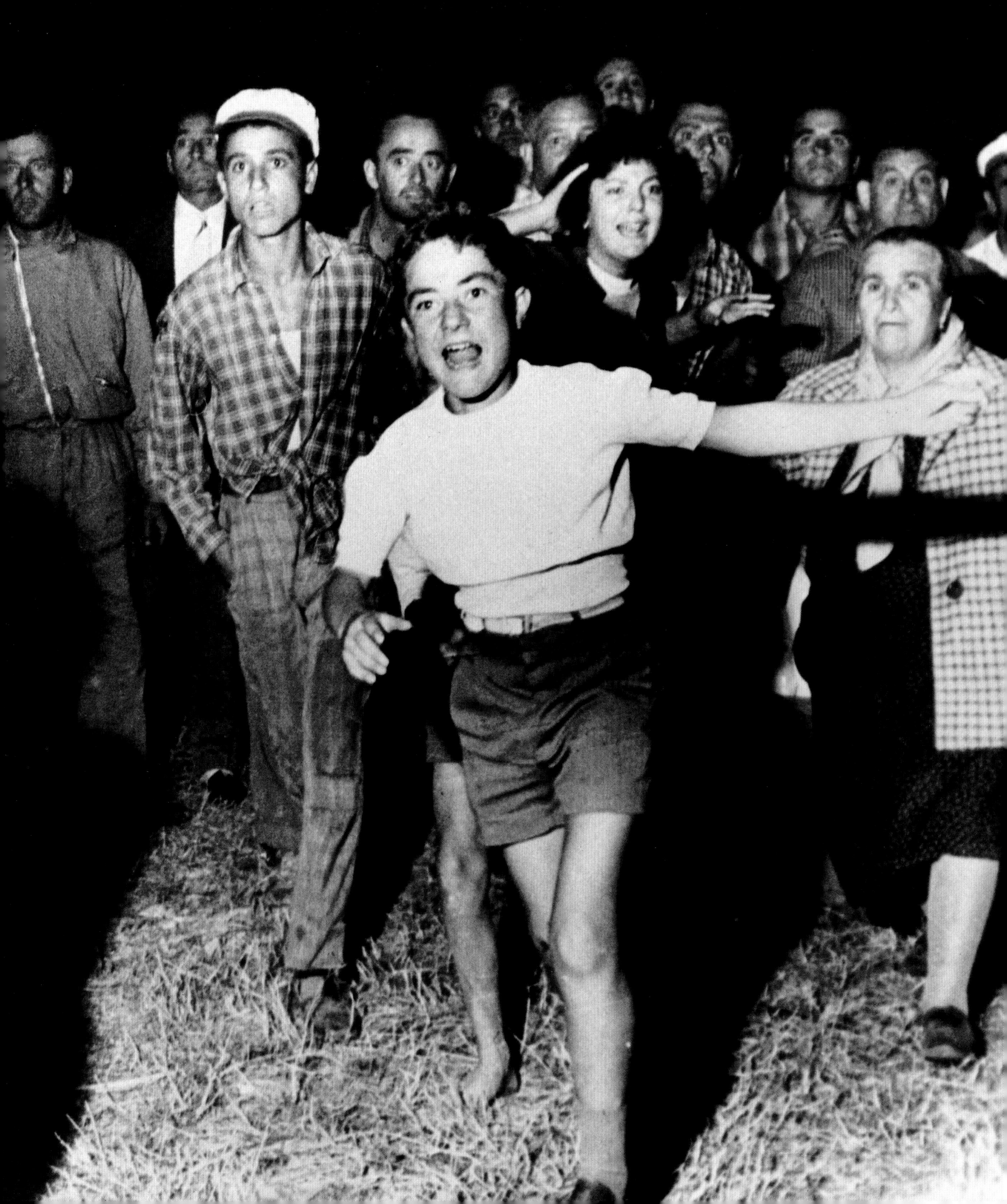

64

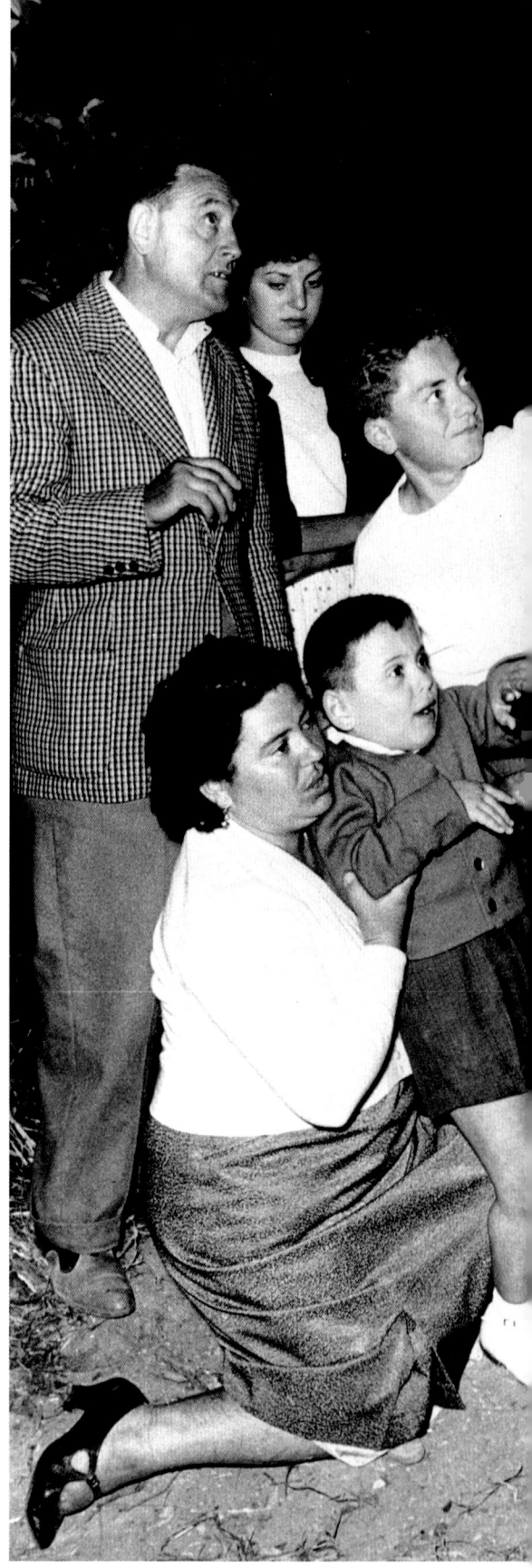

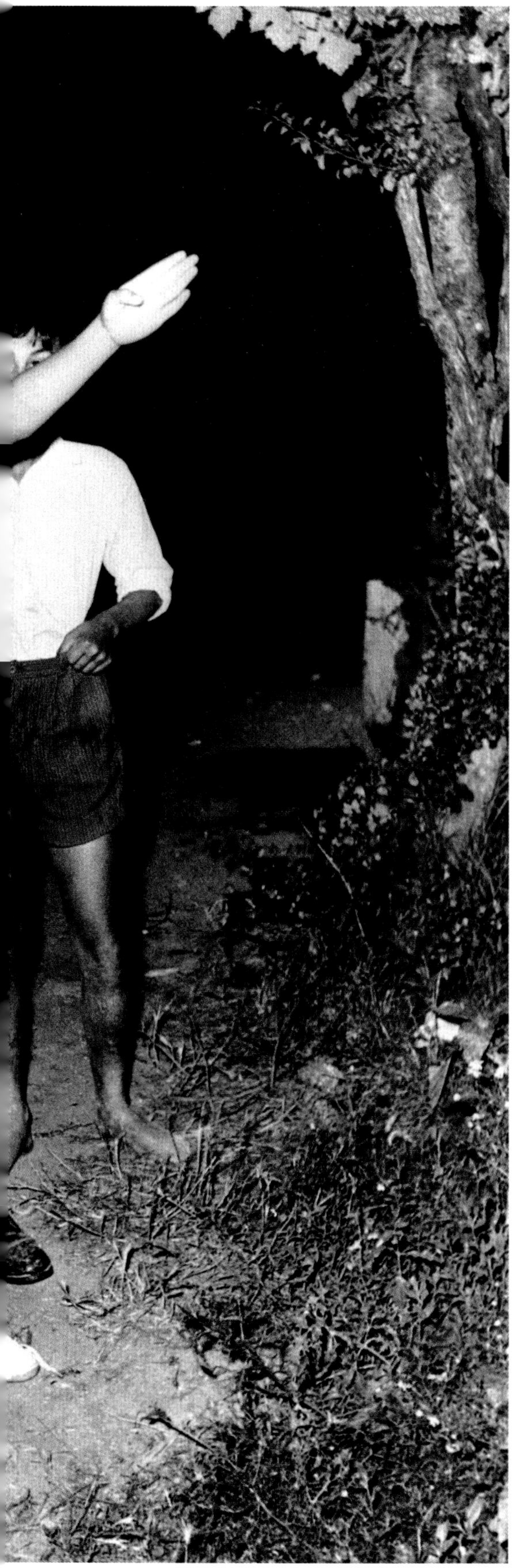

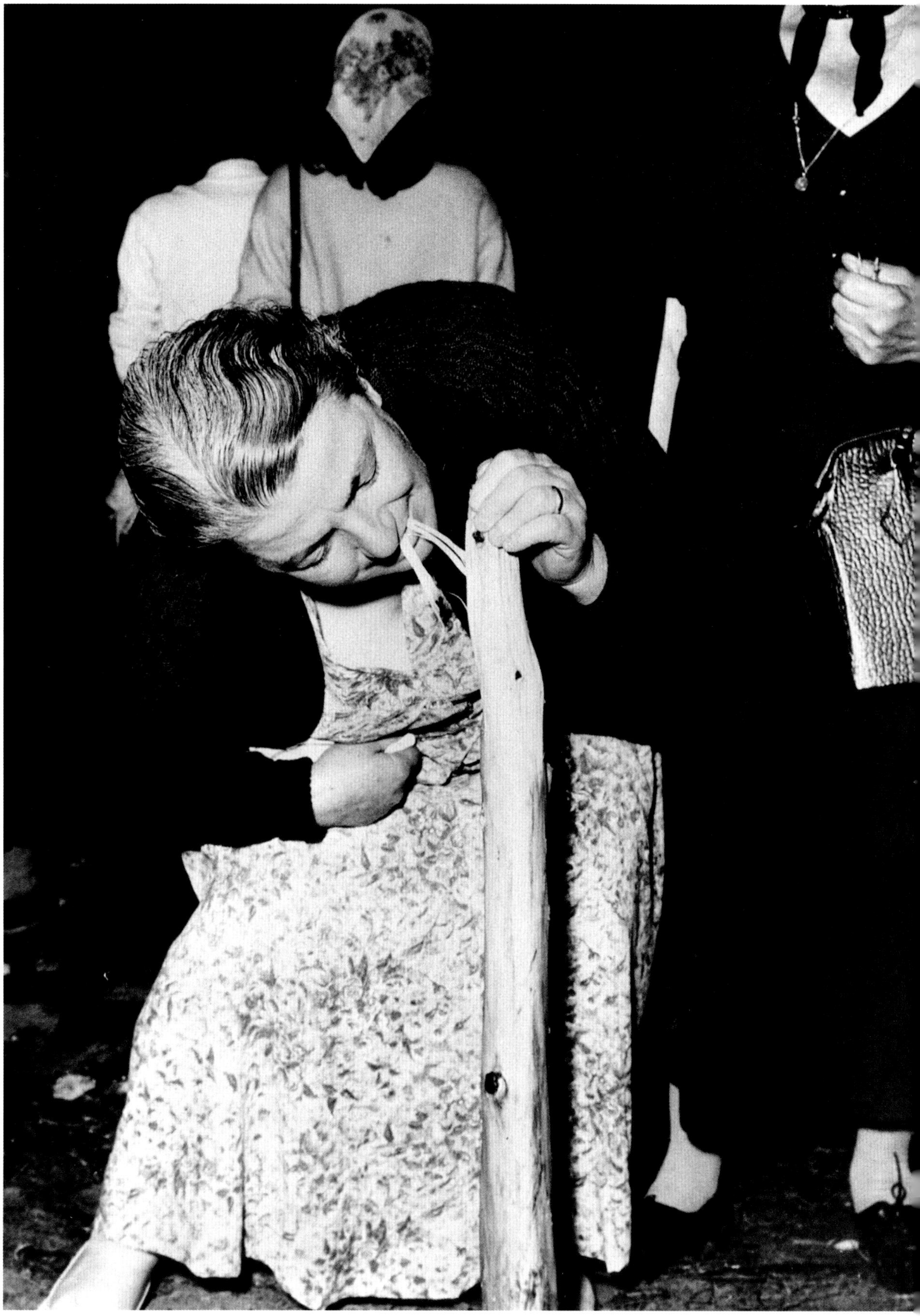

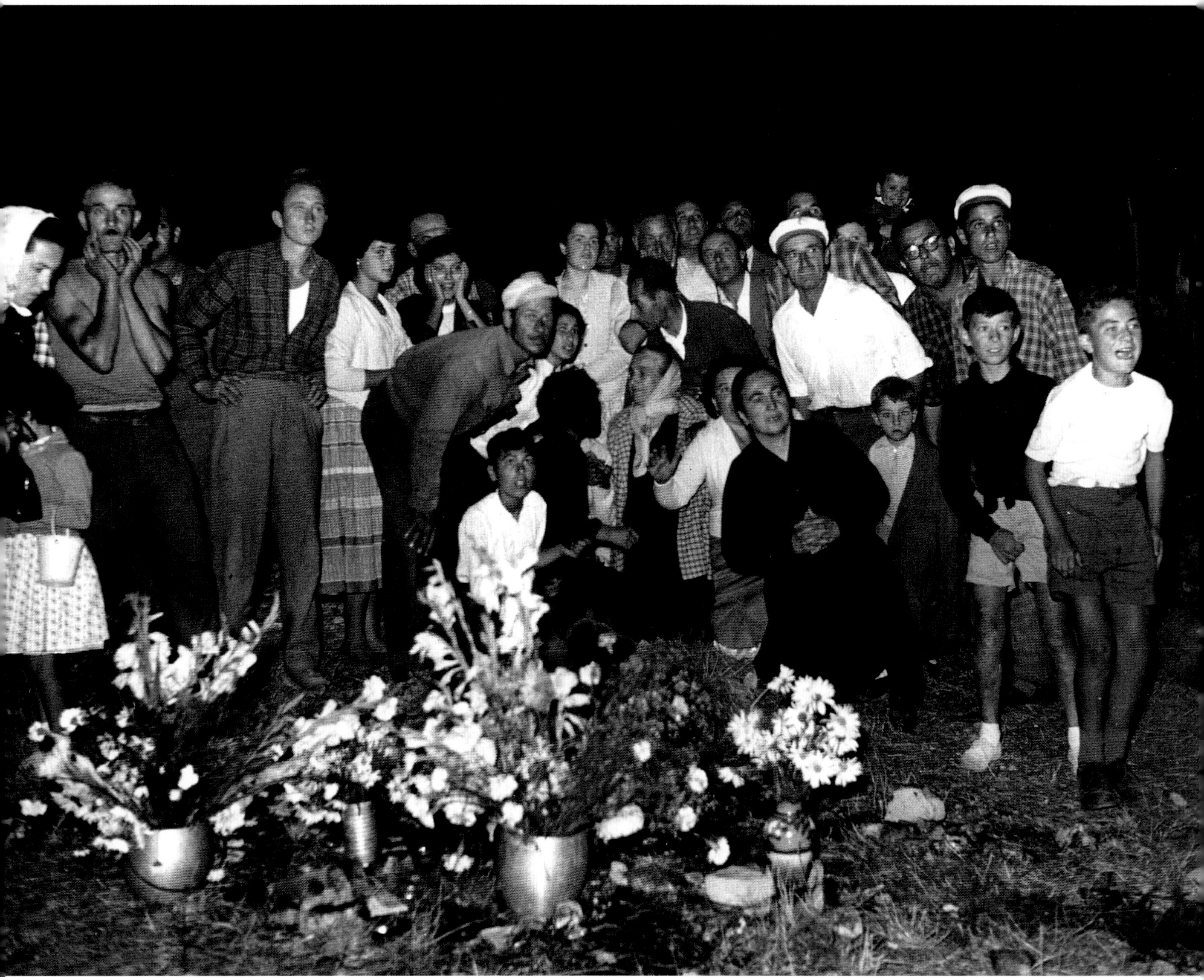

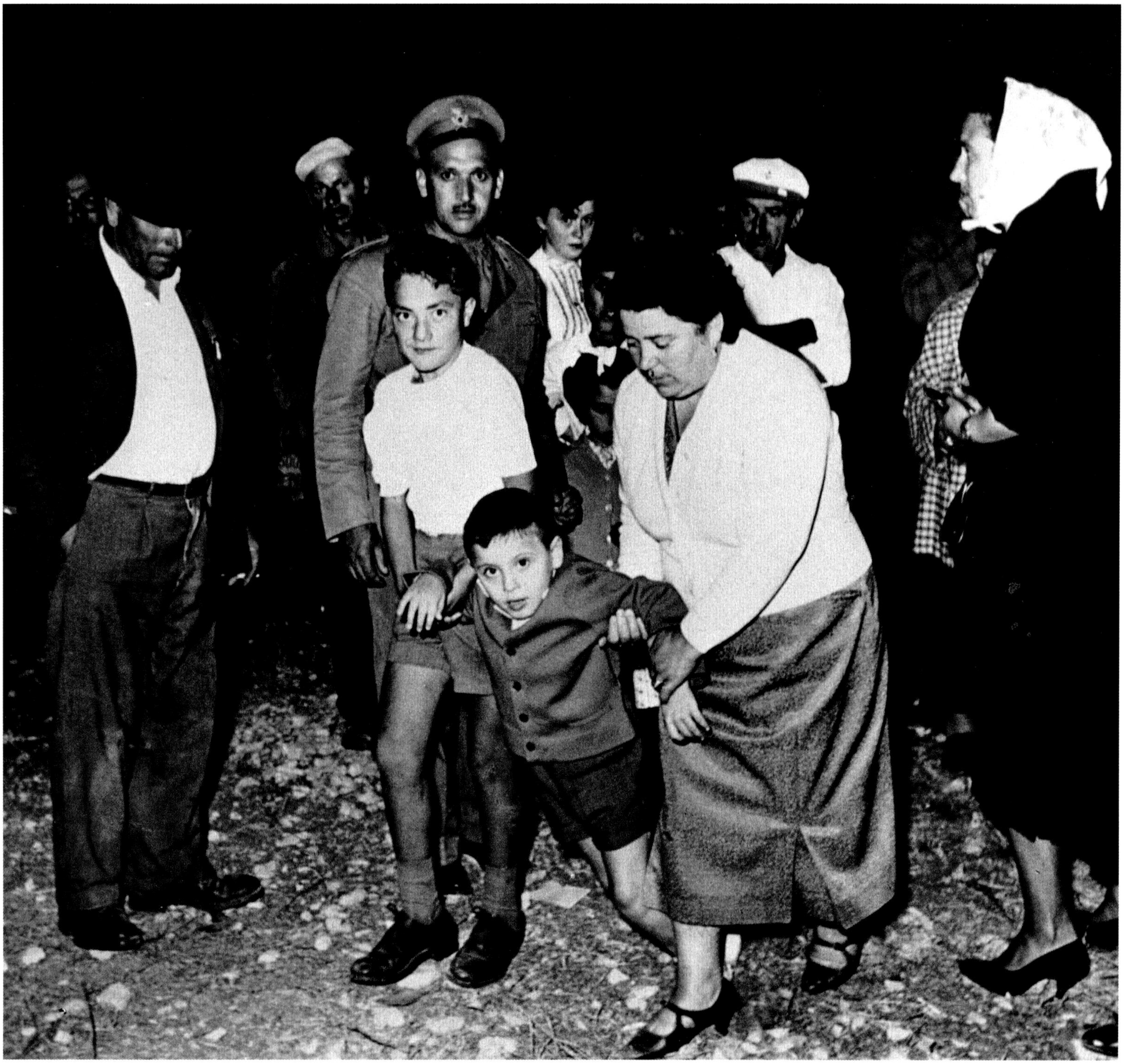

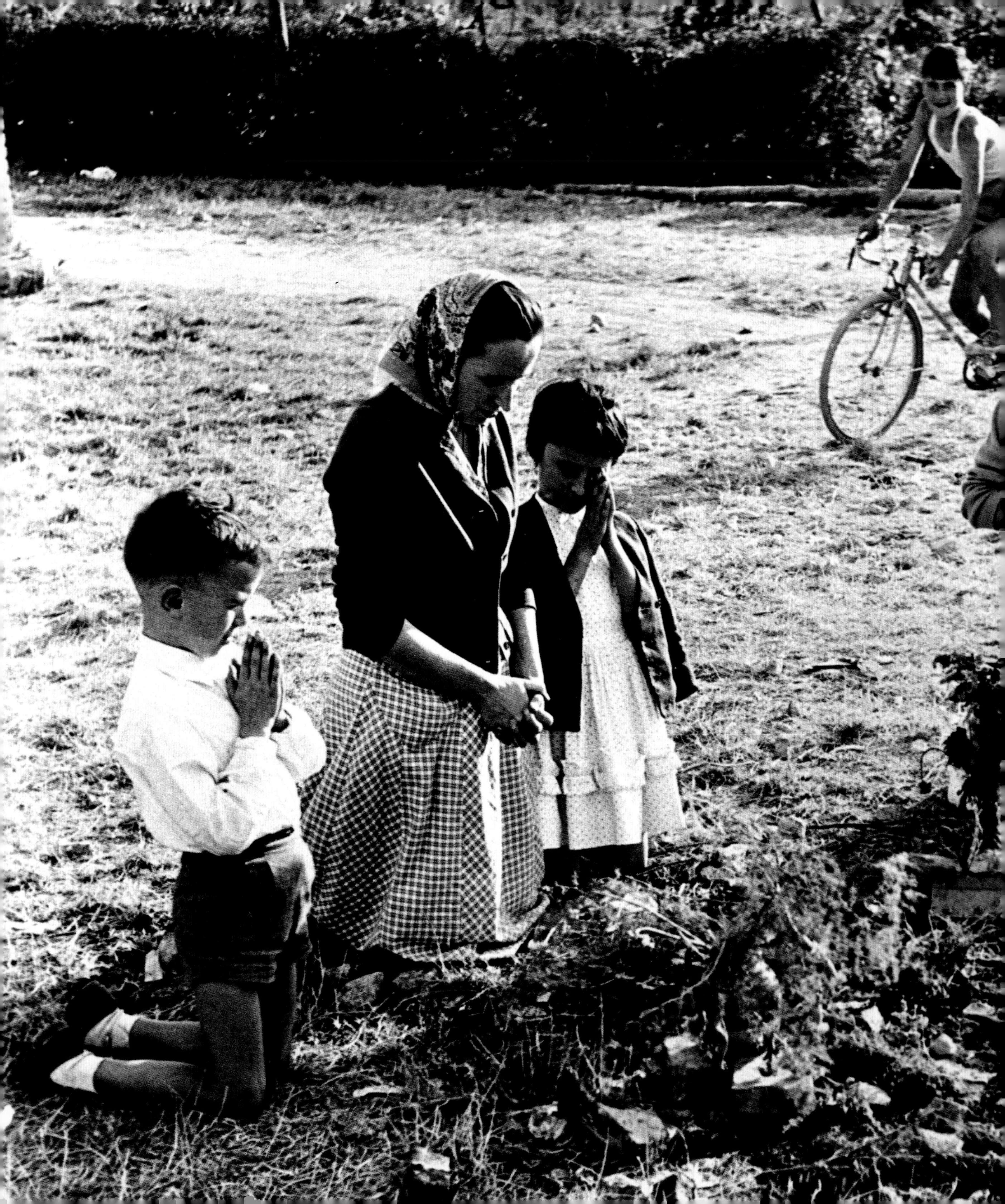

69

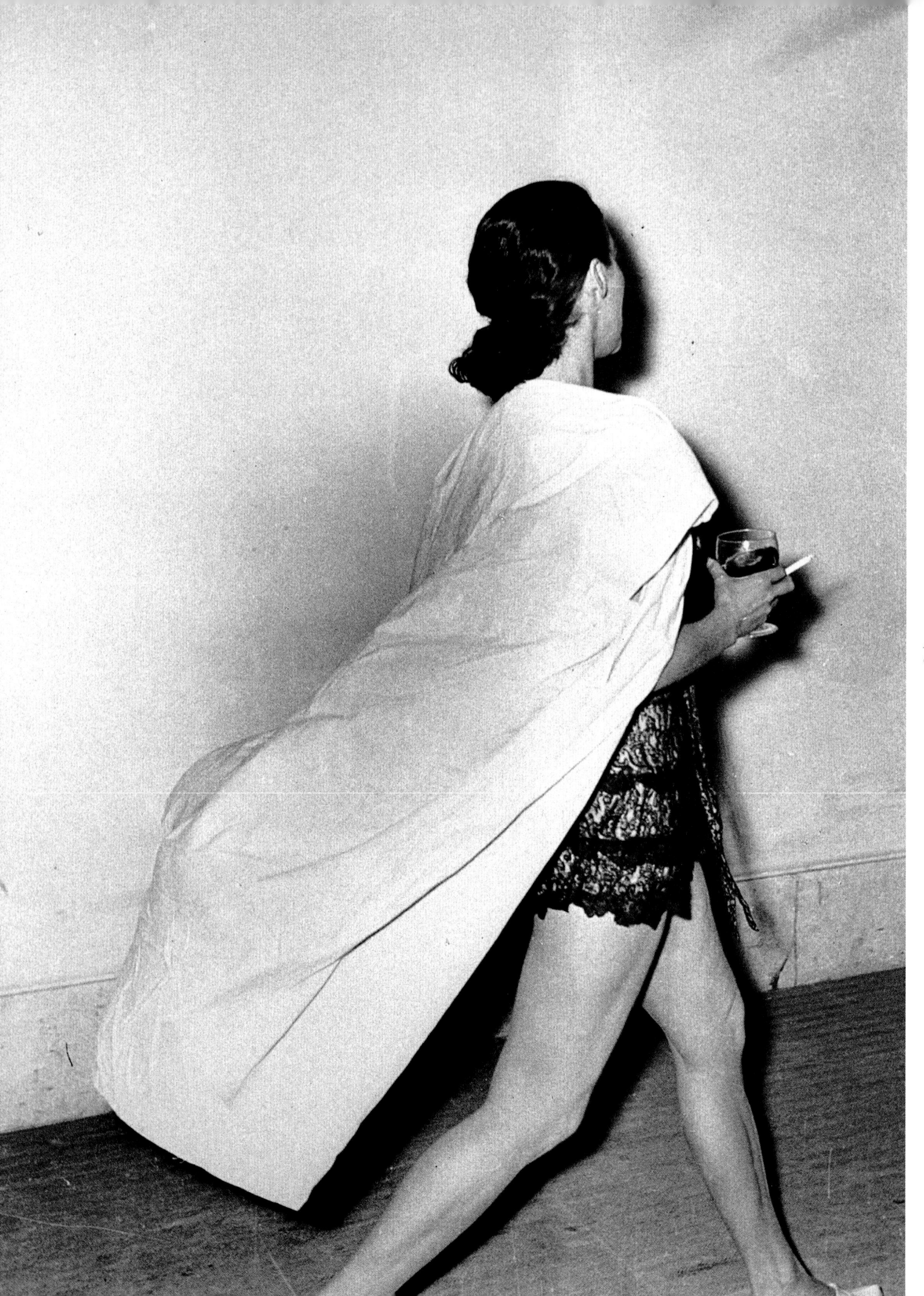

Ava Gardner,
Cinecittà 1958

David Niven und
Ava Gardner,
Cinecittà 1958

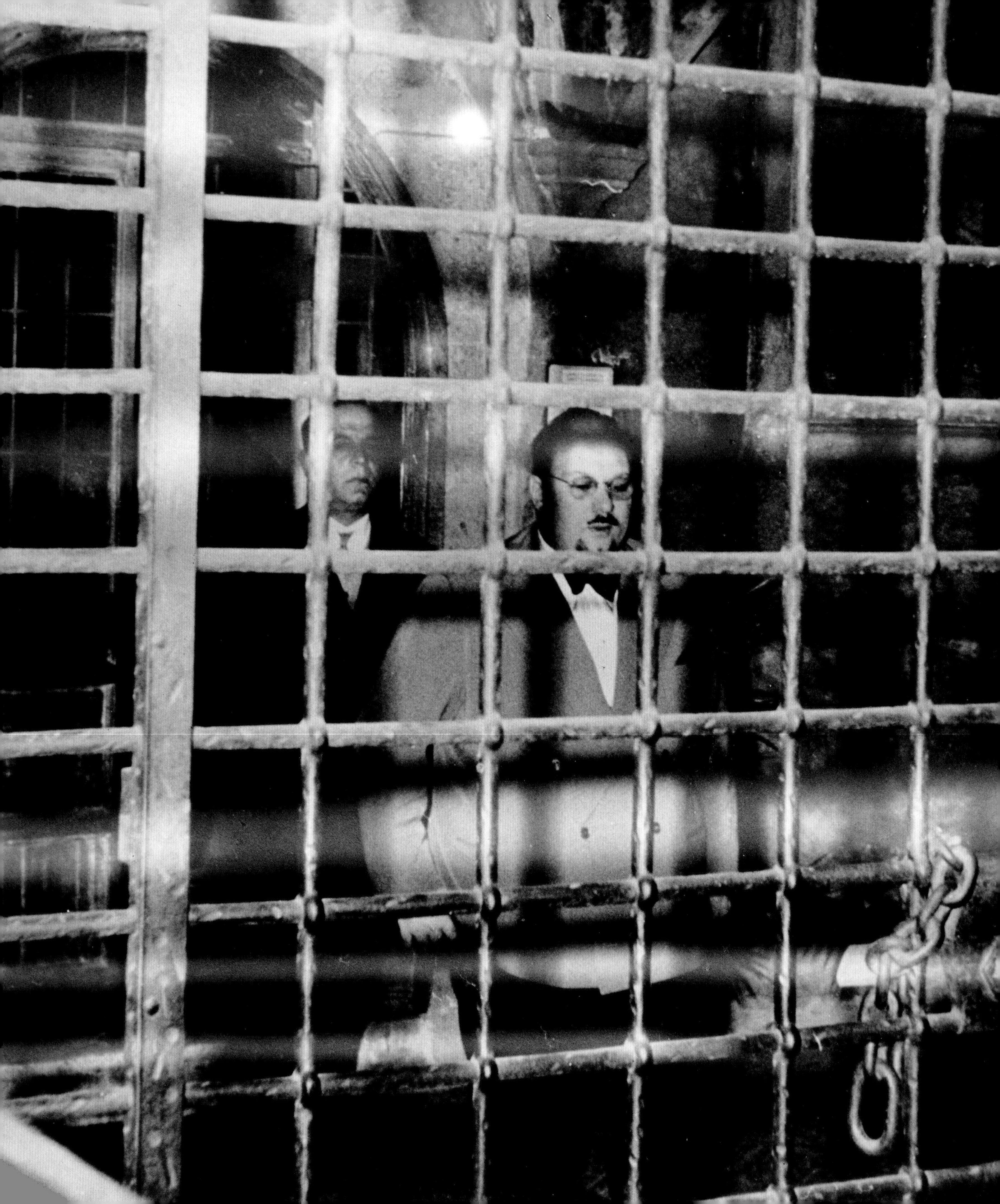

Links:
Faruk, der ehemalige
König von Ägypten,
Osteria dell'Orso,
Rom 1958

Der Fotograf Vittorugo Contino
in der Villa von Rossellini

Wahl der Miss Italia,
Juli 1954

Existentialisten in einer
Bar in der Via del Babuino,
April 1953

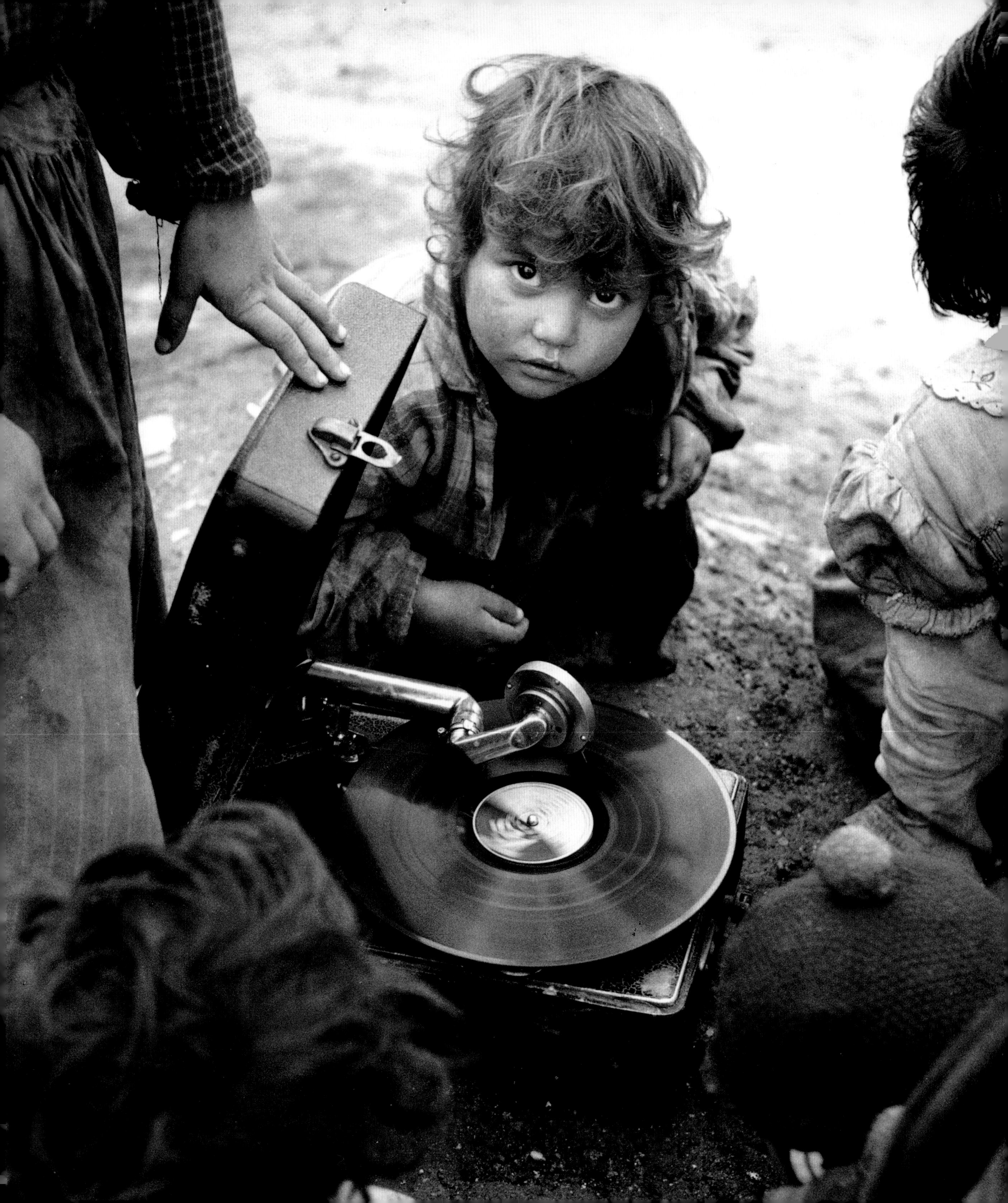

Links:
Zigeunerkinder
am Travertinbogen,
Rom 1958

Straßenmusikanten in der
Via Sistina, Rom 1957

Bettler in Rom, 1953

Bettler in Rom, 1953

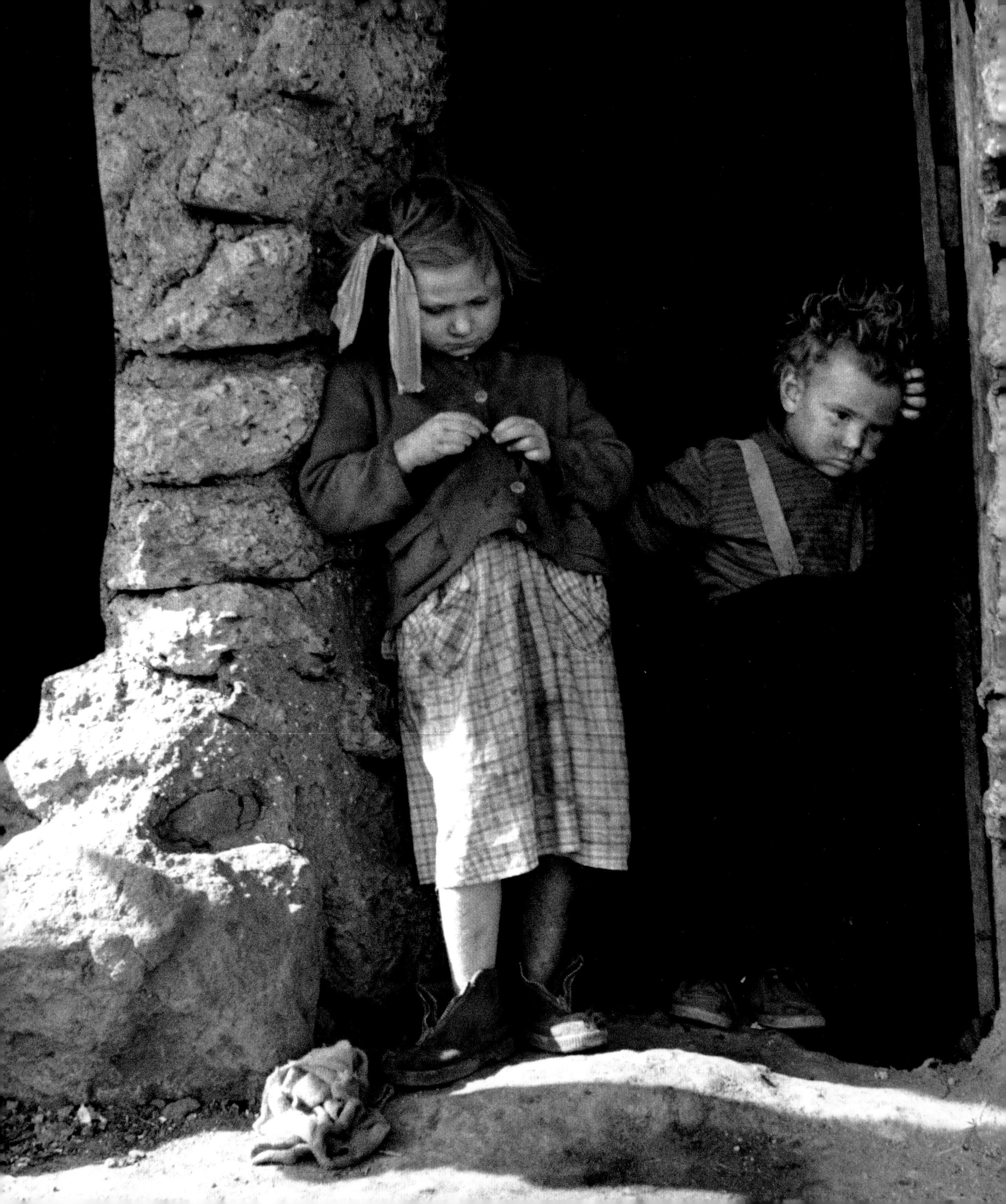

Links:
Arbeiterkinder am
Stadtrand von Rom,
1955

Ischia, 1957

Luftballonverkäufer
an der Porta Pinciana
Rom 1956

Trinità dei Monti,
Rom 1956

Demonstration
rechter Jugendlicher
am Altare della Patria
(Nationaldenkmal für
Viktor Emanuel II.),
Rom 1956

85

Zusammenstoß zwischen jungen Faschisten und Mitarbeitern der Tageszeitung *l'Unità* wenige Tage nach Stalins Tod, Rom 1953

87

Palmiro Togliatti,
Parteisekretär der
PCI, bei einem Fest
zum Jahrestag der
politischen Einigung
Italiens, Rom 1956

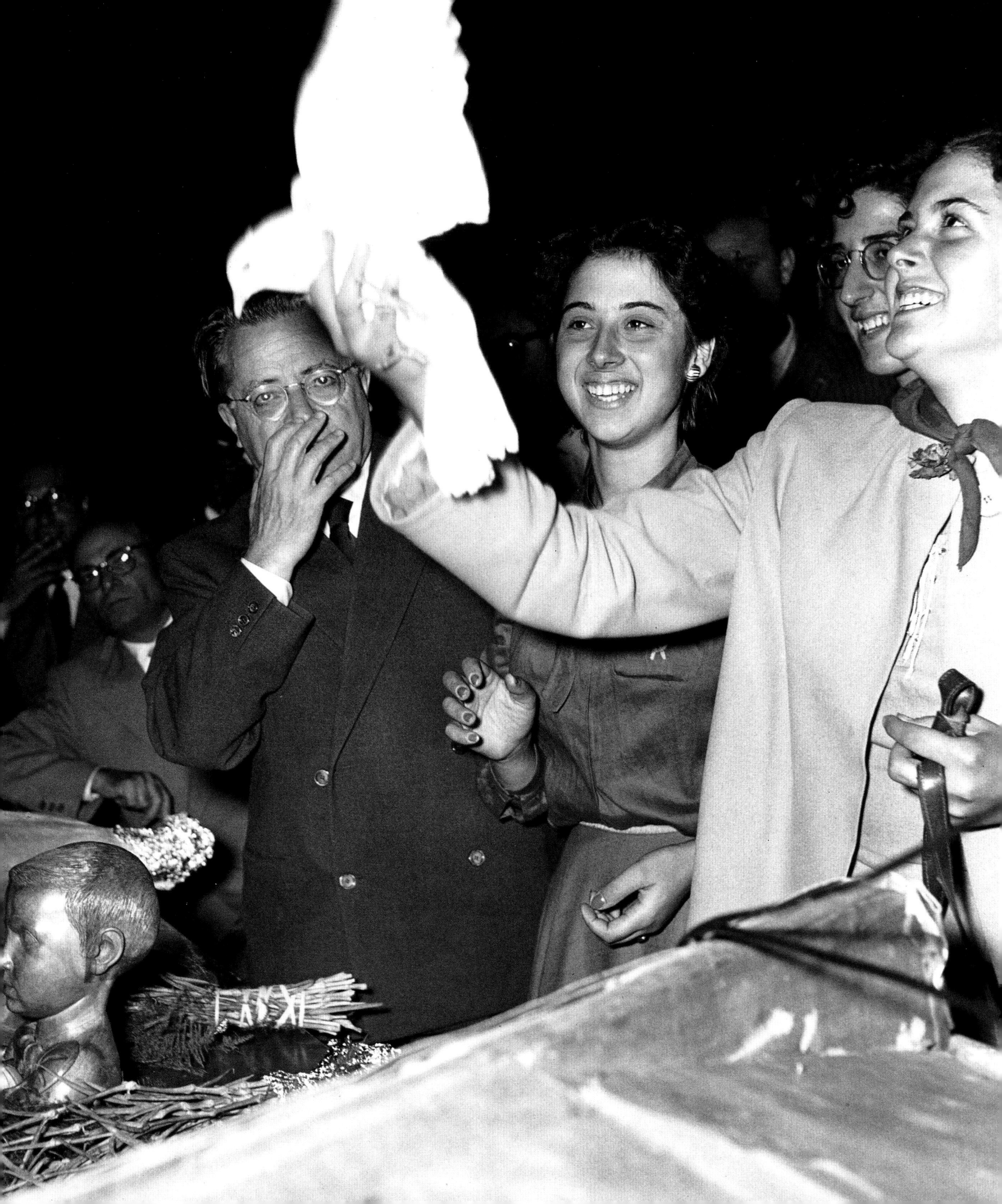

Die drei Parlamentarier
Lupis, Saragat und Romita
in der Stazione Termini,
Rom 1957

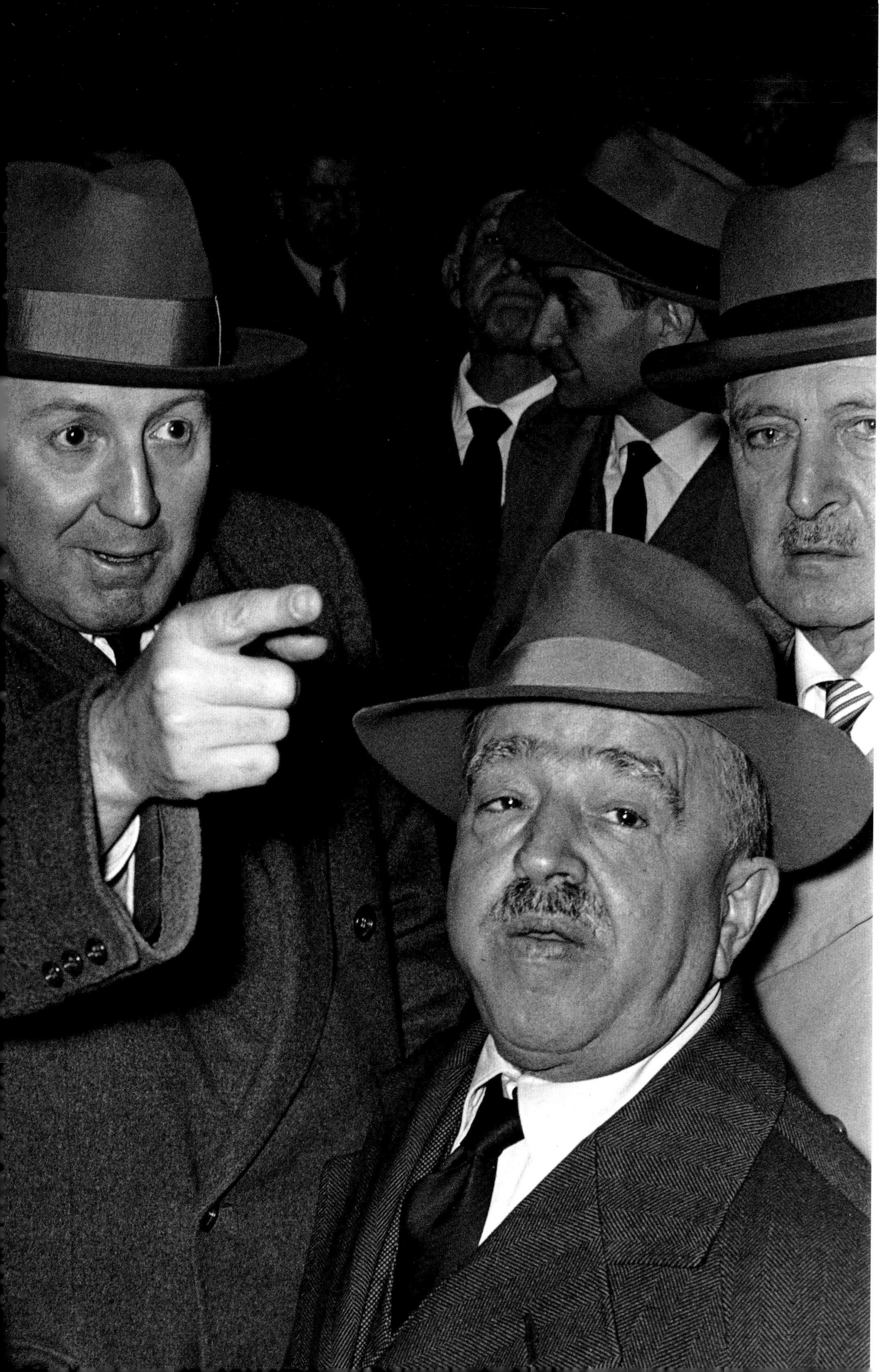

Protagonisten und Komparsen

Brigitte Bardot
in einer Drehpause
von den Aufnahmen
zu *Die Verachtung*.
Cinecittà 1963

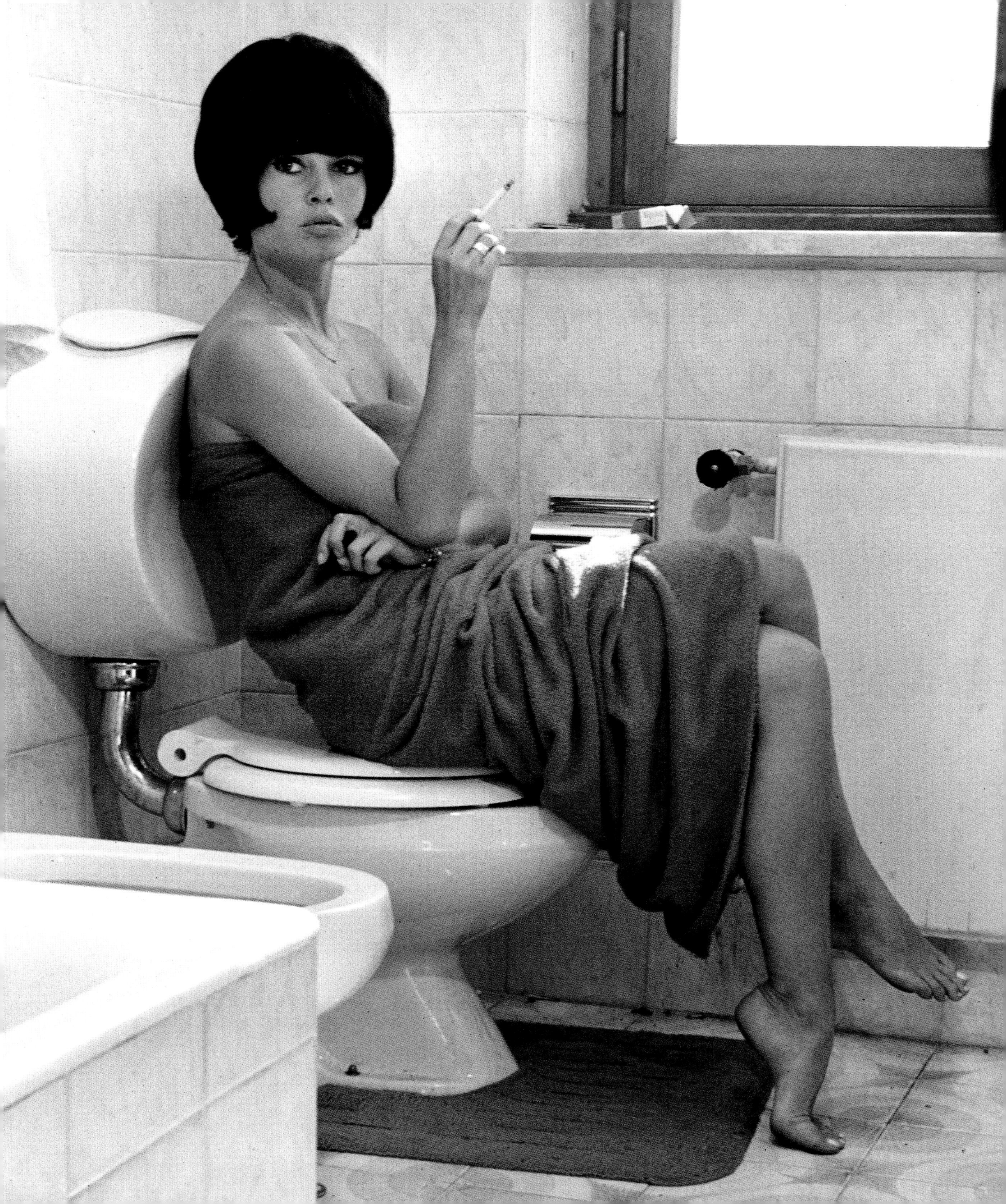

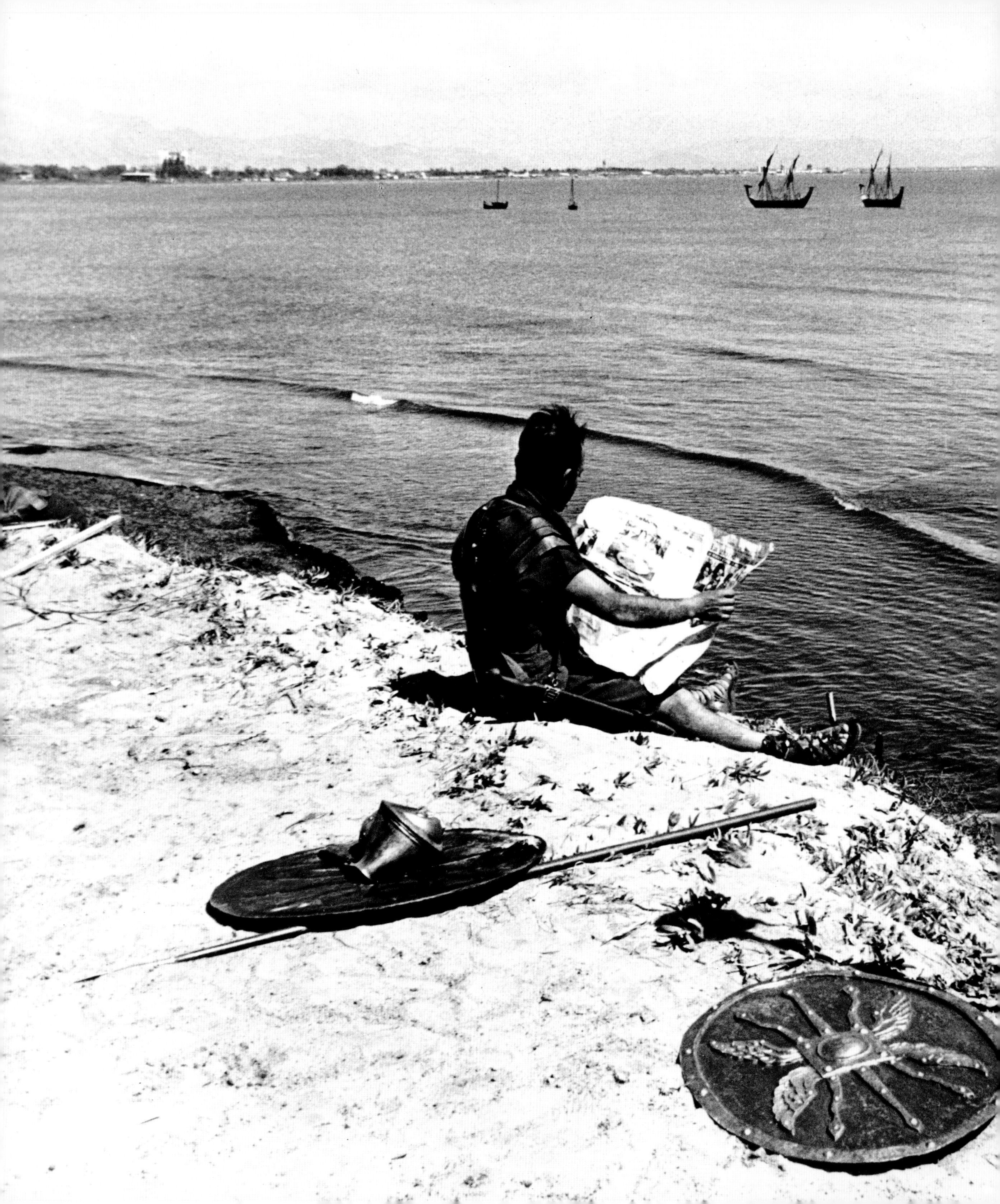

Komparse in Cinecittà,
1963

Komparsen in Cinecittà, 1963

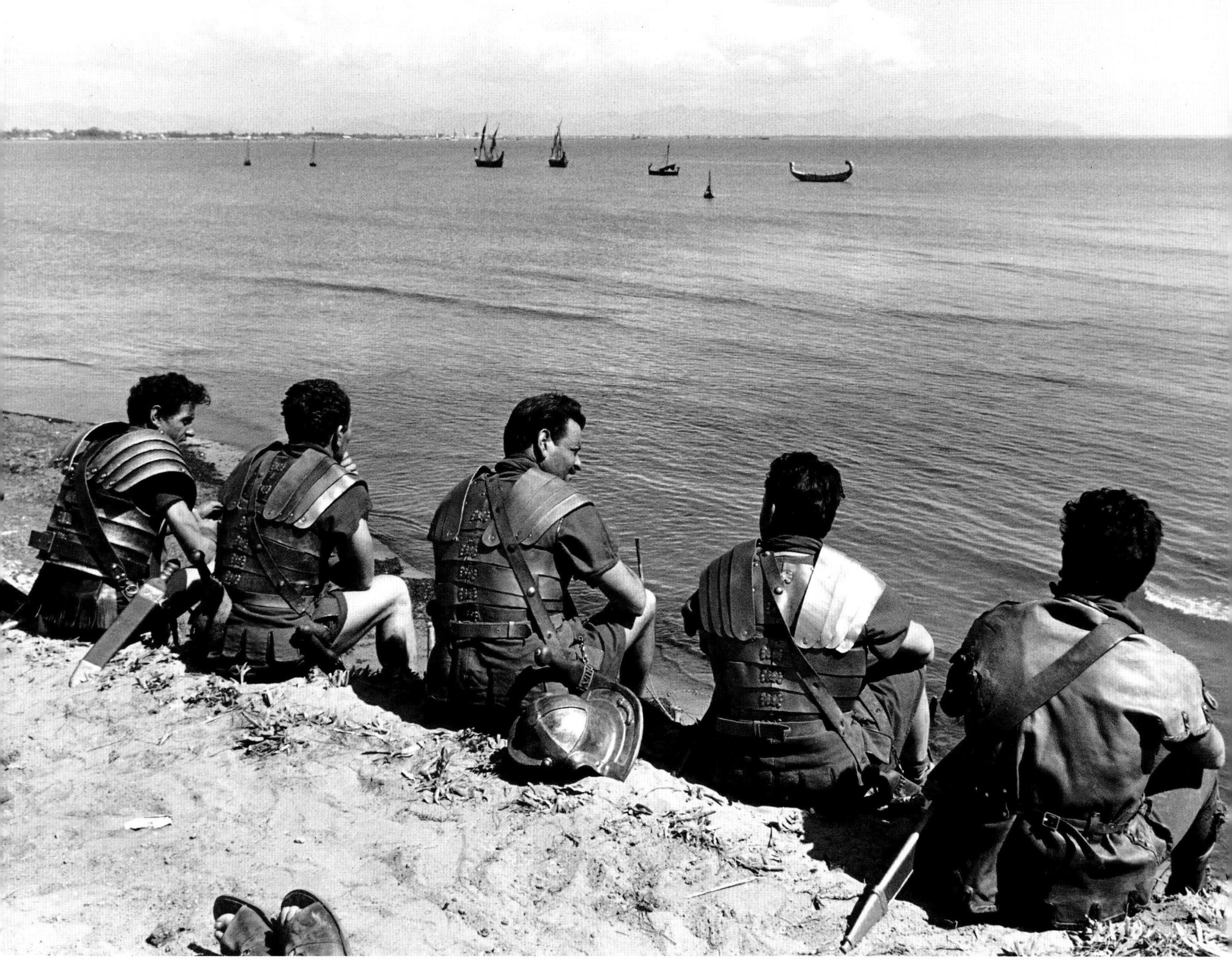

Clint Eastwood während der Dreharbeiten zu dem Film *Für ein paar Dollar mehr*, 1964 – im Hintergrund die Studios der Cinecittà

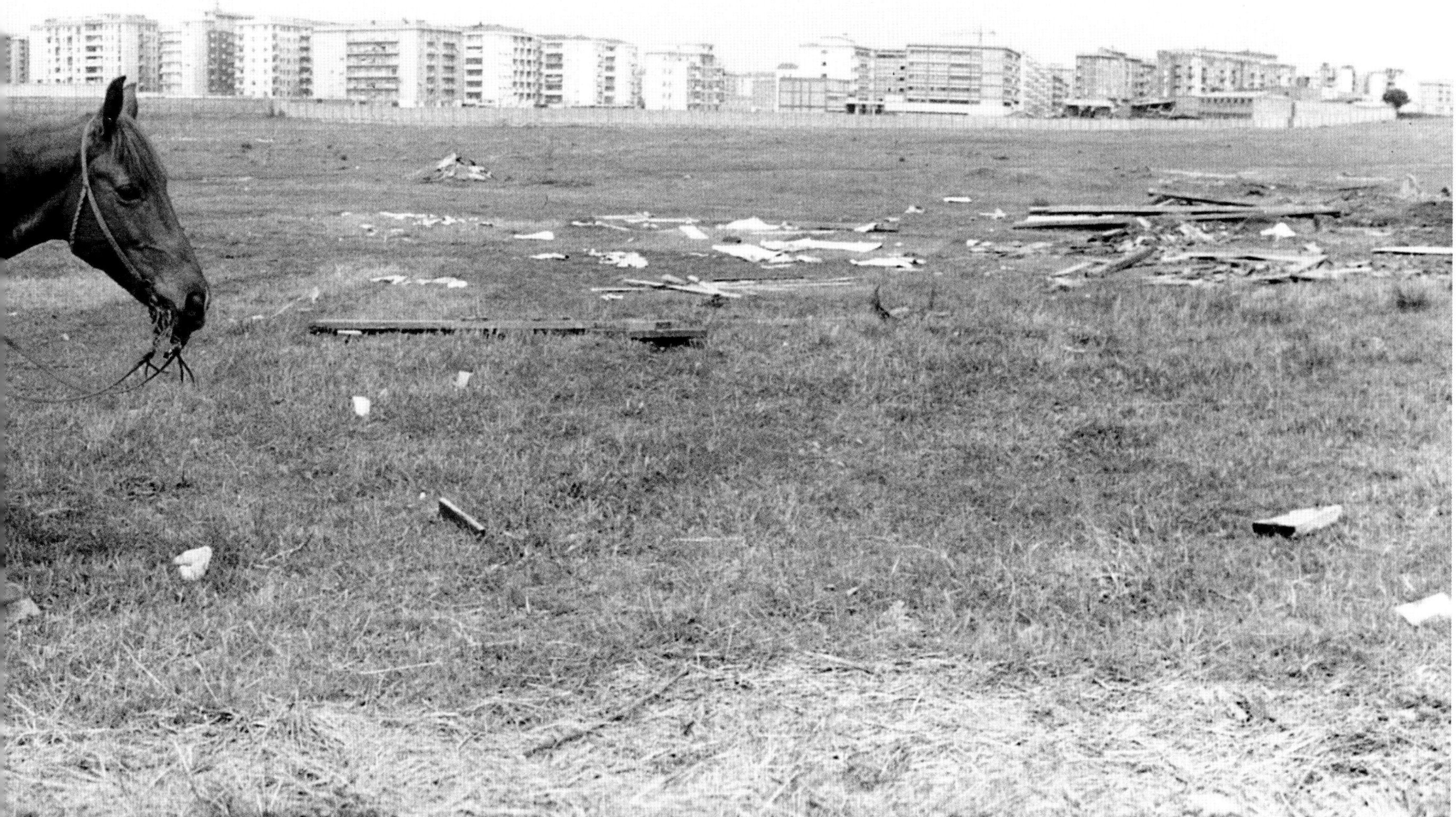

Elsa Martinelli am Set von *Das zehnte Opfer*, Cinecittà 1965

Ursula Andress
am Set von
Das zehnte Opfer,
Cinecittà 1965

Virna Lisi in *Casanova '70*, 1965

Ann Turkel Harris
während der Aufnahmen
zu *Cassandra Crossing*,
Cinecittà 1977

Terence Stamp in
Außergewöhnliche Geschichten,
Cinecittà 1967

Tony Curtis,
Cannes 1965

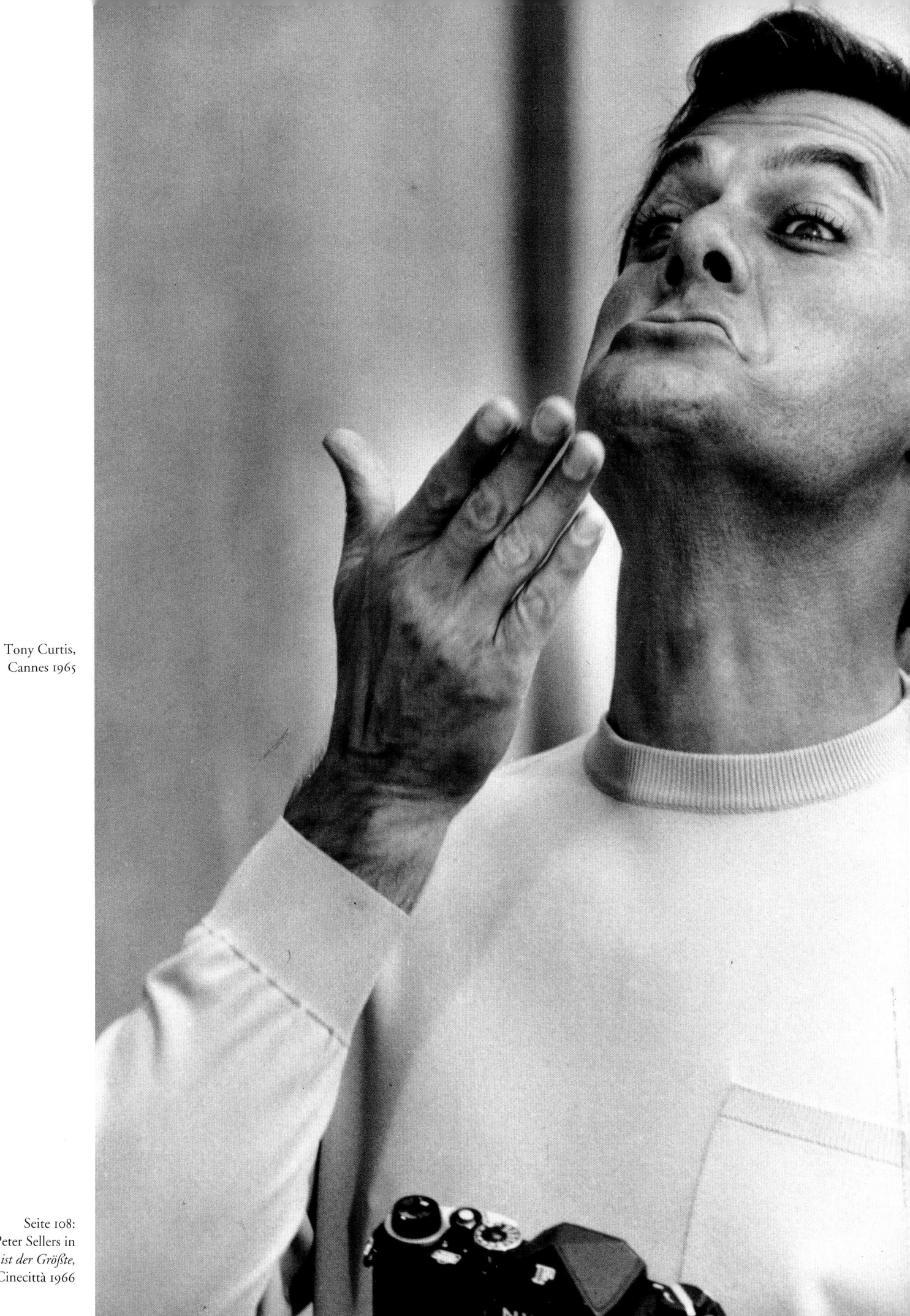

Seite 108:
Peter Sellers in
Bobo ist der Größte,
Cinecittà 1966

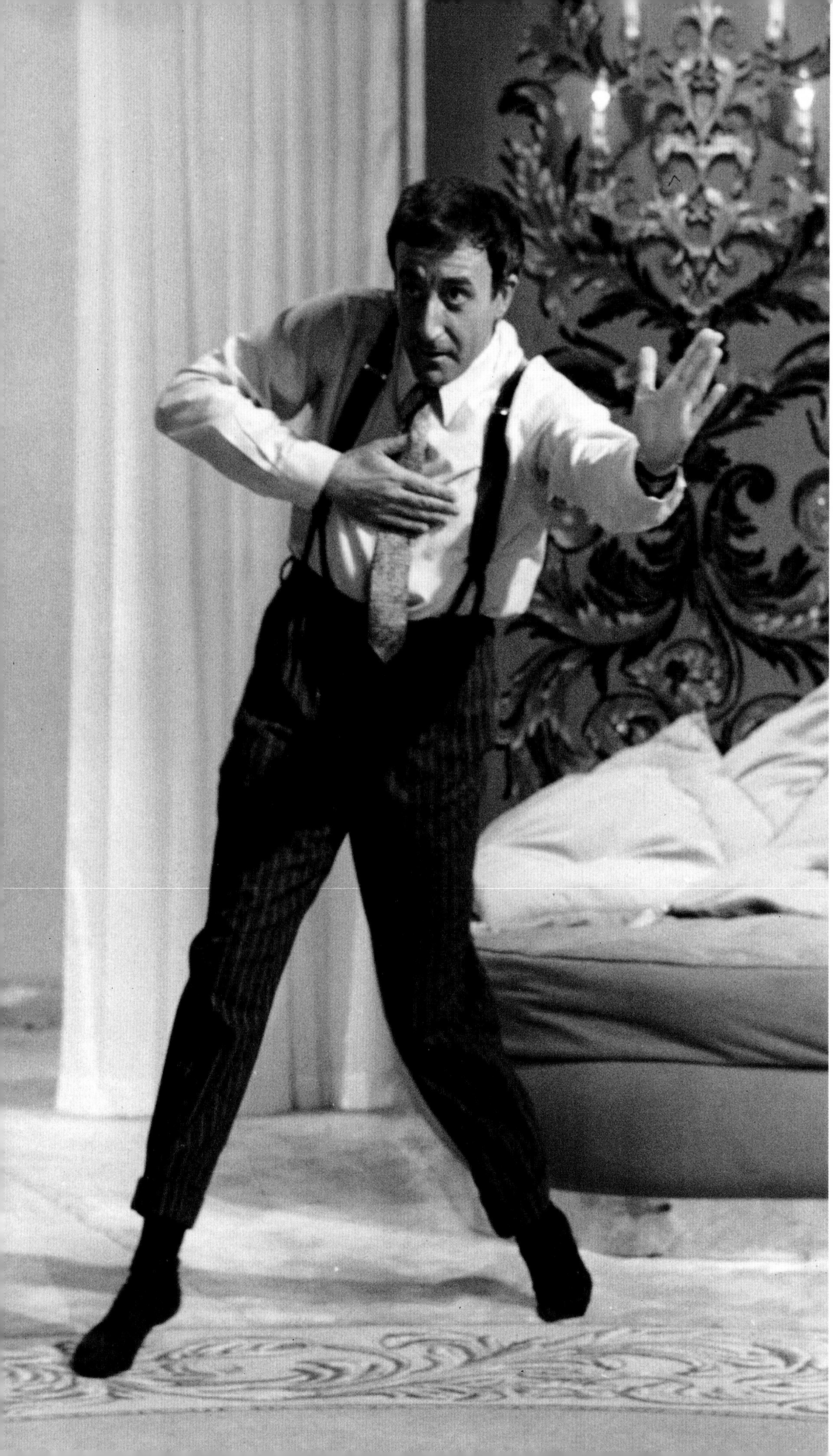

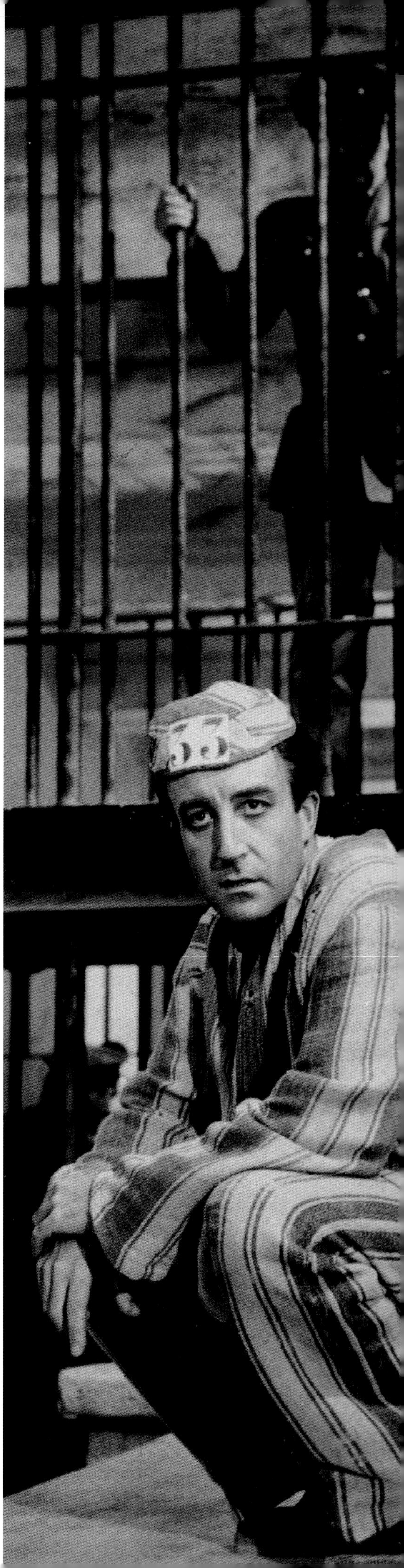
33

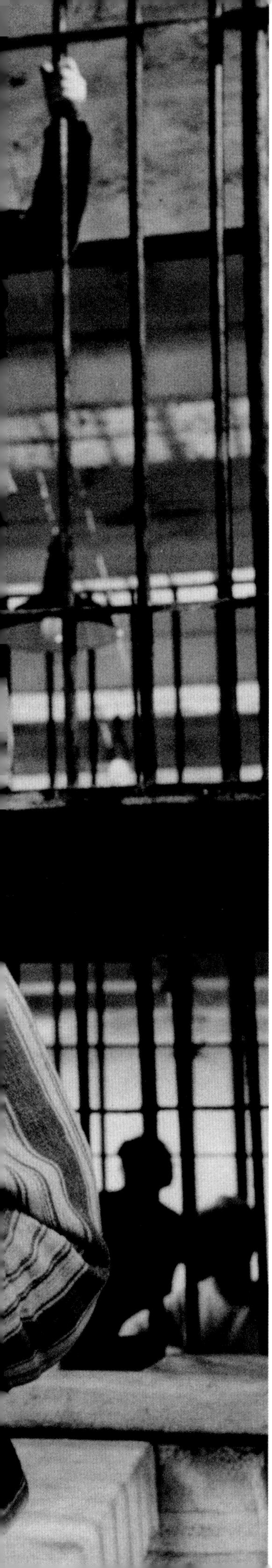

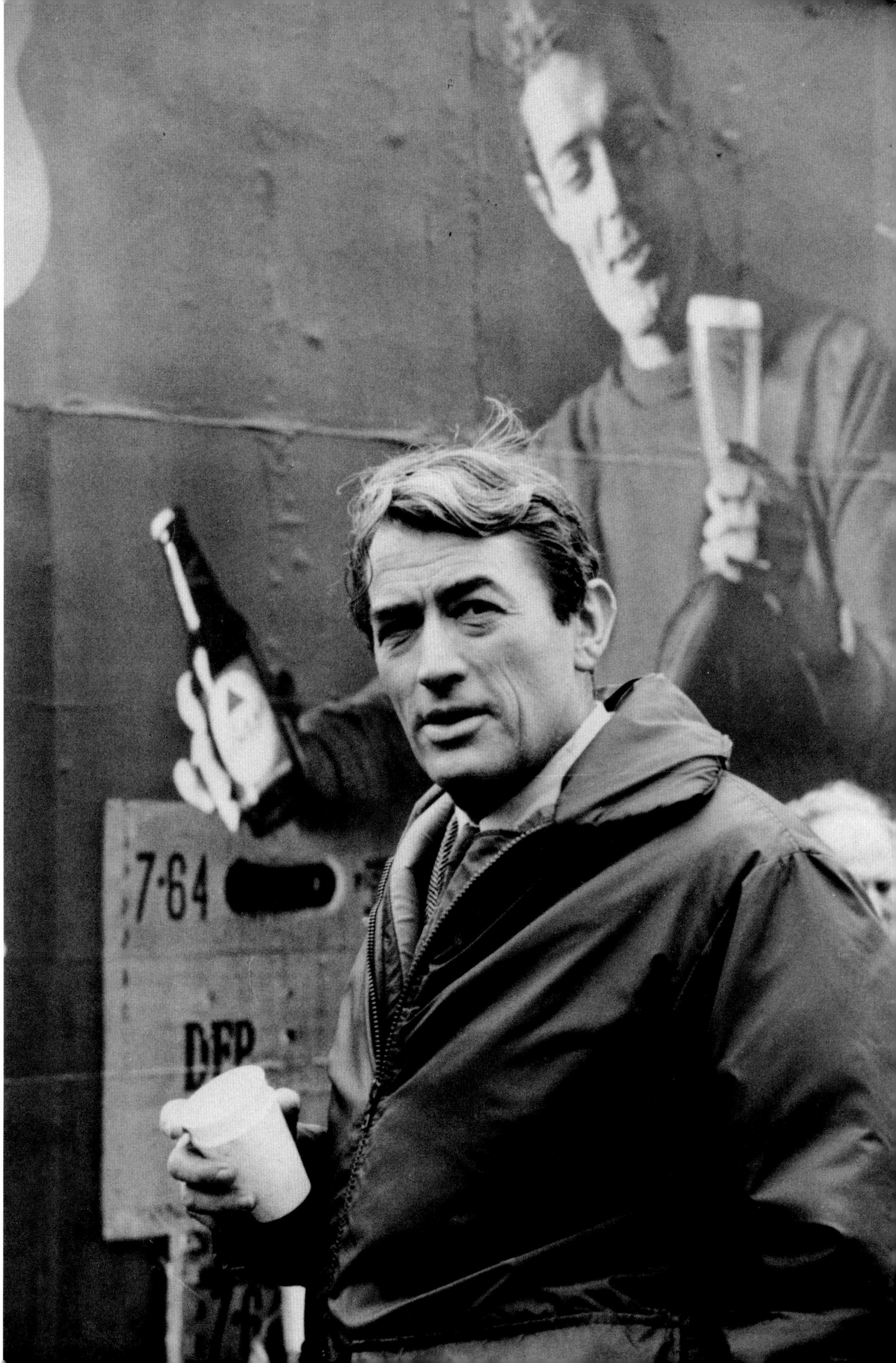
7·64
DEP

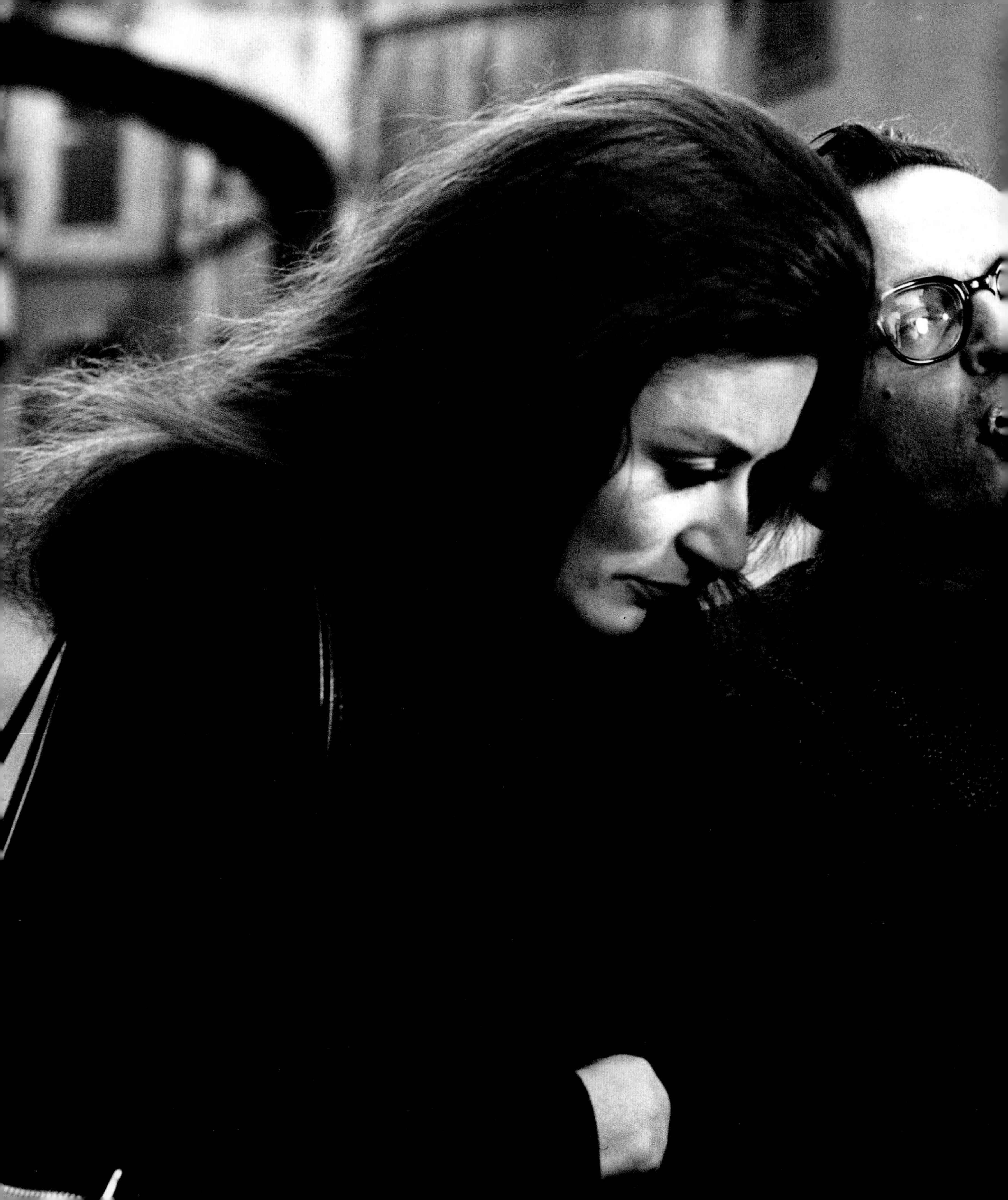

Seite 109:
Gregory Peck in *Arabeske*,
London 1966

Sidney Lumet und Anouk Aimée
bei den Dreharbeiten zu
Ein Hauch von Sinnlichkeit,
Cinecittà 1969

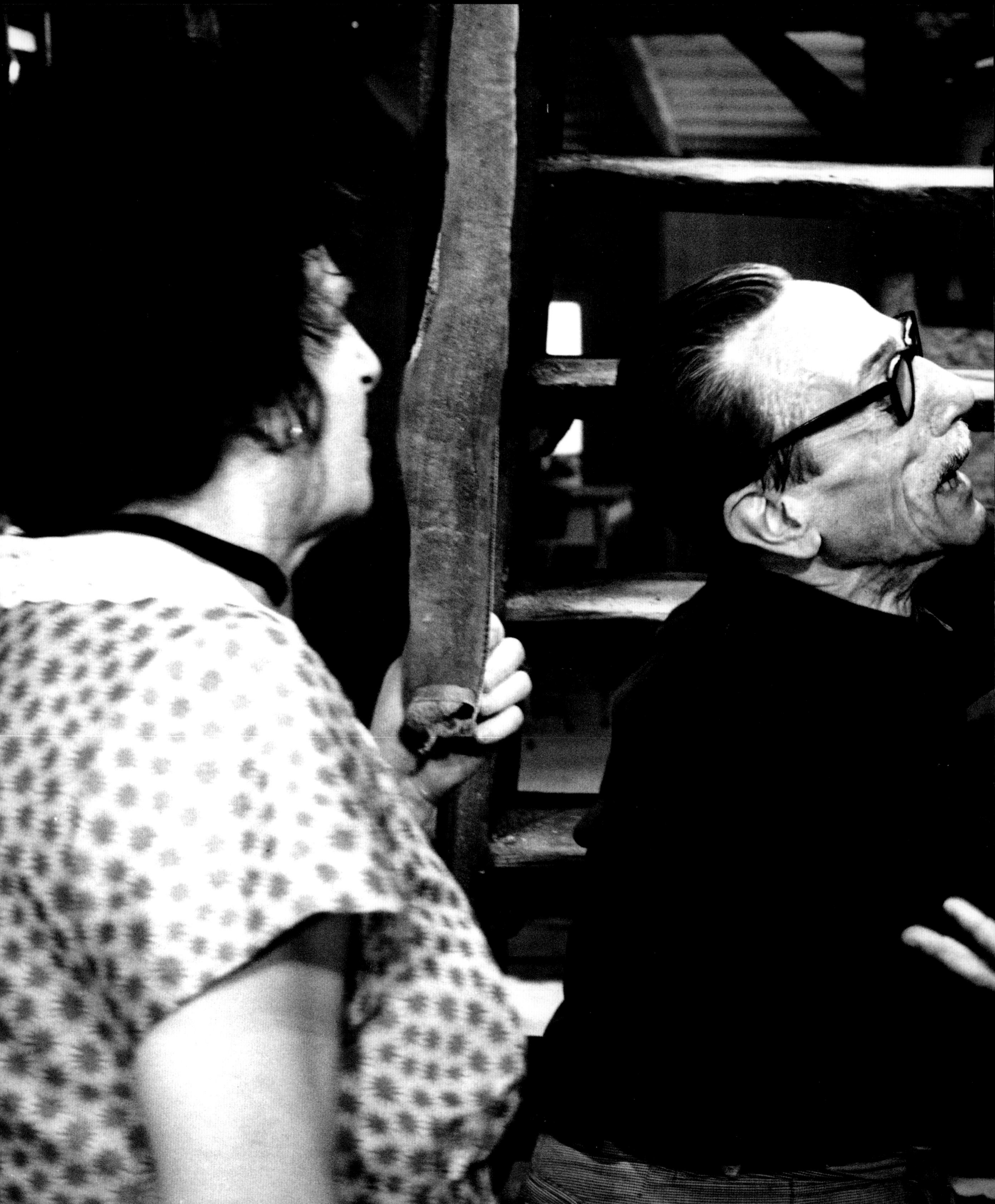

Eduardo De Filippo und
Marcello Mastroianni
bei einer Probe zu *Spara forte,
più forte… non capisco!*
Cinecittà 1966

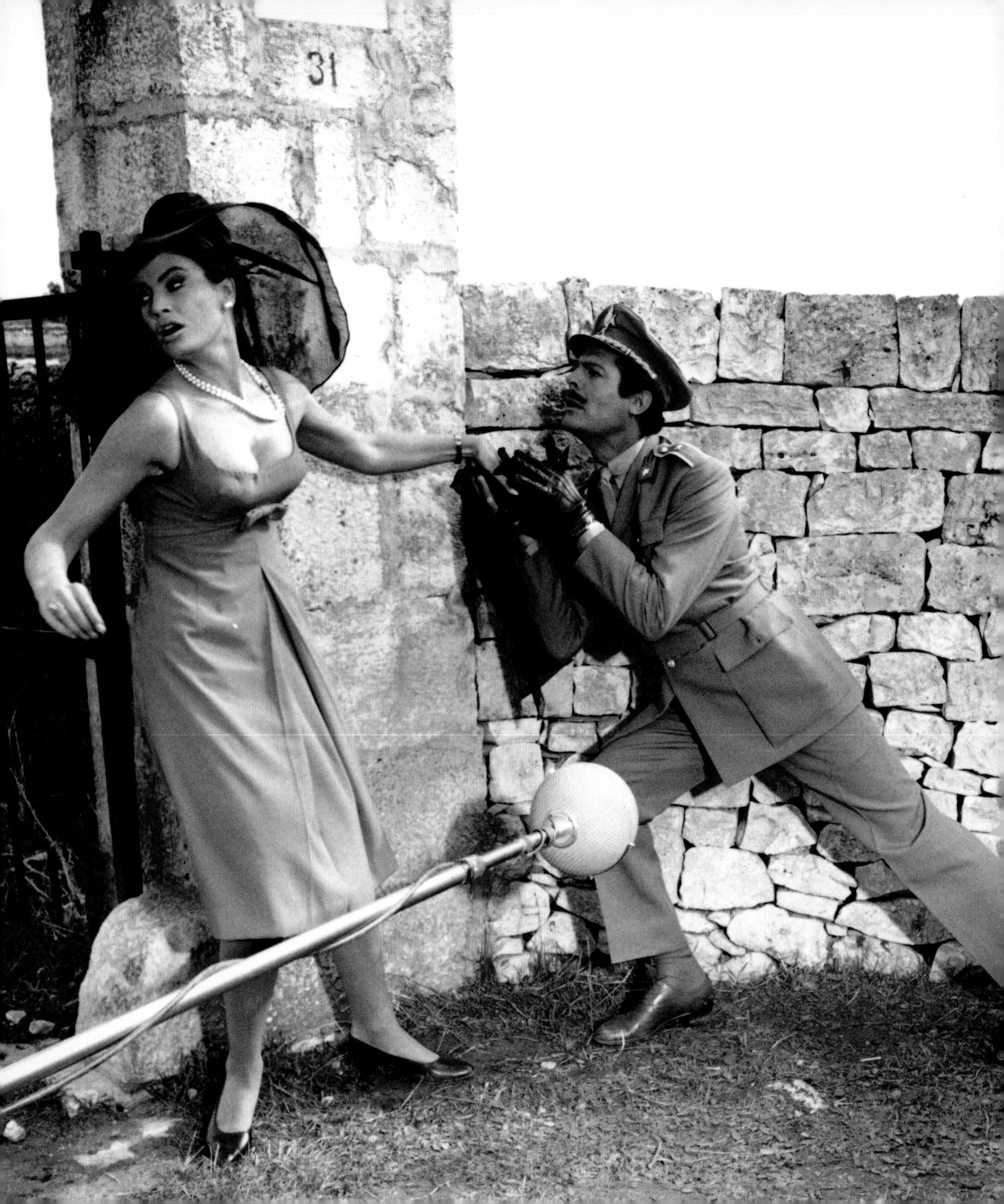
31

Marcello Mastroianni
und Marisa Mell
in *Casanova '70*,
Apulien 1965

Mastroianni wartet
auf seinen Einsatz
in *Casanova '70*,
Apulien 1965

Mastroianni am Set
von *Casanova '70*,
Flughafen Fiumicino,
1965

Vanessa Redgrave
mit ihren zwei Kindern,
London 1966

Silvana Mangano
mit drei Kindern
bei den Dreharbeiten
zu *Das Jüngste Gericht
findet nicht statt*,
Teatro San Carlo,
Neapel 1961

Britt Ekland in
einer Drehpause zu
Bobo ist der Größte,
1966

Raquel Welch in
*einem Sattel mit dem Tod,
(Hanni Caulder)*,
Almeria, Spanien 1972

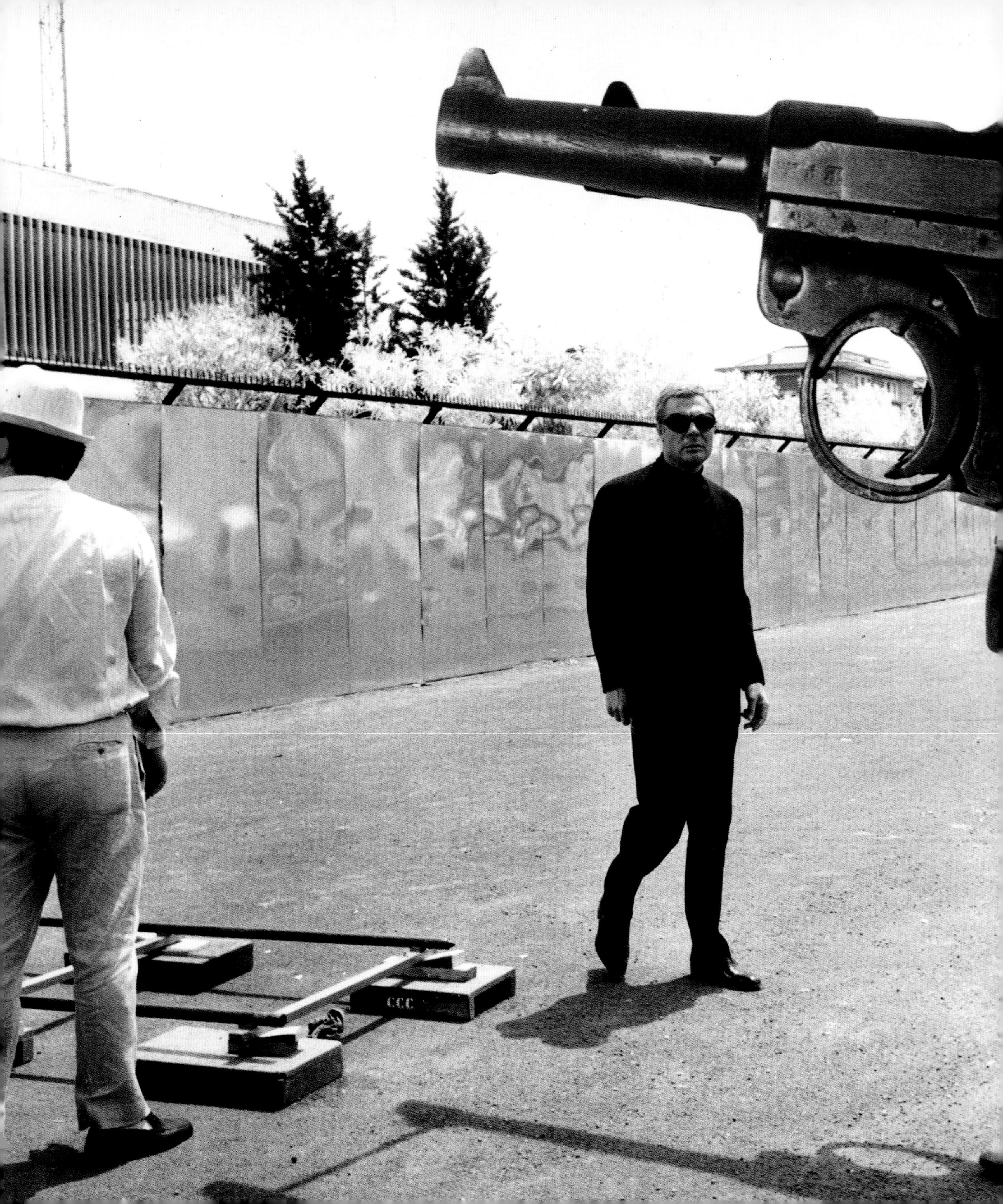
CCC

Mastroianni am Set
von *Das zehnte Opfer*,
Cinecittà 1965

Seite 124:
Mina in einer
Fernsehübertragung
der RAI, 1966

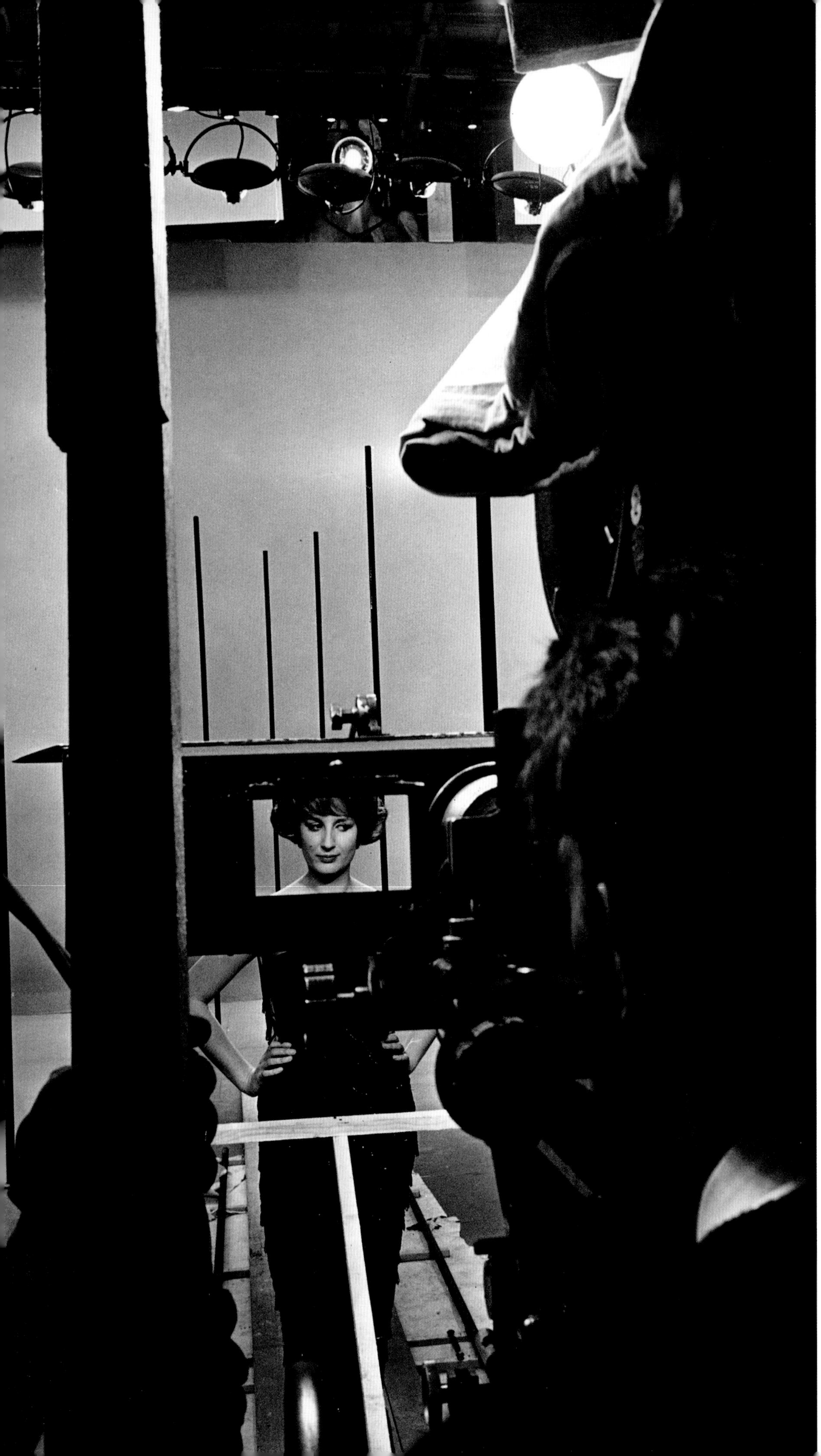
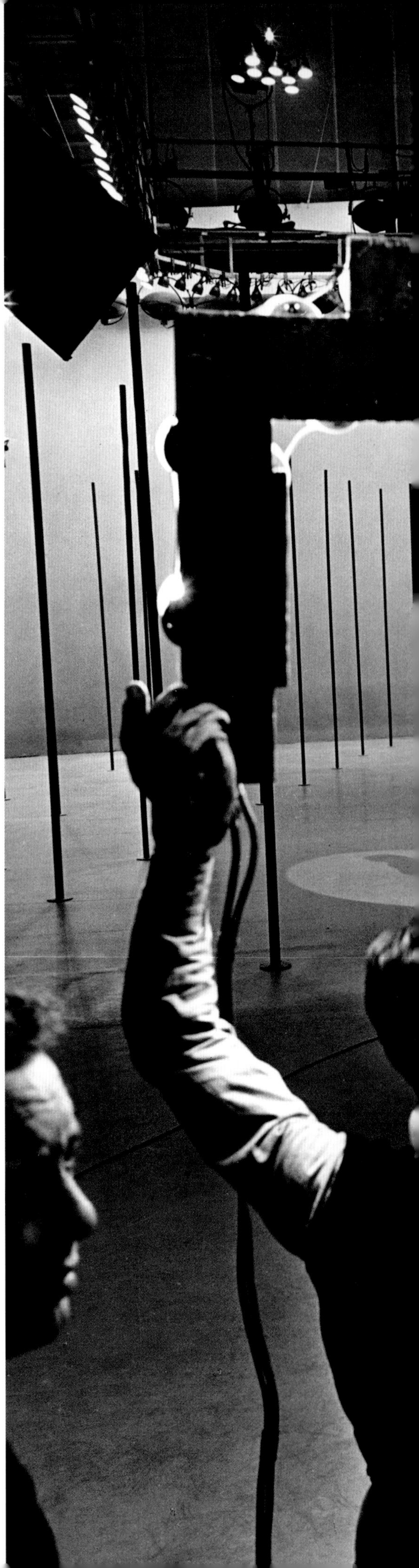

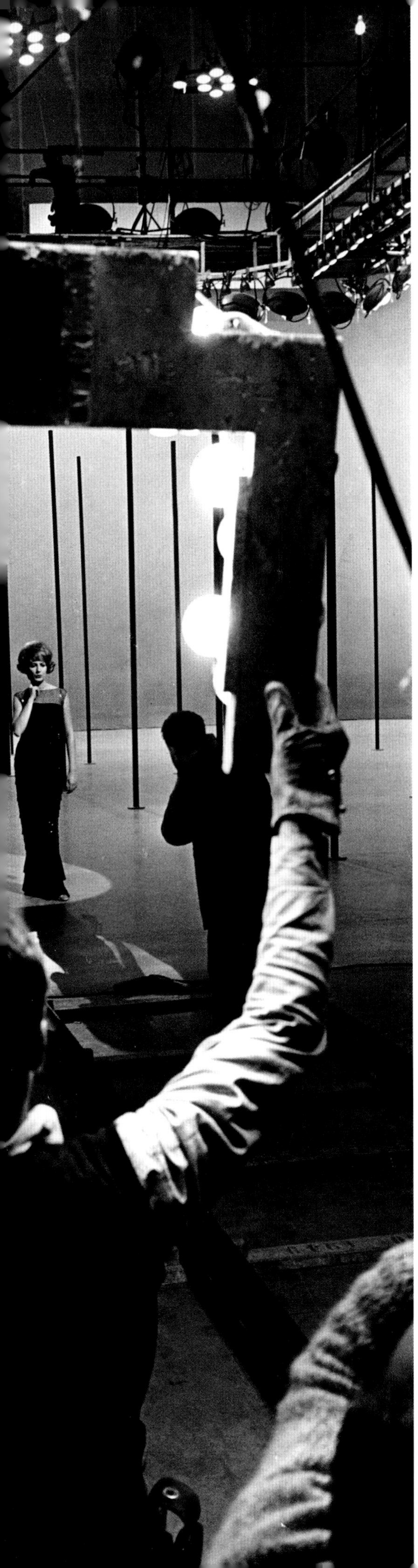
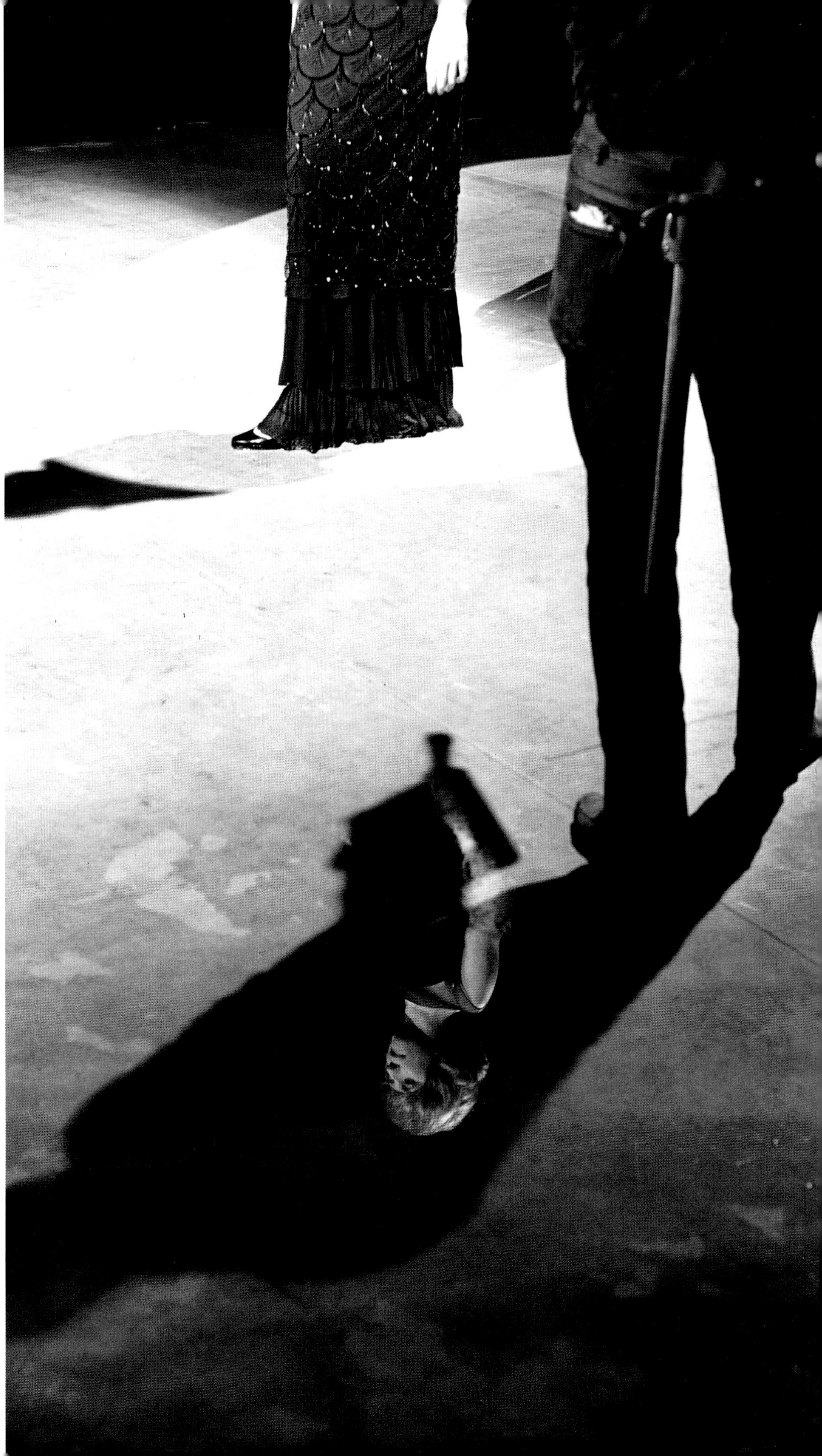

Silvana Mangano, 1961

Claudia Cardinale, 1961

Links und rechts:
Virna Lisi bei Aufnahmen
zu *Casanova '70*, 1965

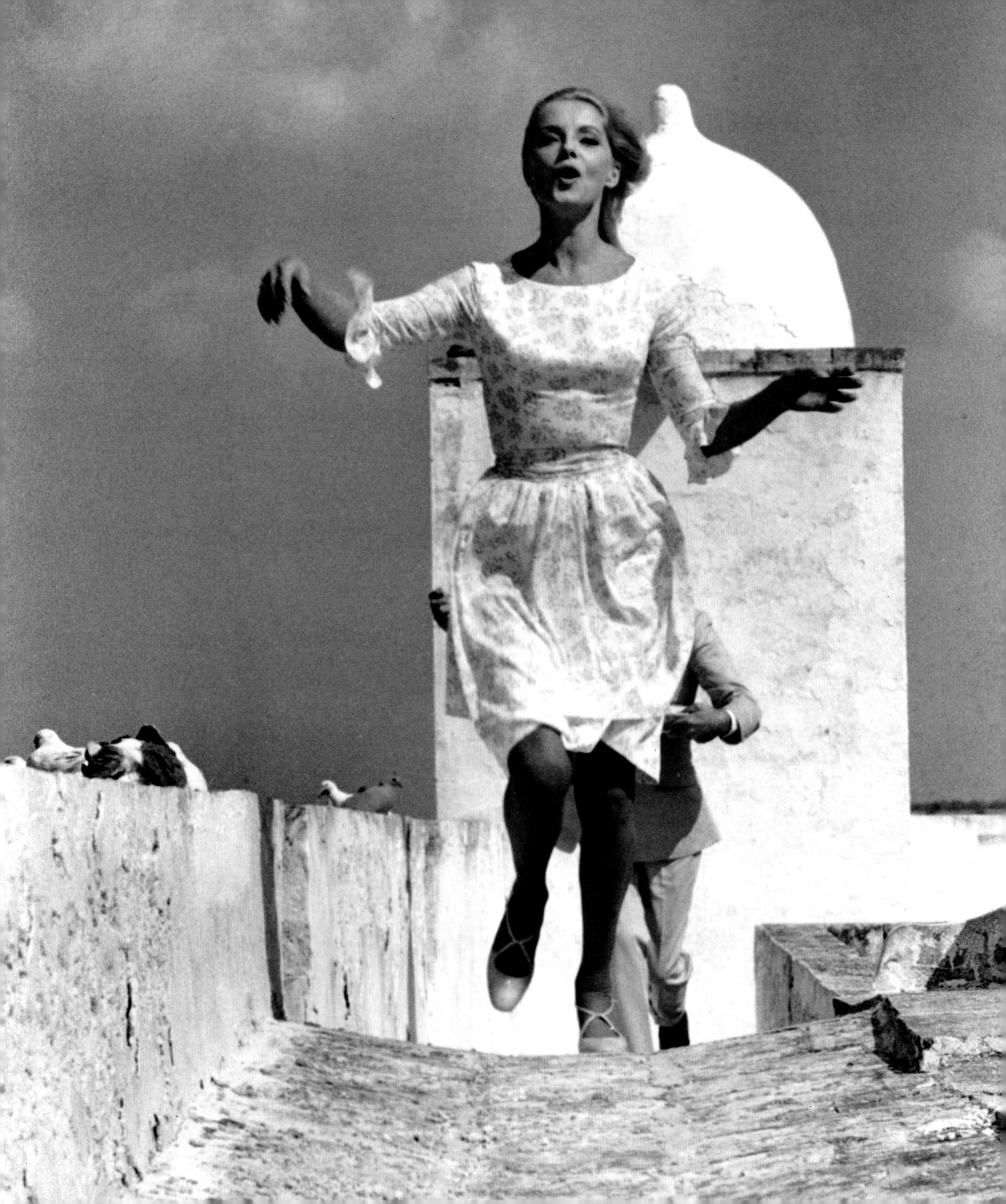

Gregory Peck in *Arabeske*, London, 1966

David Hemmings in
Blow up, 1966

Vanessa Redgrave am
Set von *Blow up*, 1966

David Hemmings
in *Blow up*, 1966

Seite 134–135:
Michelangelo Antonioni
bei den Dreharbeiten
zu *Blow up*, 1966

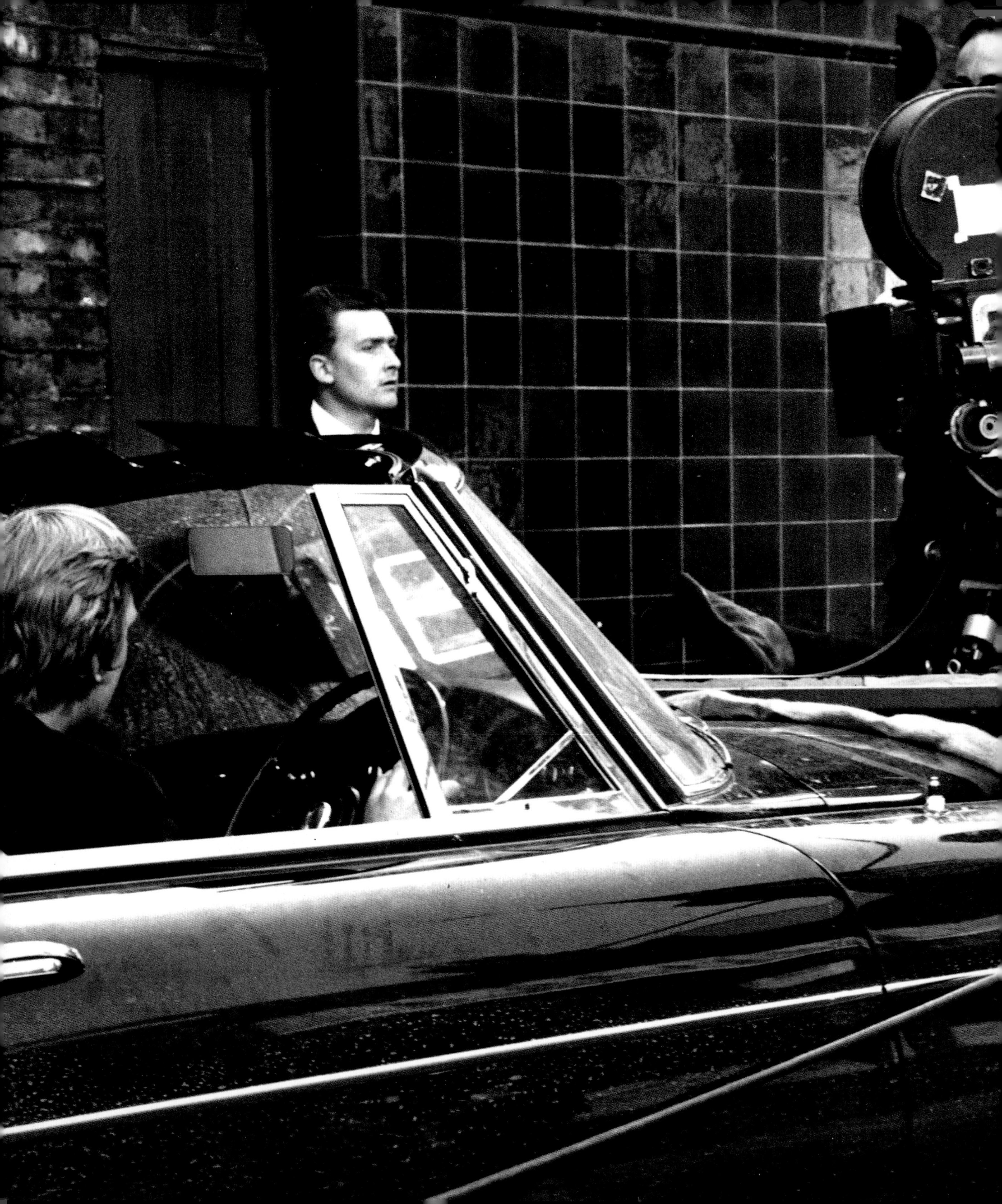

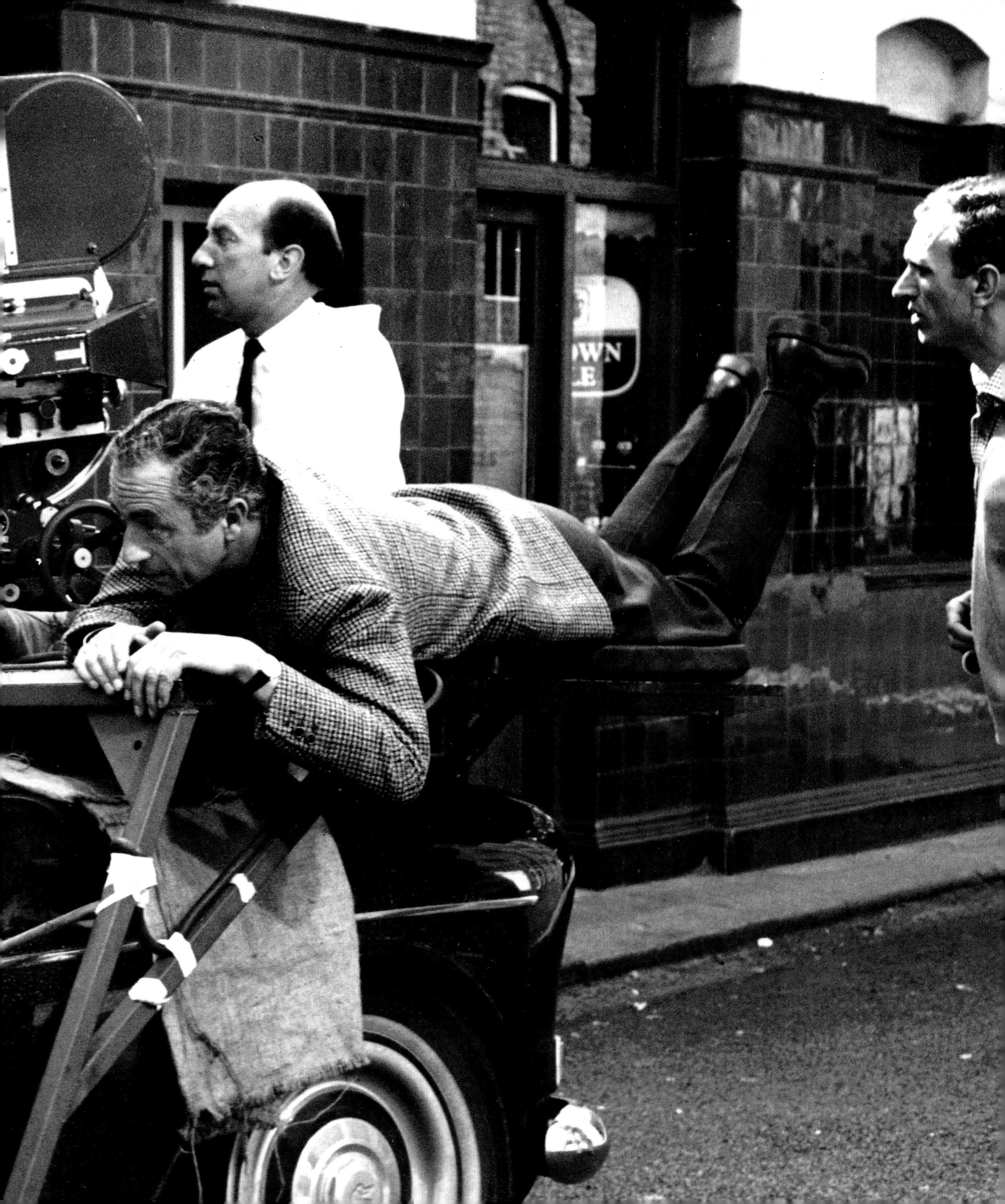

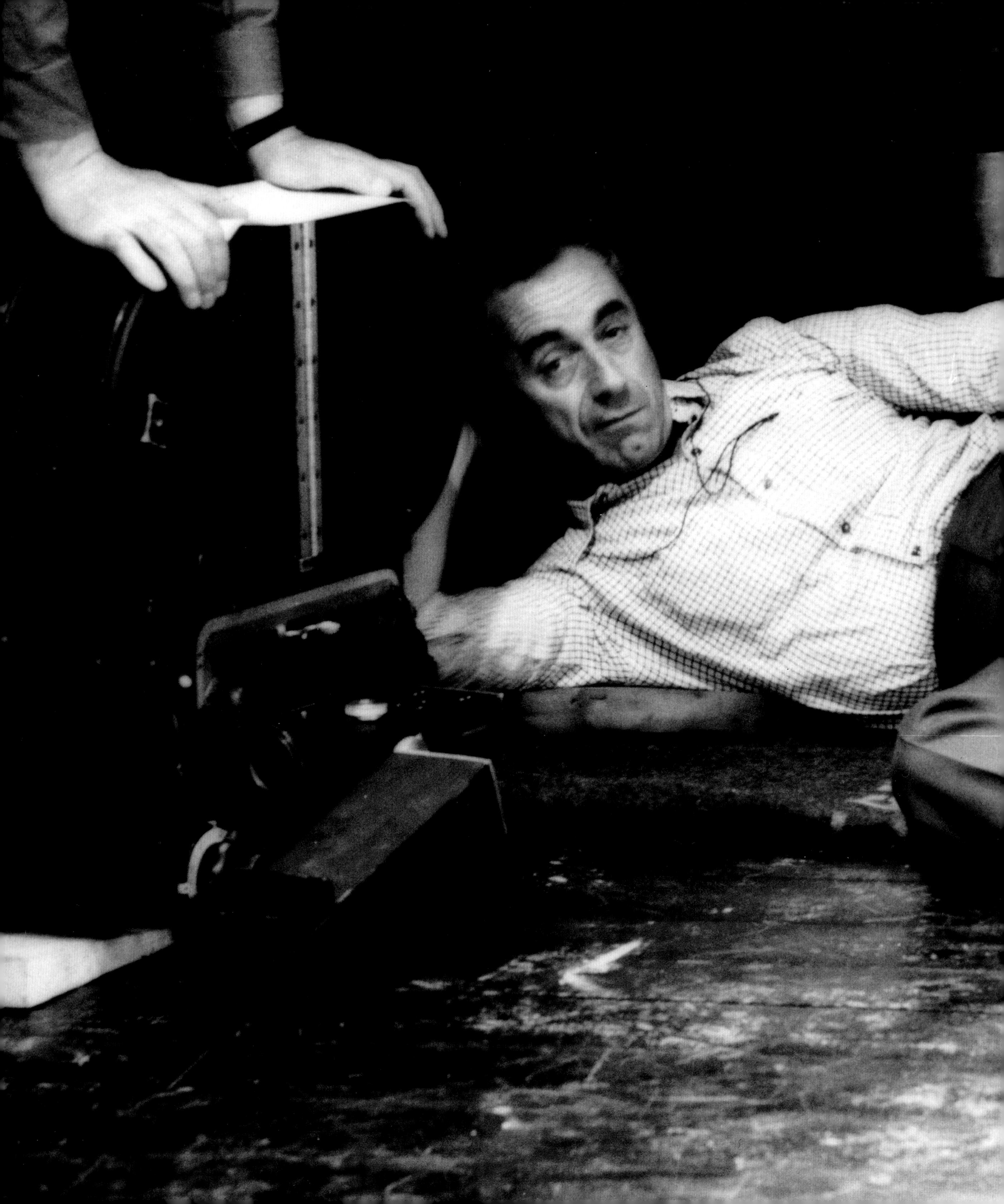

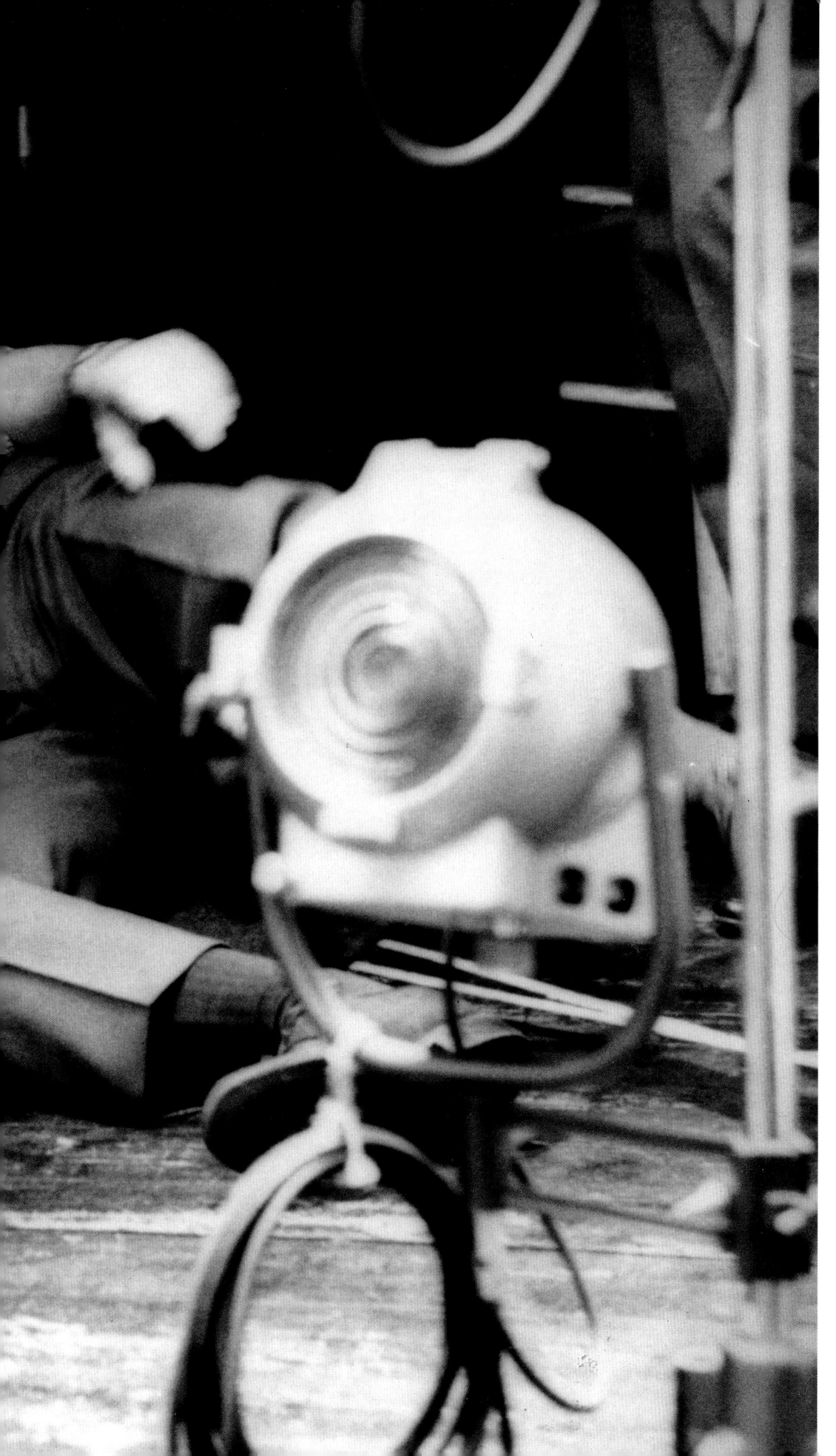

Michelangelo Antonioni
am Set von *Blow up*, 1966

Blake Edwards und Daniela Rocca auf einem versehentlich doppelt belichteten Foto, Cinecittà 1961

Pier Paolo Pasolini
am Set von
*Accattone –
Wer nie sein Brot
mit Tränen aß*,
Rom 1961

Marco Ferreri
während der
Aufnahmen zu
Casanova '70,
1965

Vittorio De Sica
am Set von
Hochzeit auf italienisch,
Cinecittà 1964

Fellini und der Filmzirkus

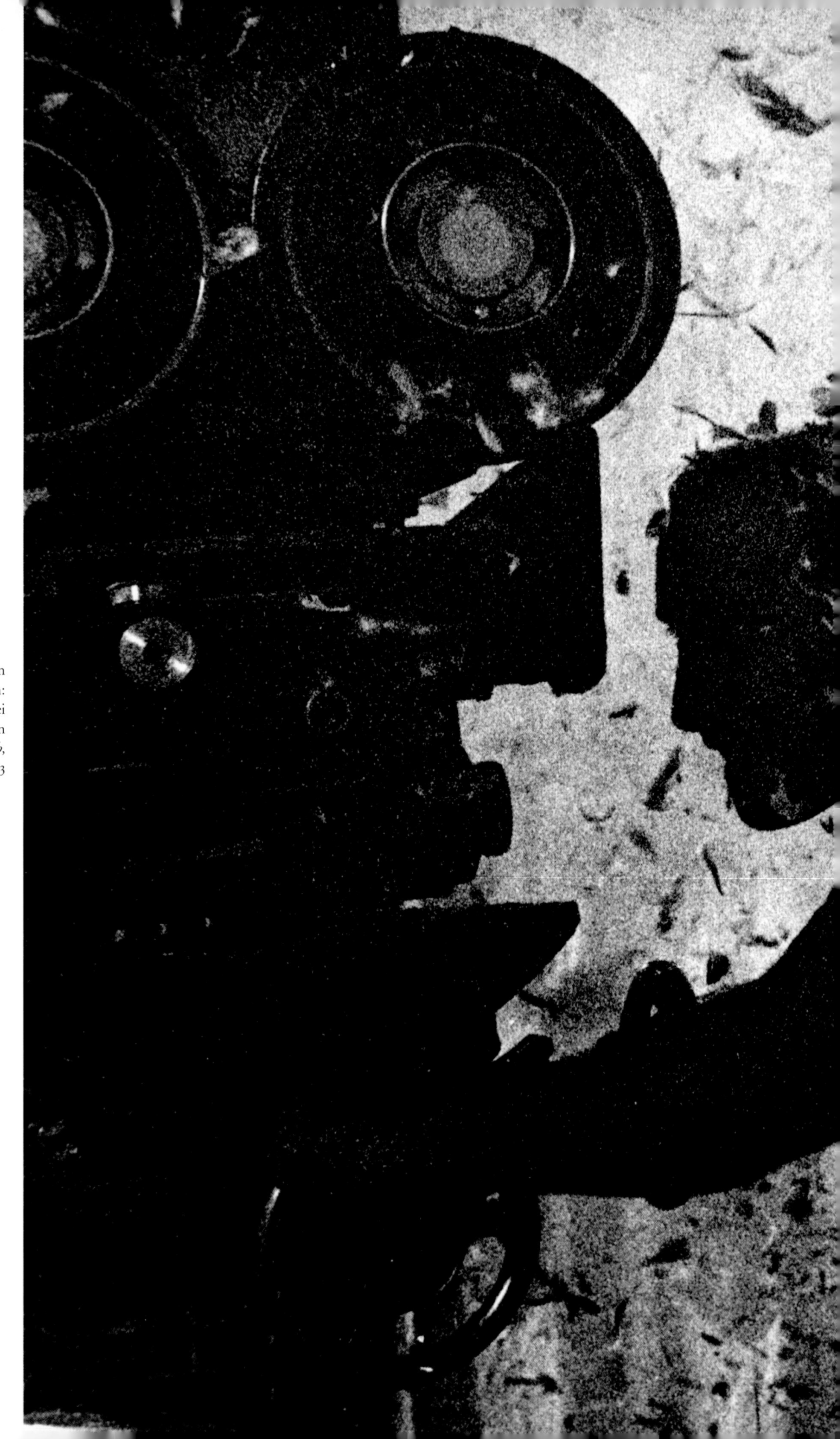

Auf dieser und den
folgenden Seiten:
Federico Fellini bei
den Dreharbeiten
zu *Achteinhalb*,
Cinecittà 1963

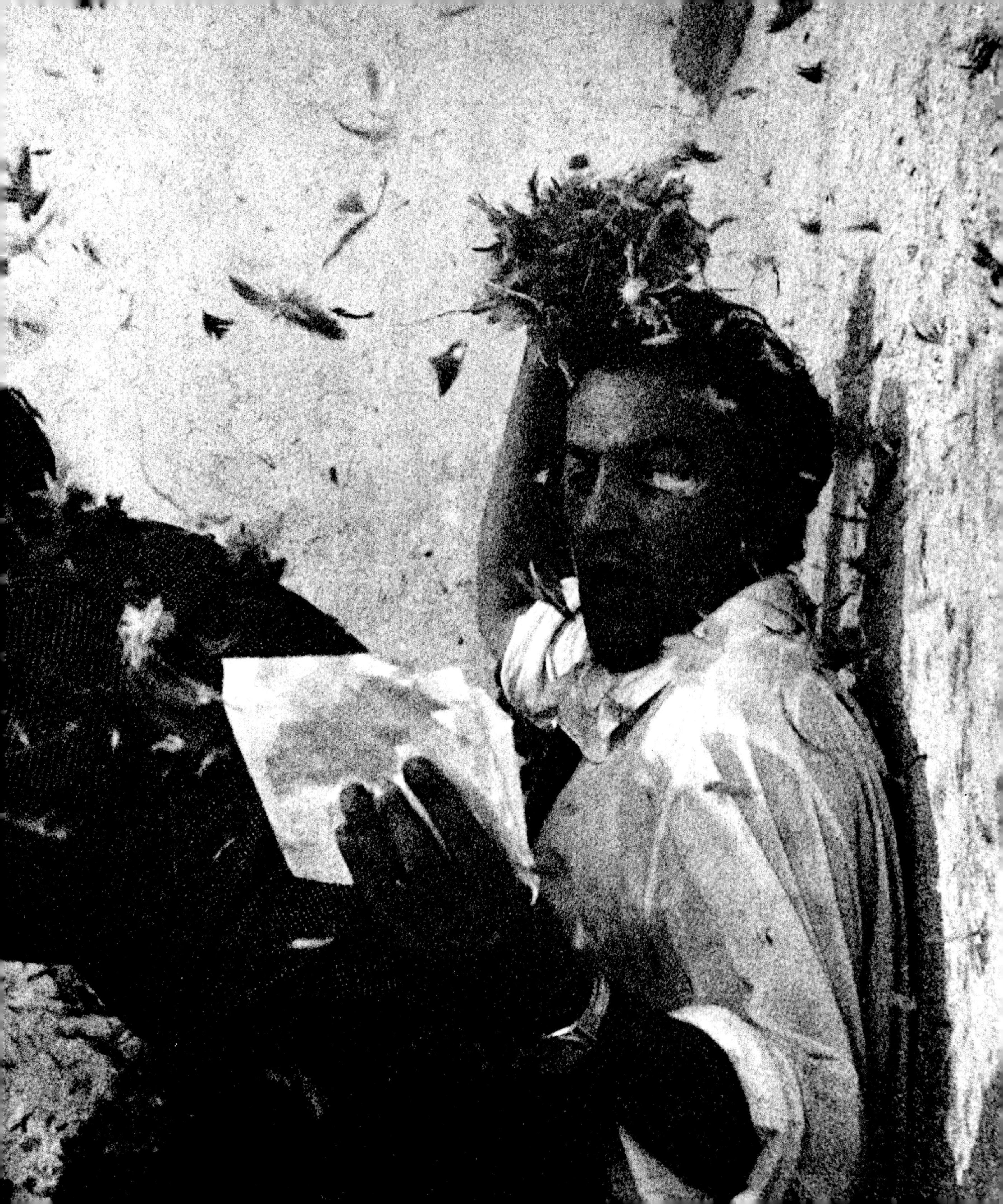

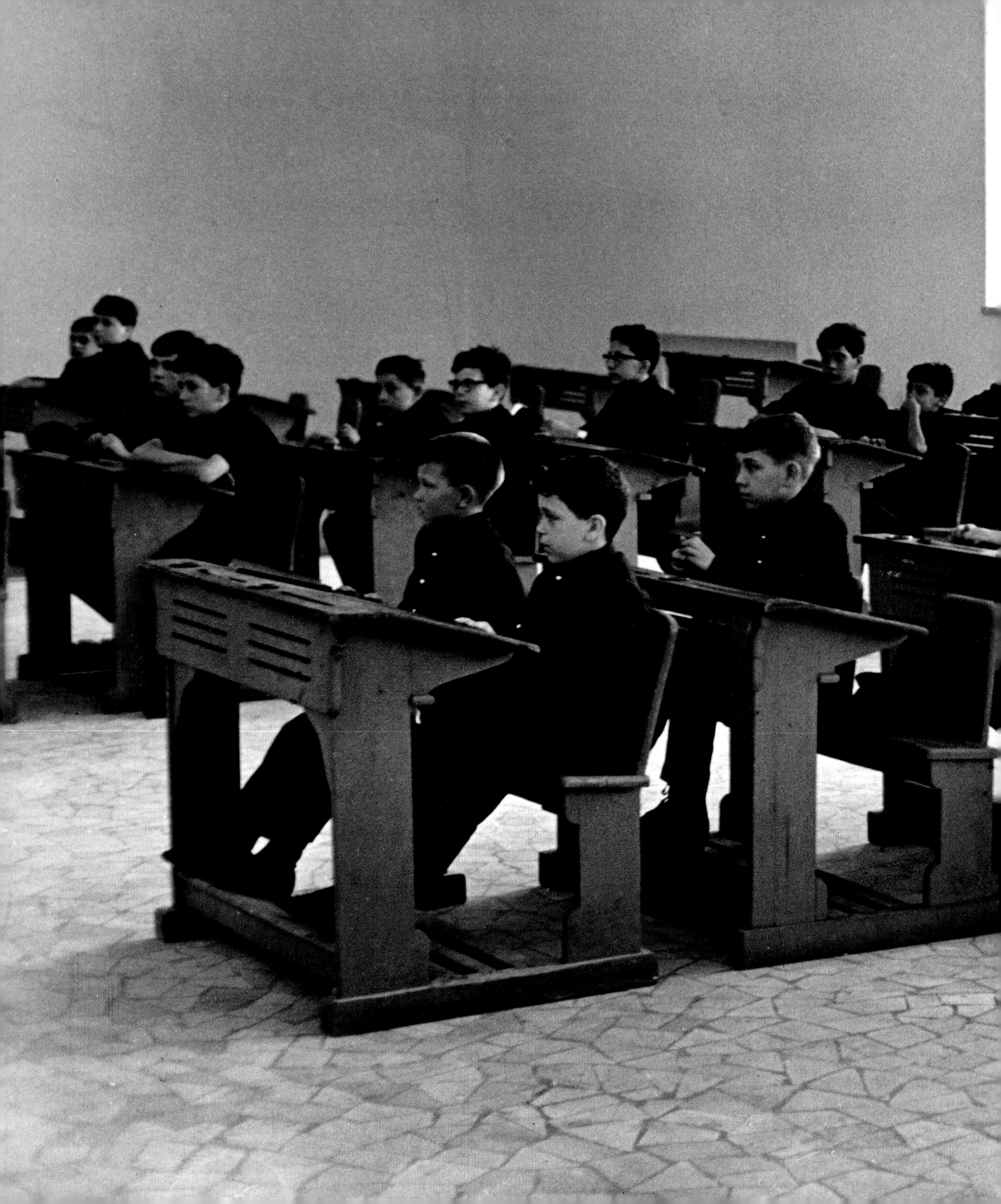

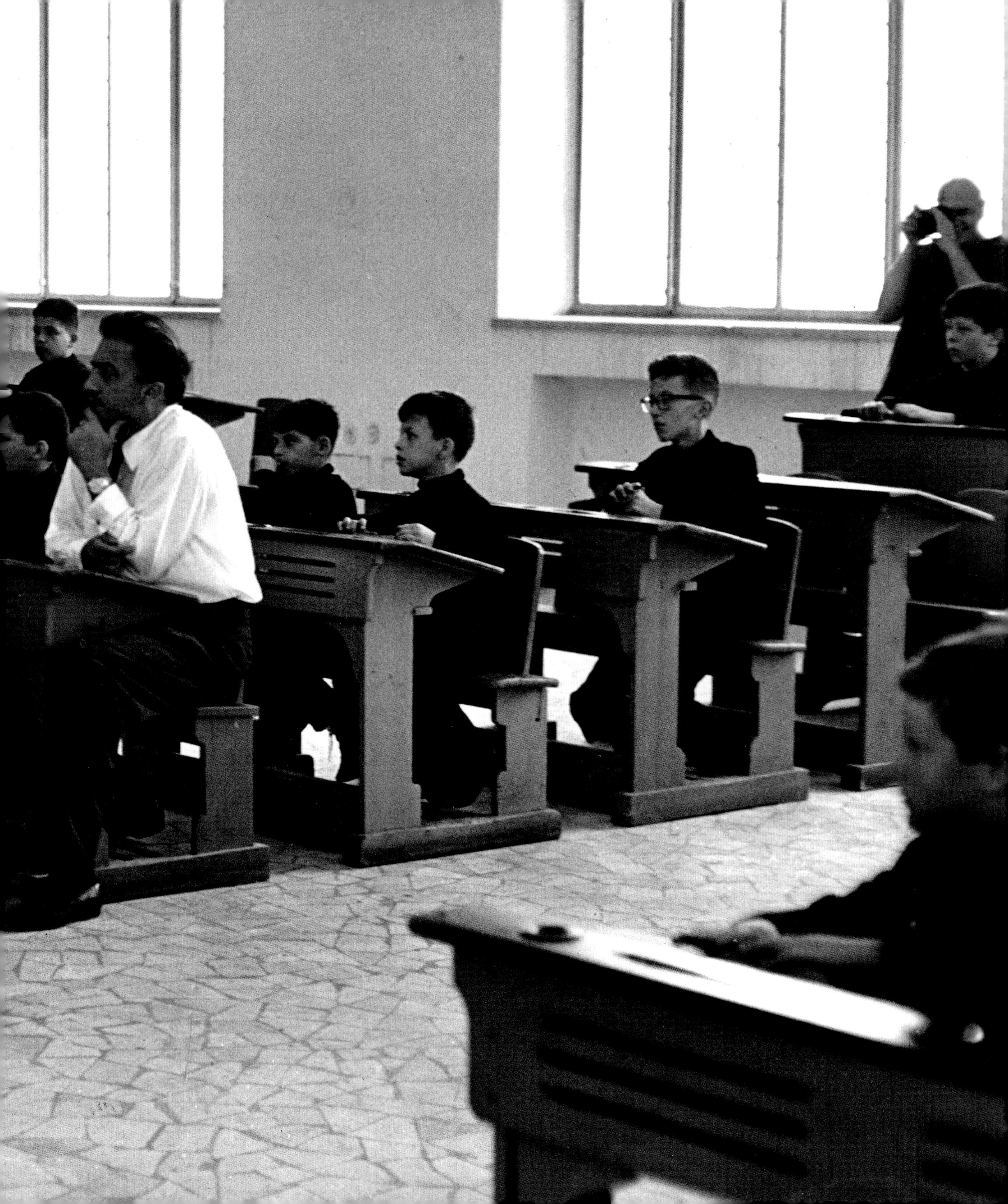

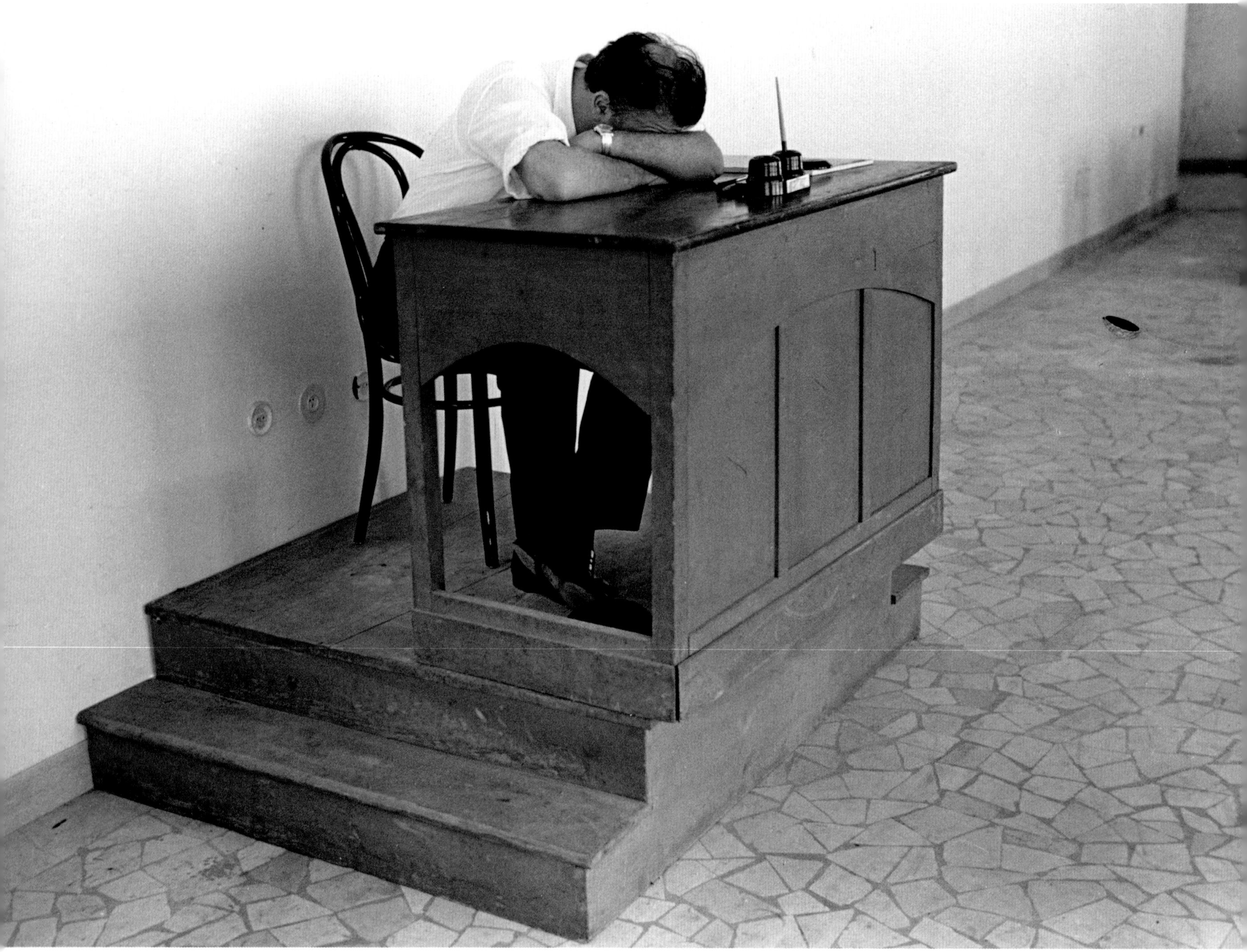

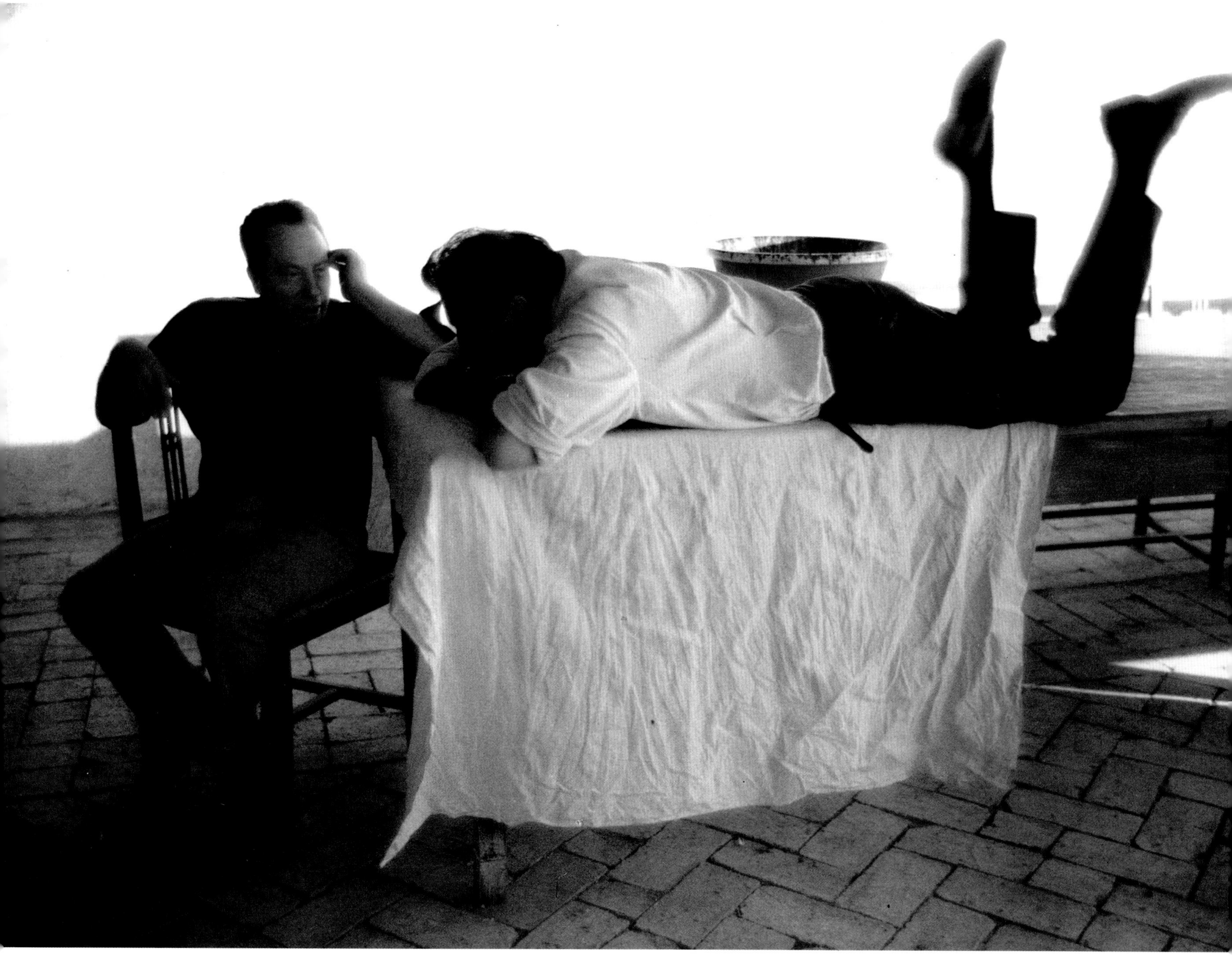

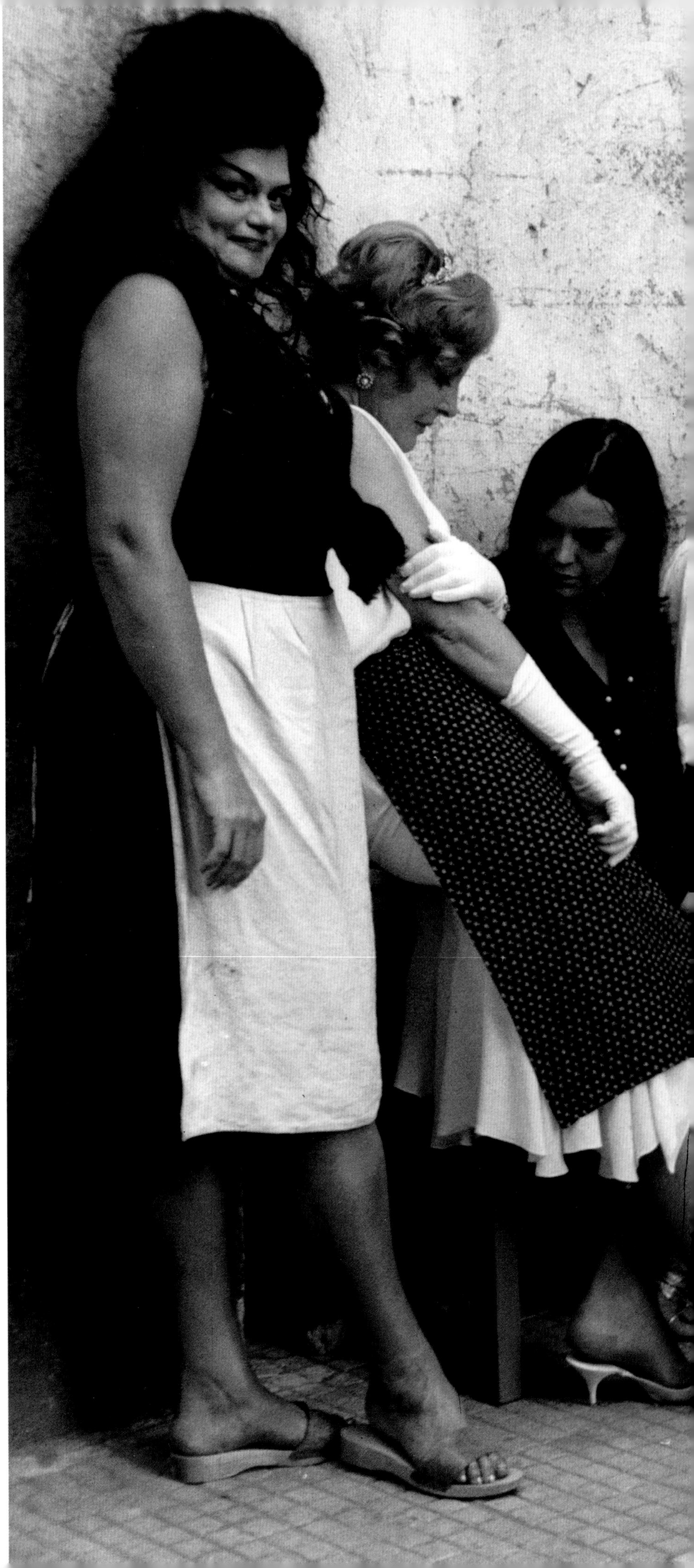

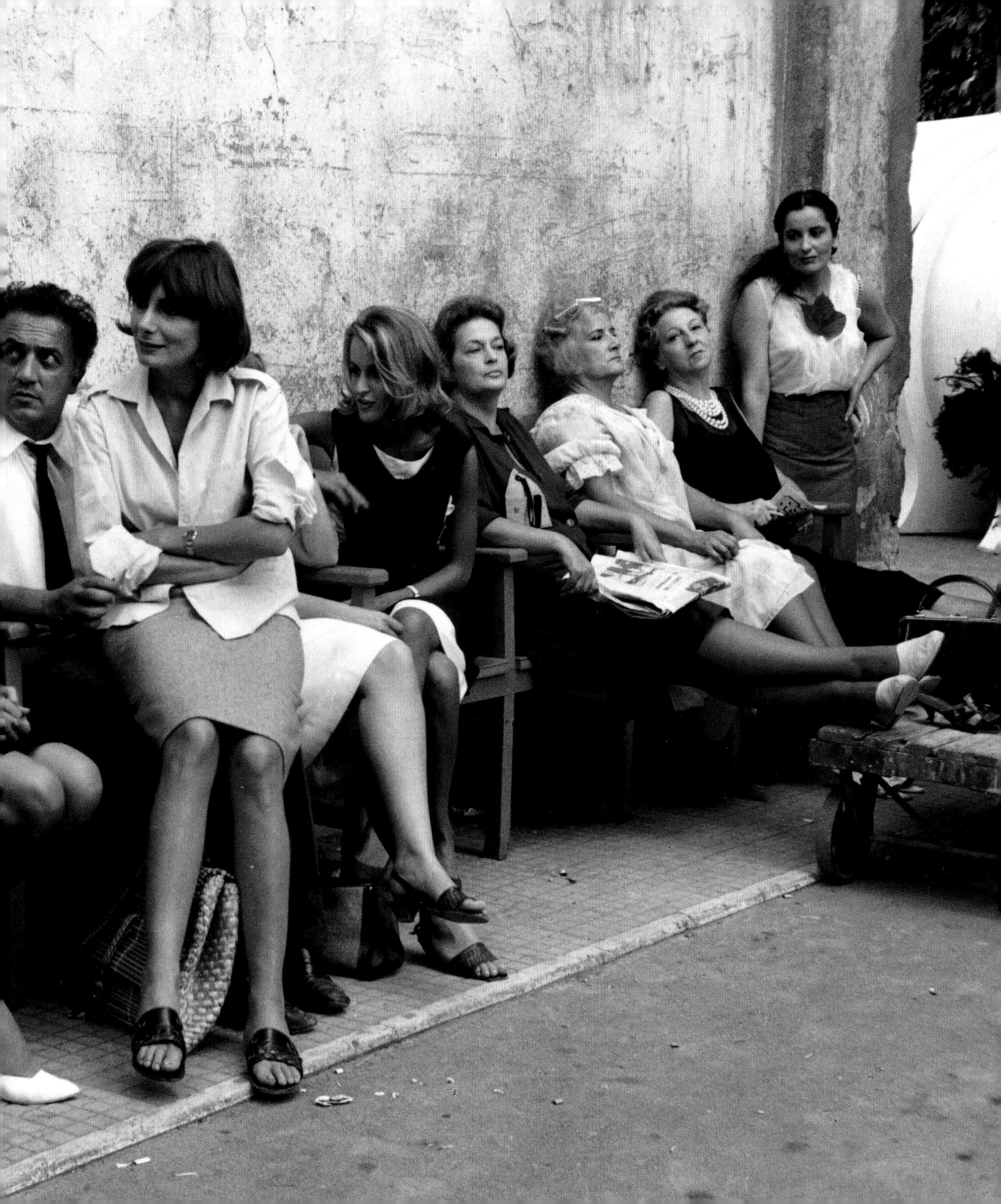

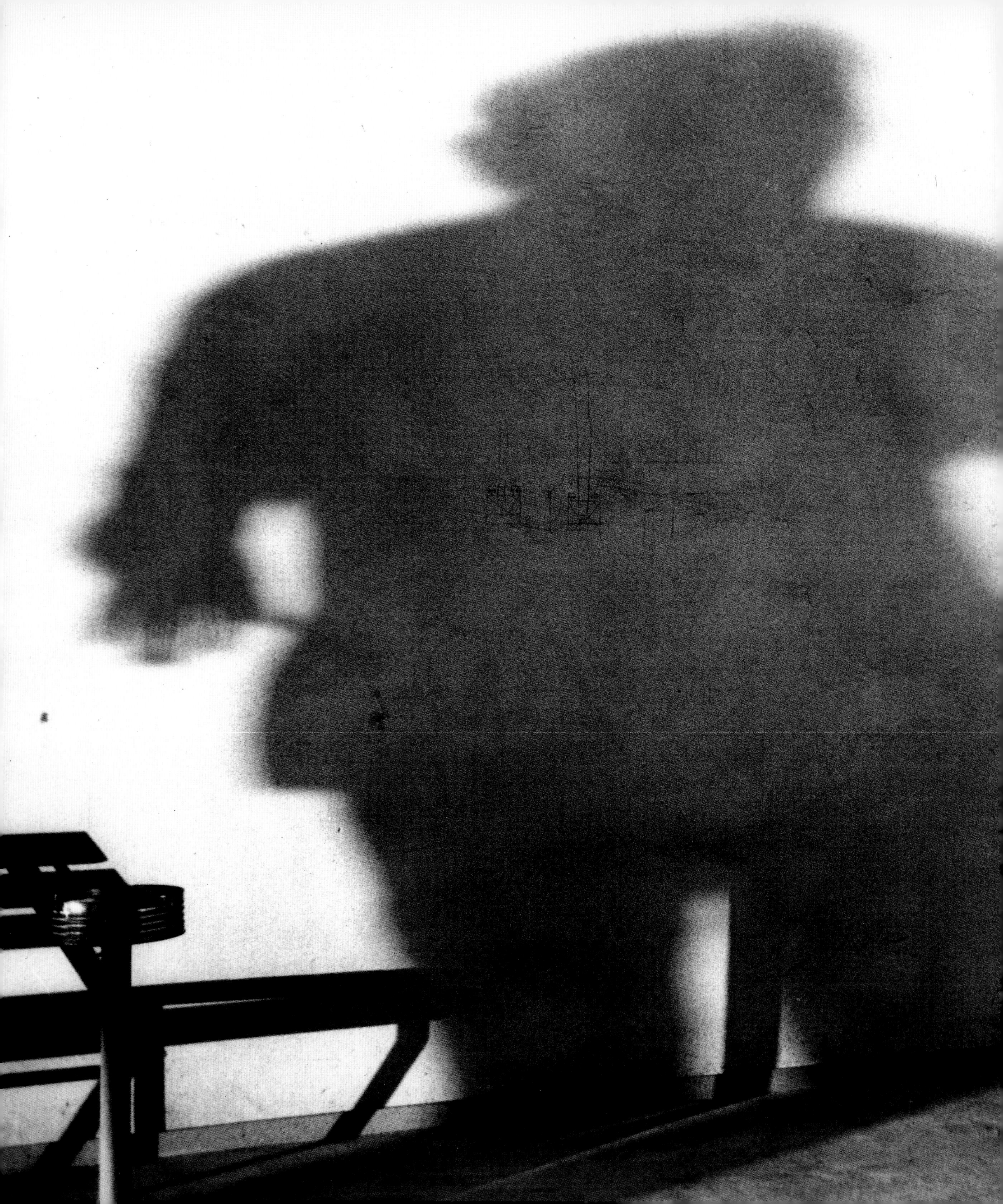

Fellinis Schatten,
Cinecittà 1979

Federico Fellini
am Set von
Die Stadt der Frauen,
Cinecittà 1979

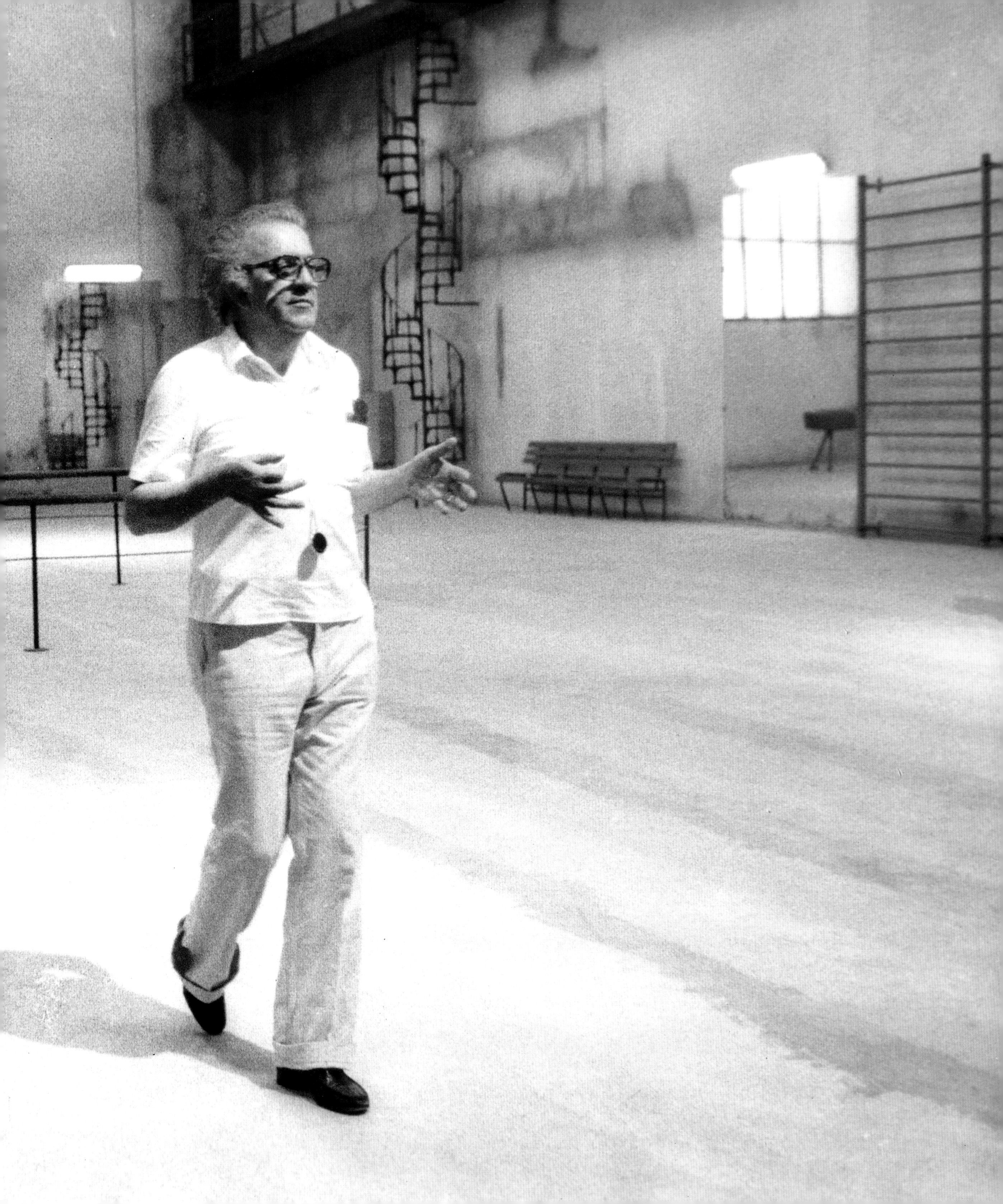

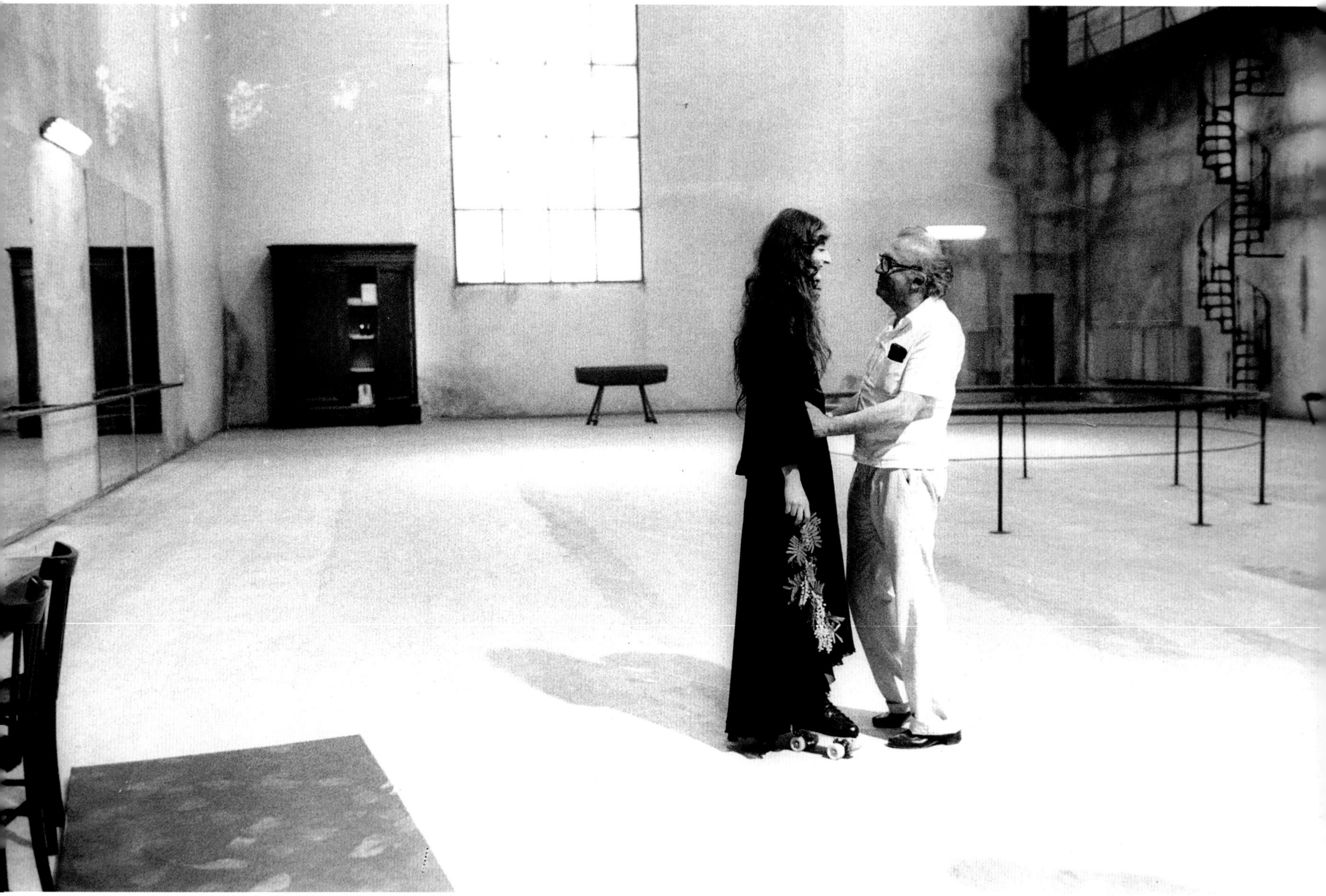

Auf dieser und den folgenden Seiten:
Federico Fellini während der Filmaufnahmen von *Amarcord*, Cinecittà 1974

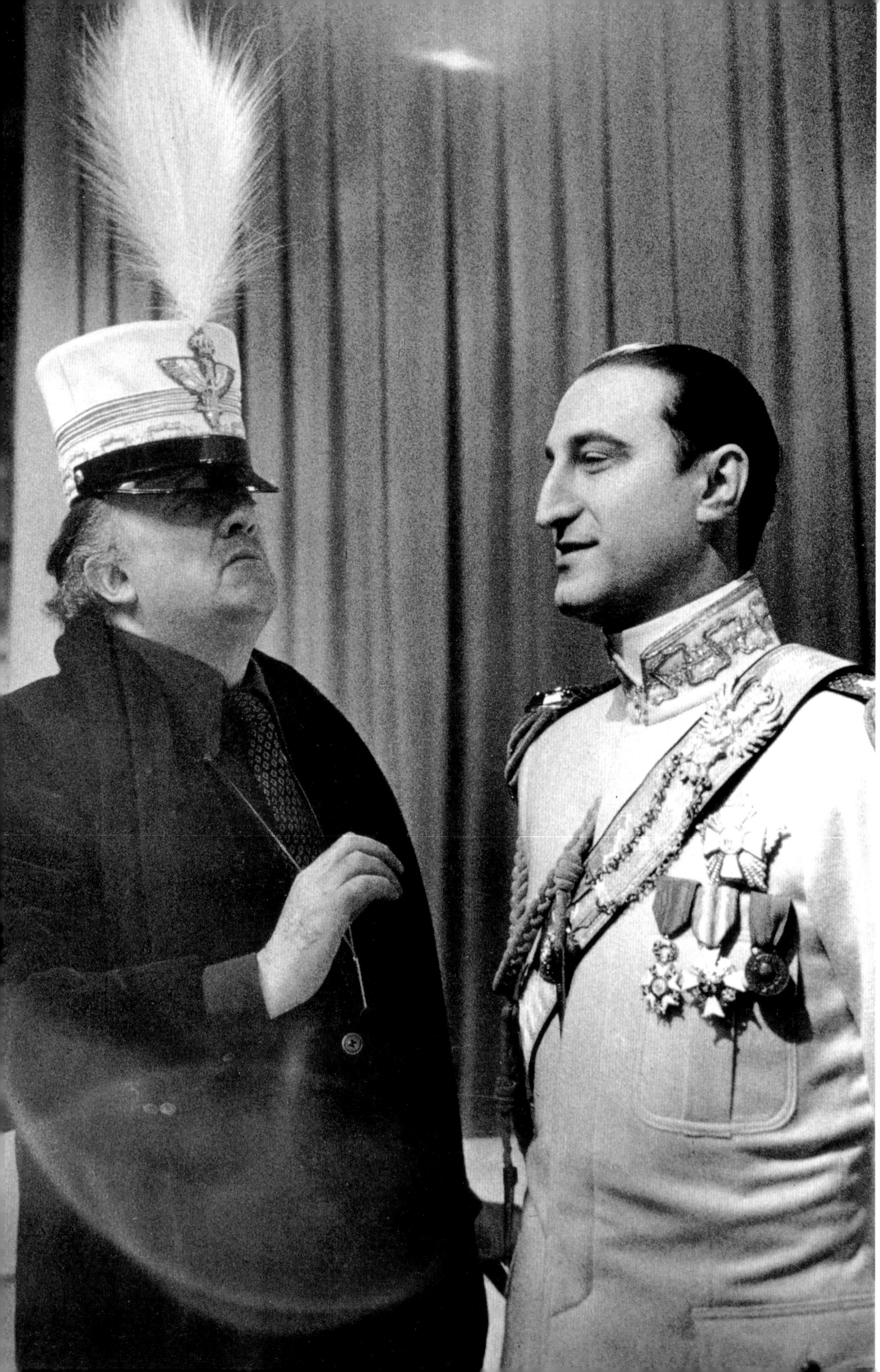

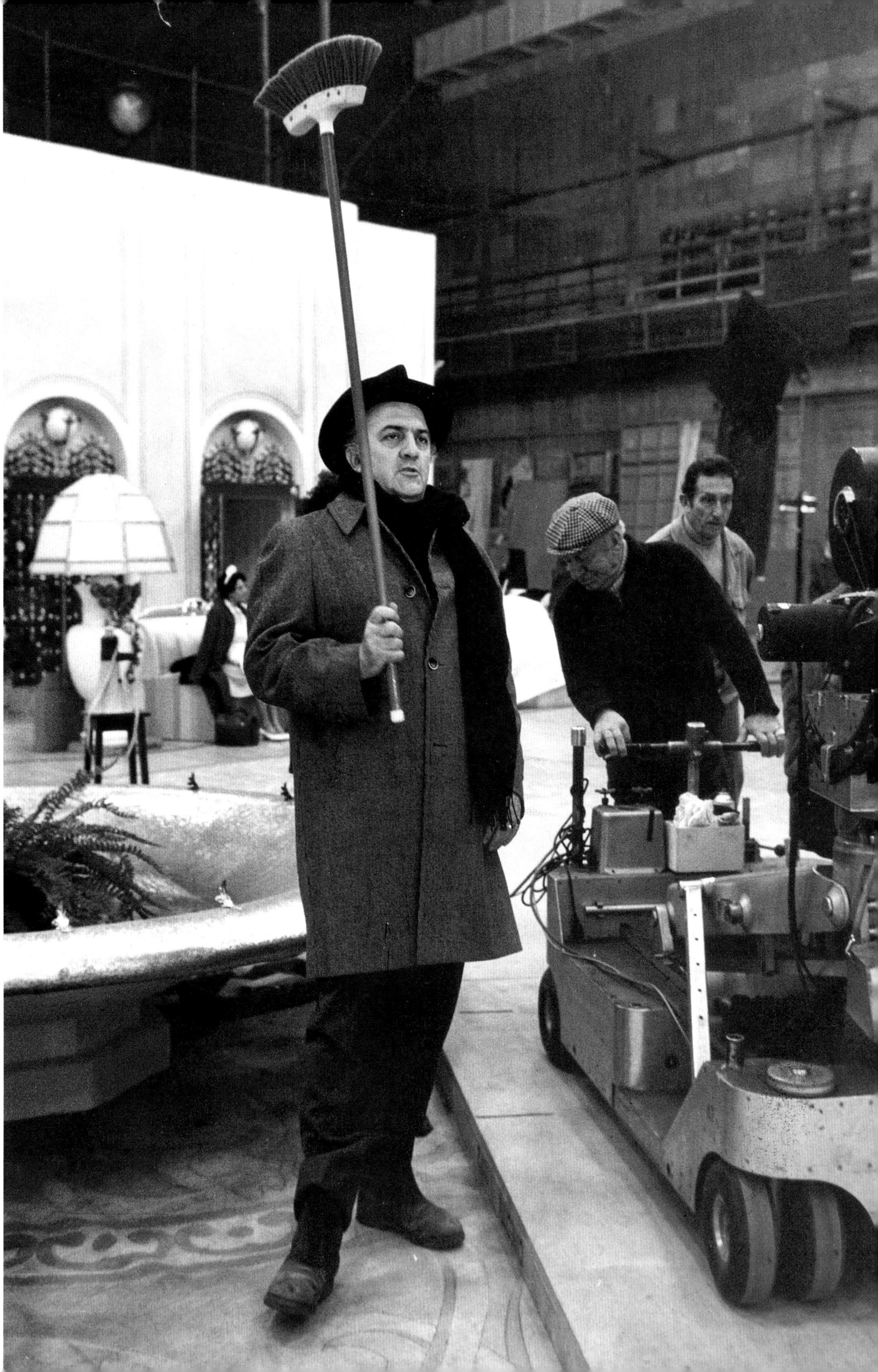

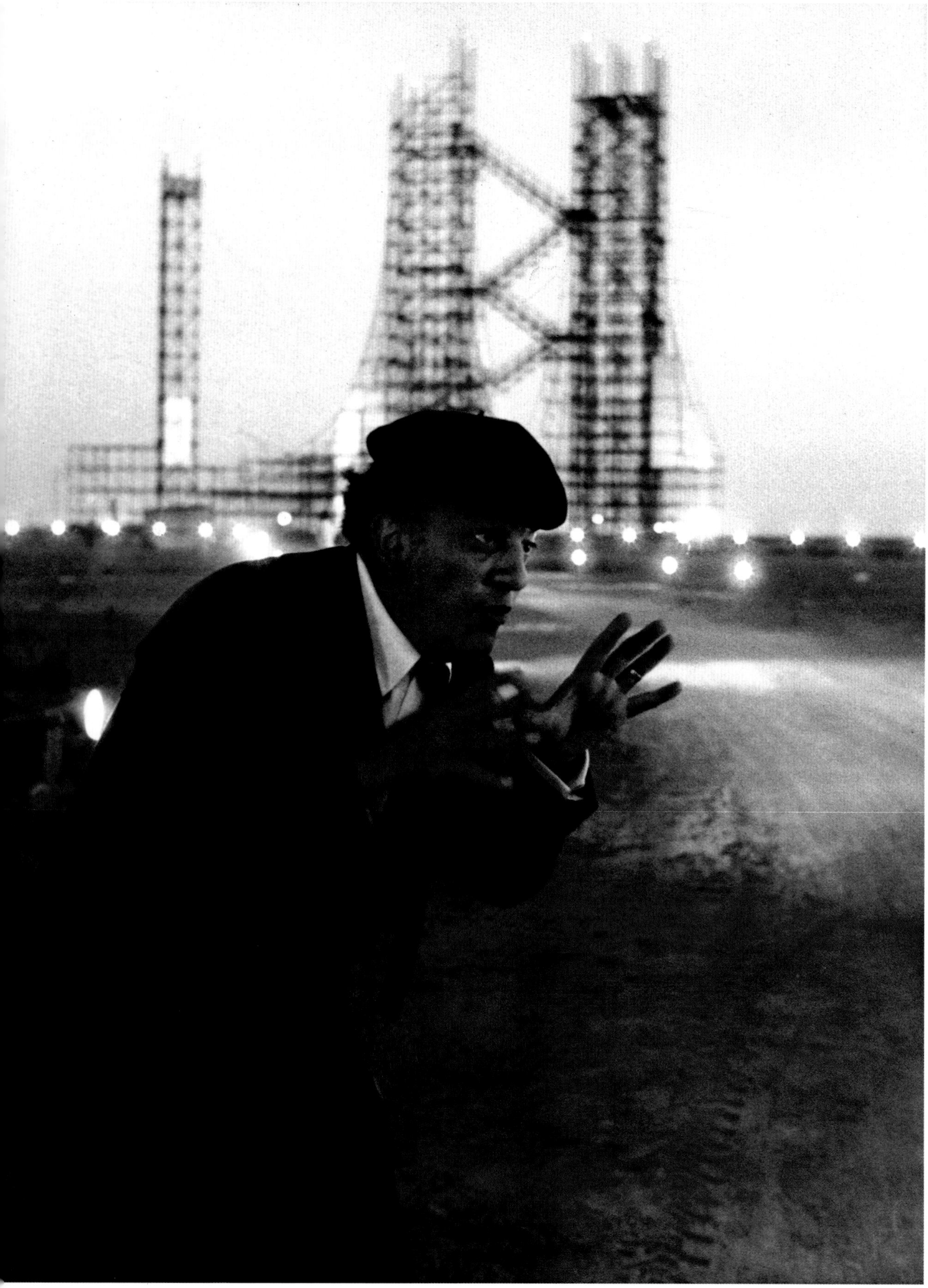

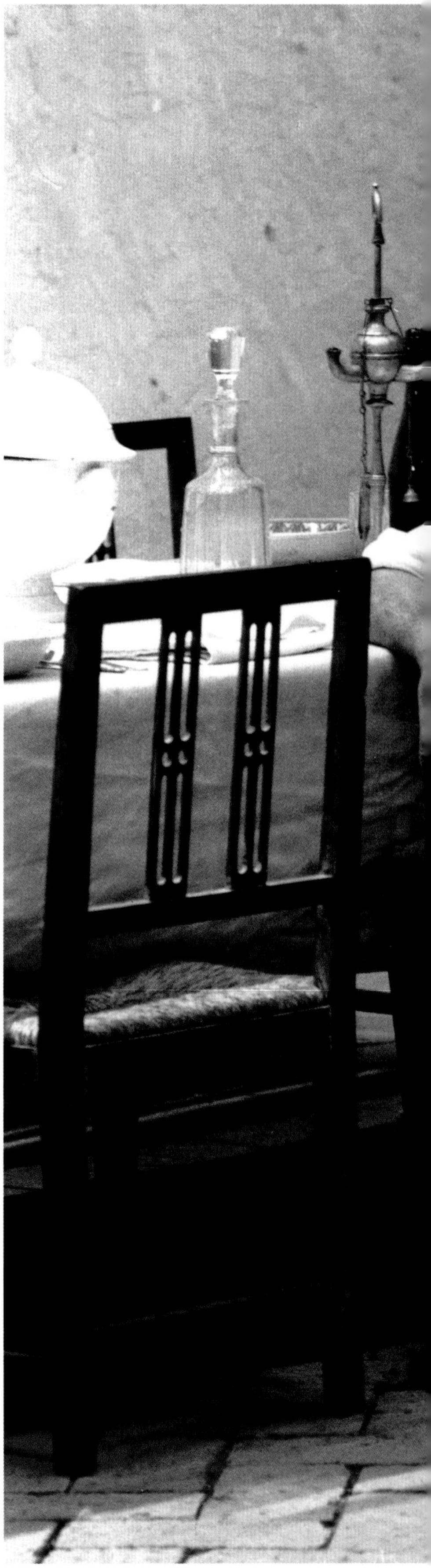

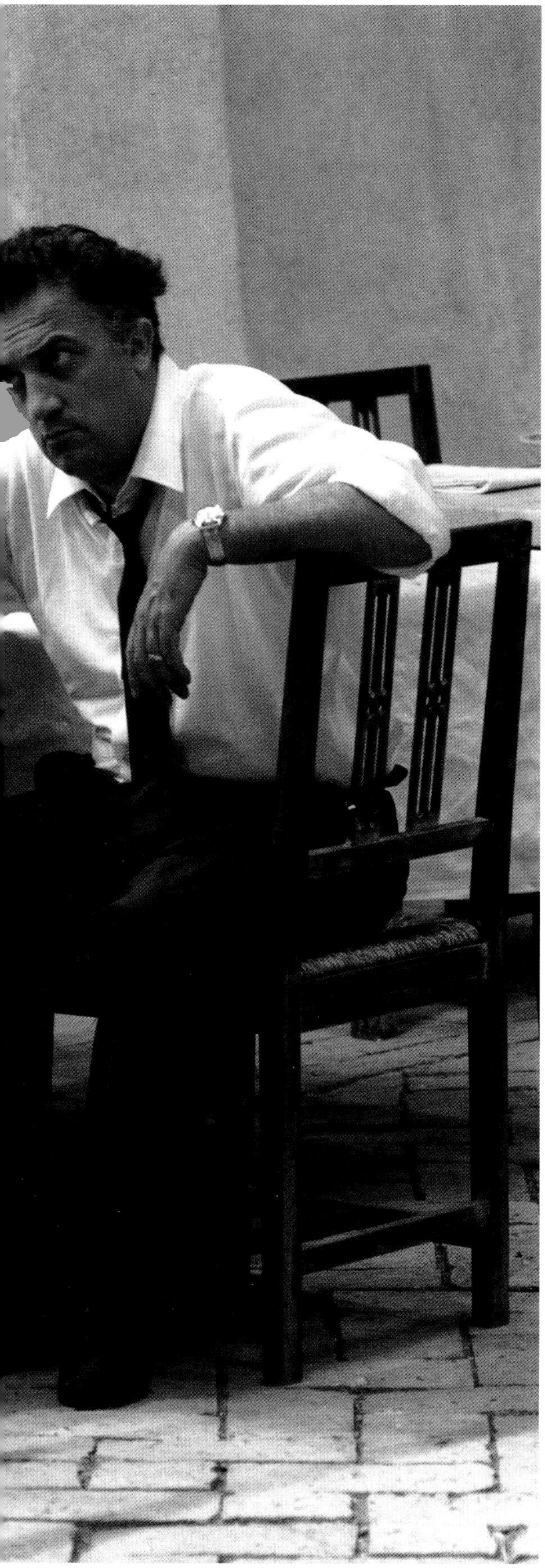
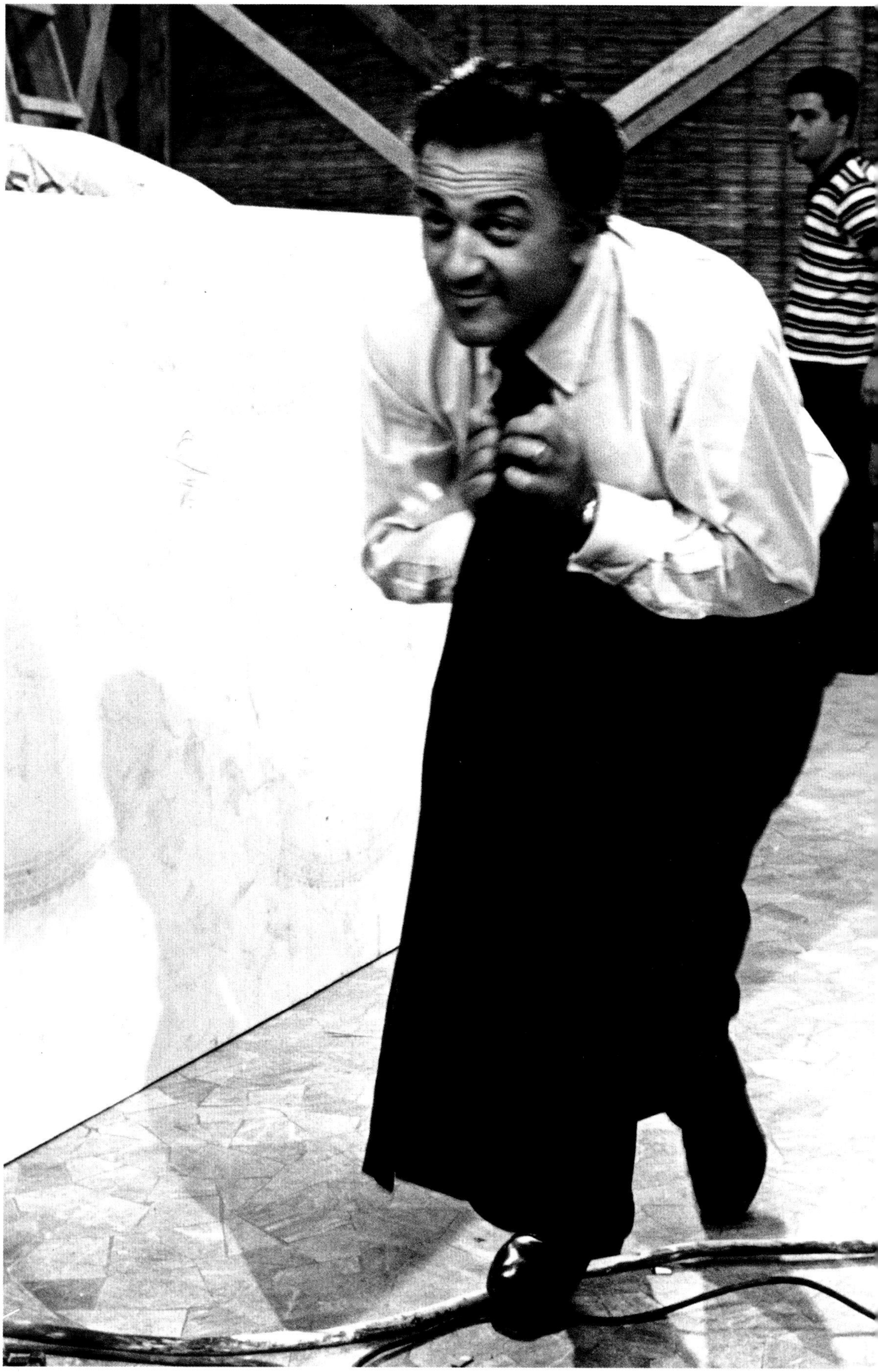

Marcello Mastroianni und Federico Fellini haben ihren Spaß am am Set von *Die Stadt der Frauen*, 1979

Mastroianni in
Achteinhalb,
Cinecittà 1963

Federico Fellini und
Marcello Mastroianni
in einer Drehpause
von *Achteinhalb*,
Cinecittà 1963

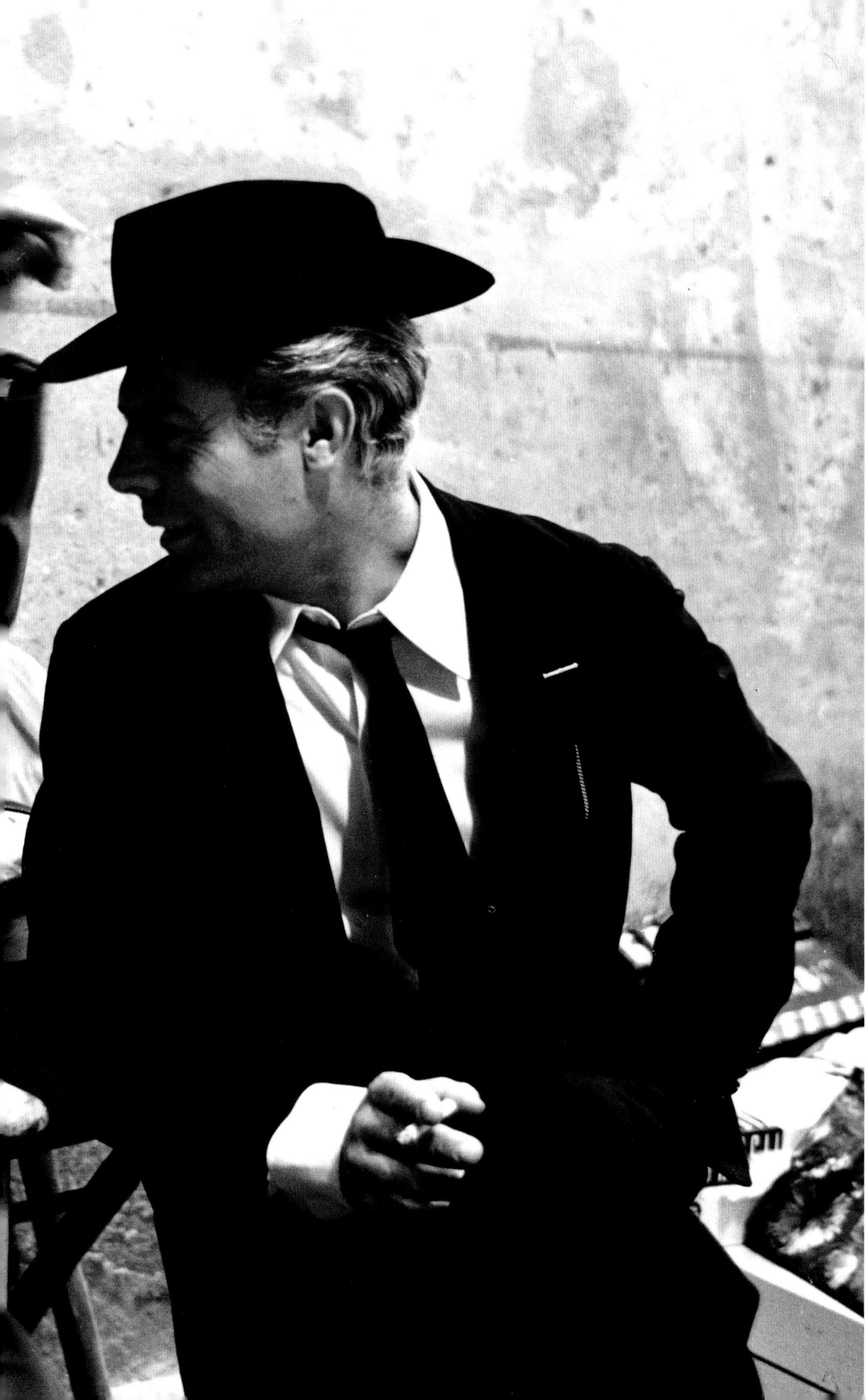

Fellini vergnügt sich
mit Anouk Aimée
am Set von *Achteinhalb*,
Cinecittà 1963

Fellini erklärt Mastroianni
eine Szene aus *Achteinhalb*,
Cinecittà 1963

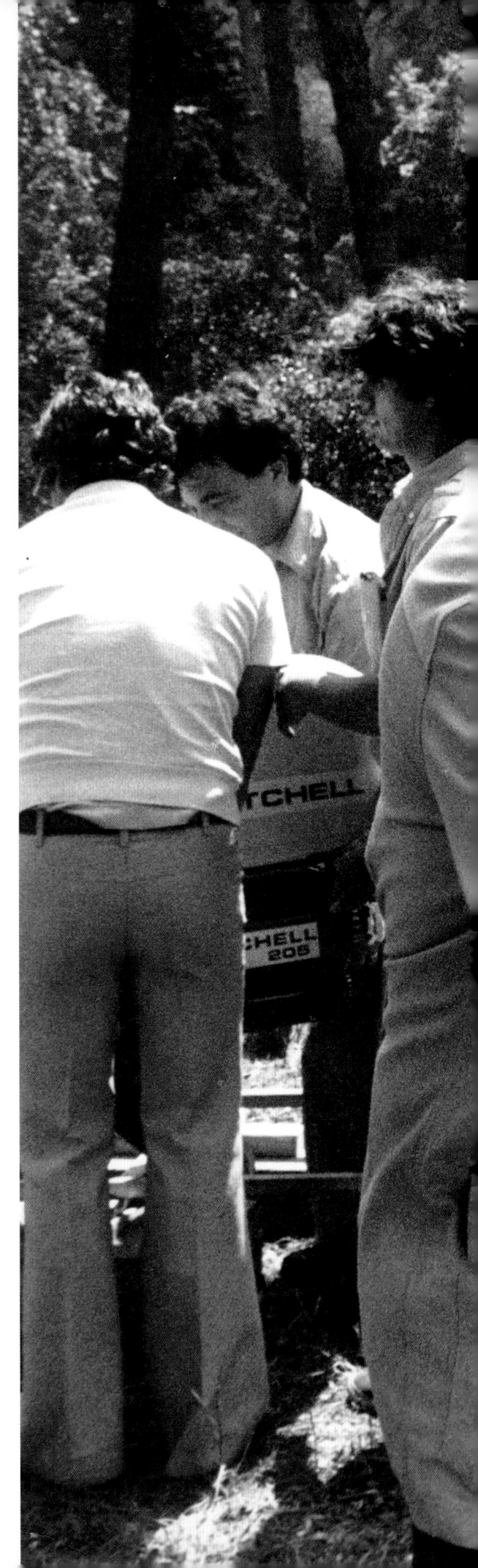

Fellini, Mastroianni
und Anna Prucnal
während der Aufnahmen
von *Die Stadt der Frauen*,
Cinecittà 1979

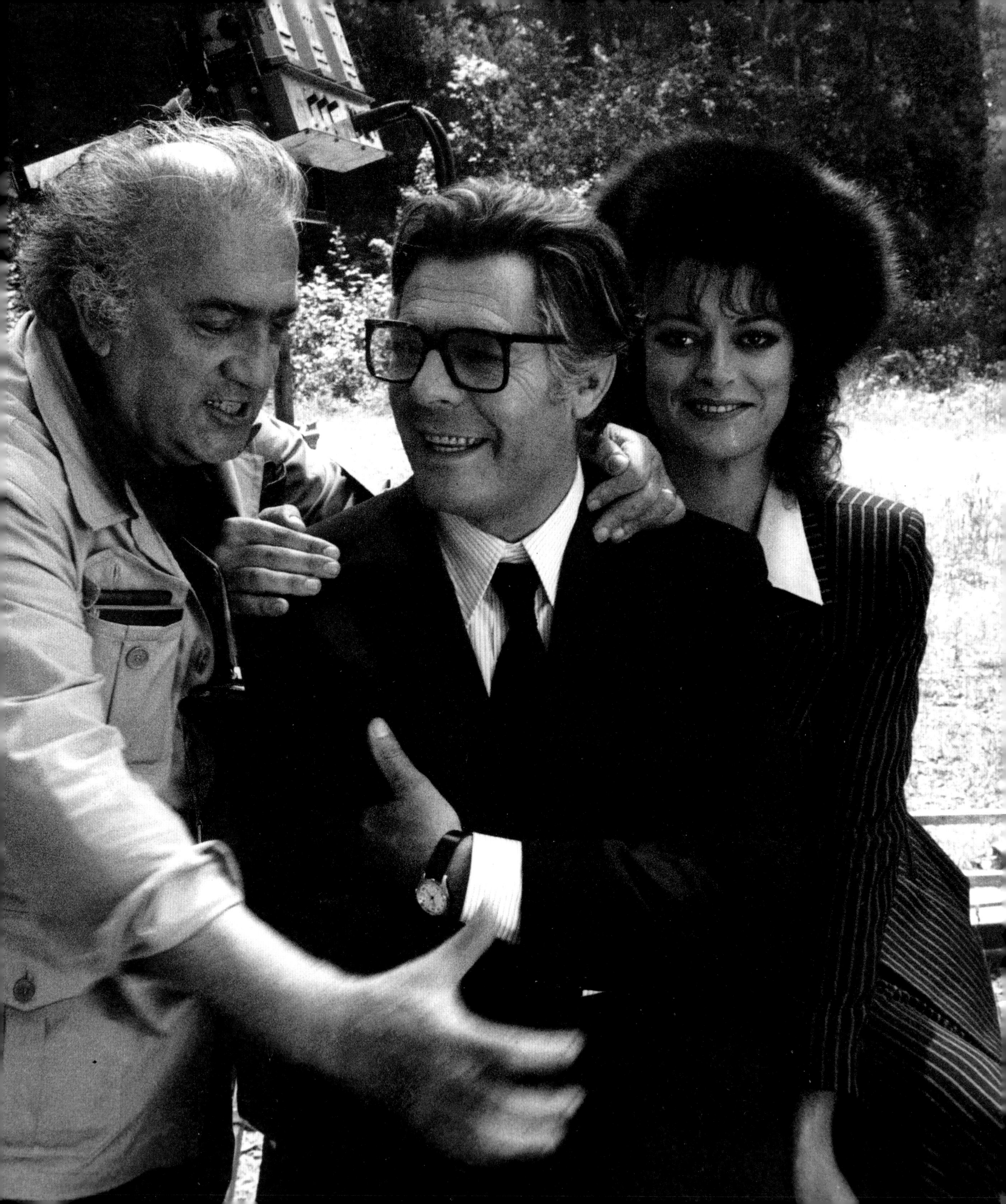

Fellini und Anna Prucnal
am Set von
Die Stadt der Frauen, 1979

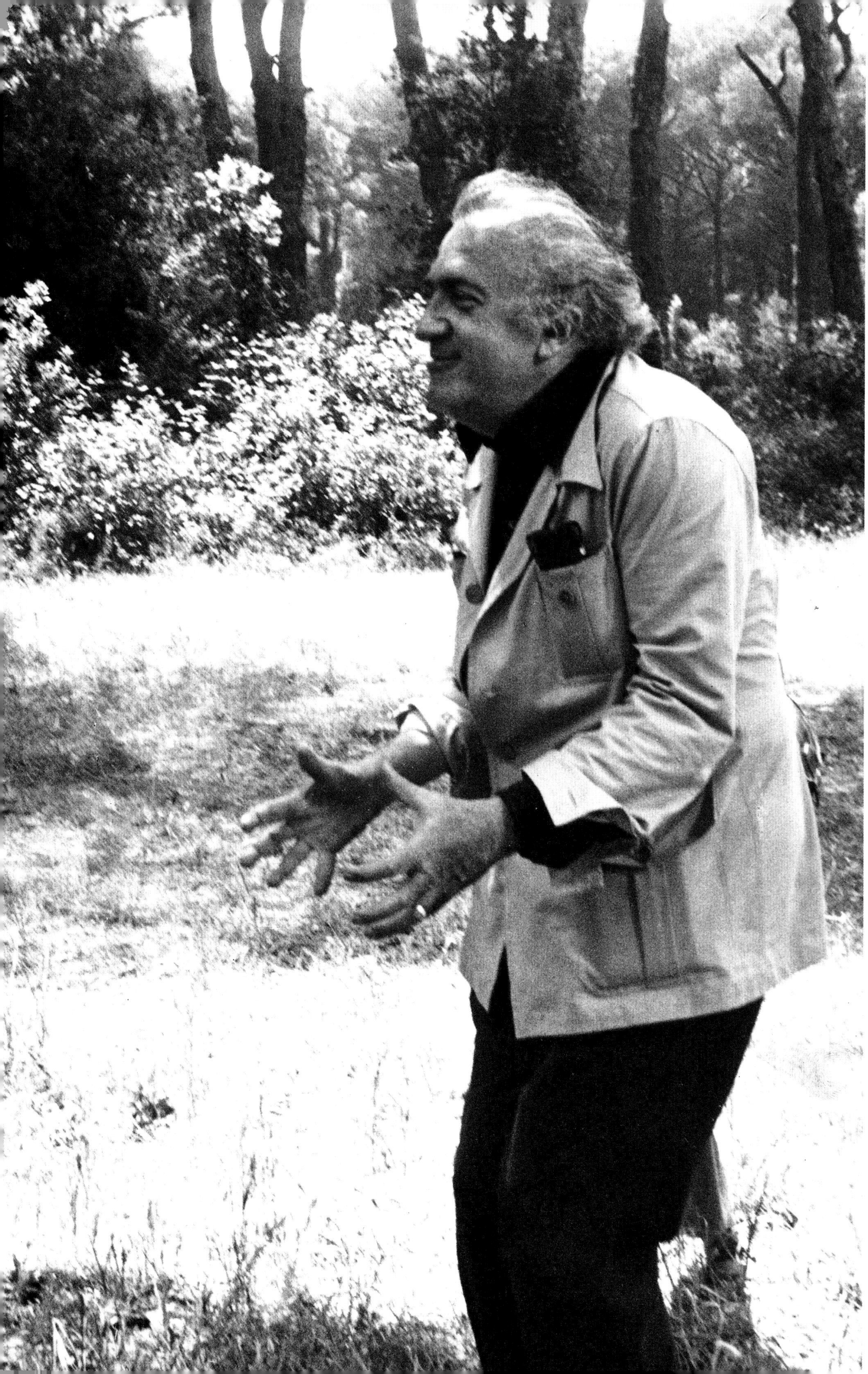

174

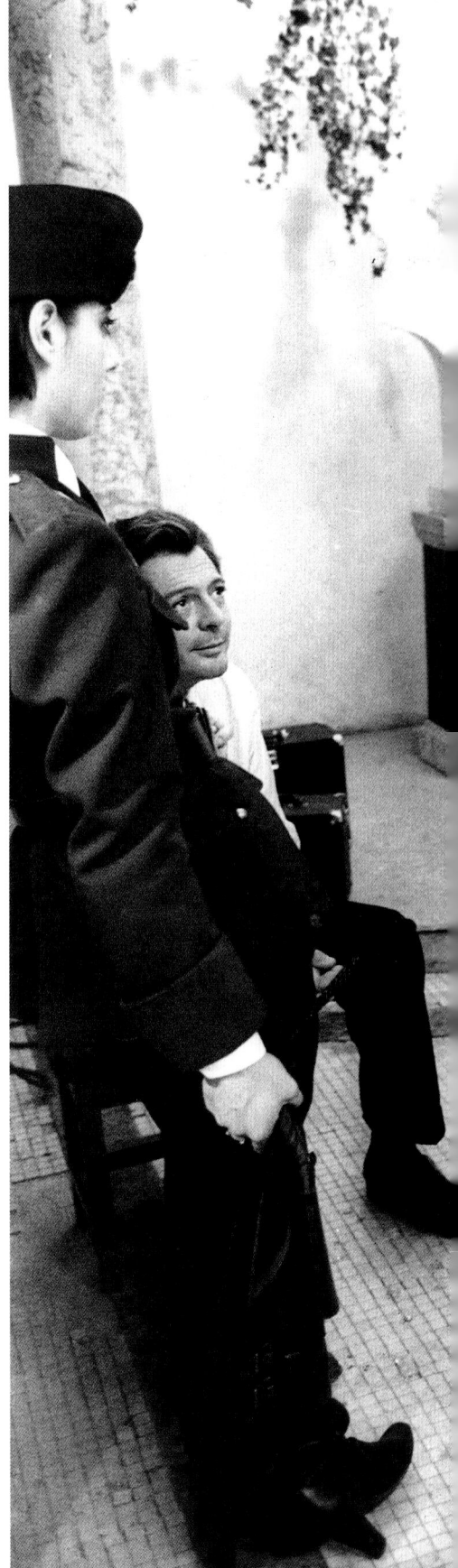

Fellini gibt Regieanweisungen für Szenen aus *Die Stadt der Frauen*, Cinecittà 1979

Auf dieser und den folgenden Seiten: Fellini am Set von *Die Stadt der Frauen*, Cinecittà 1979

177

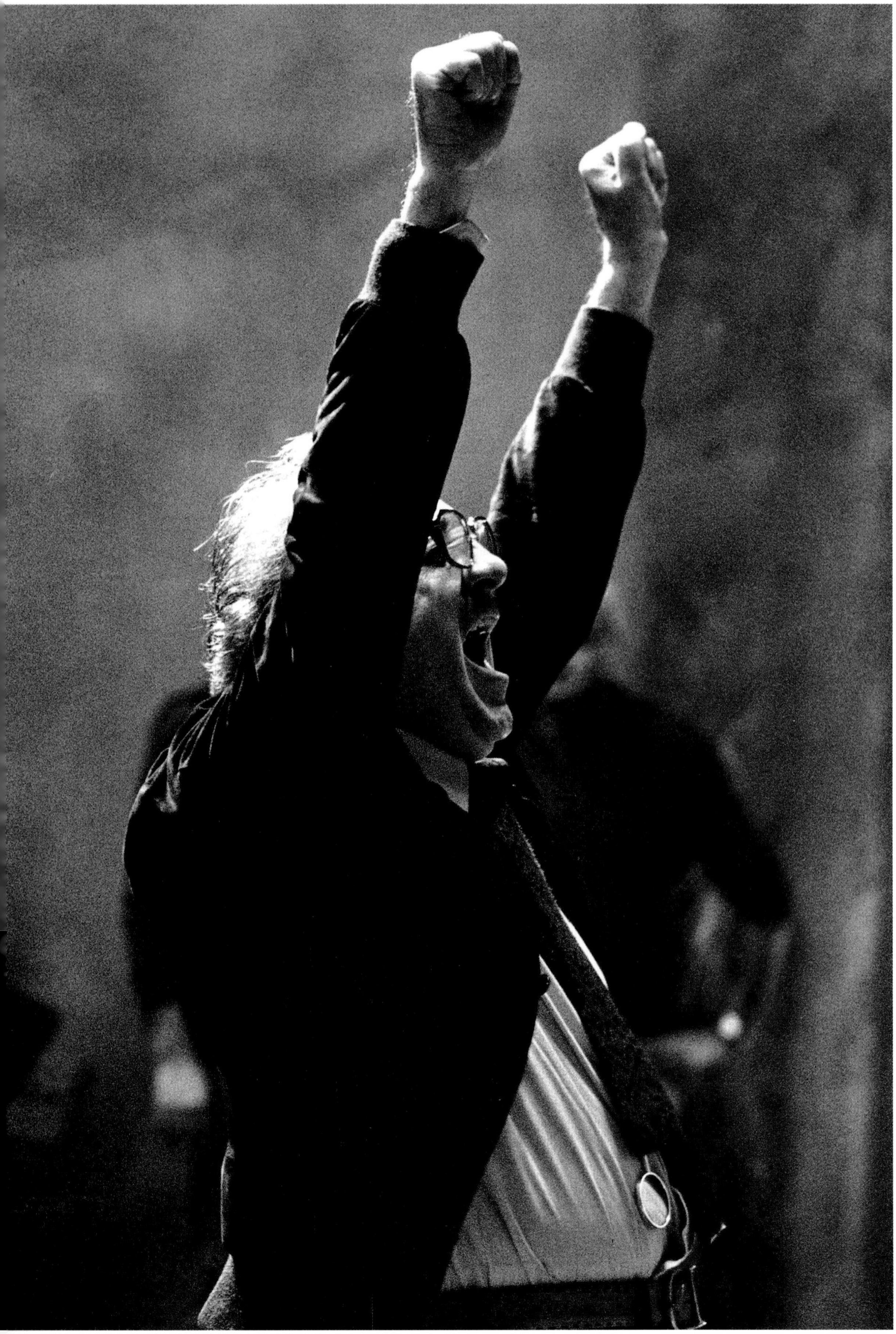

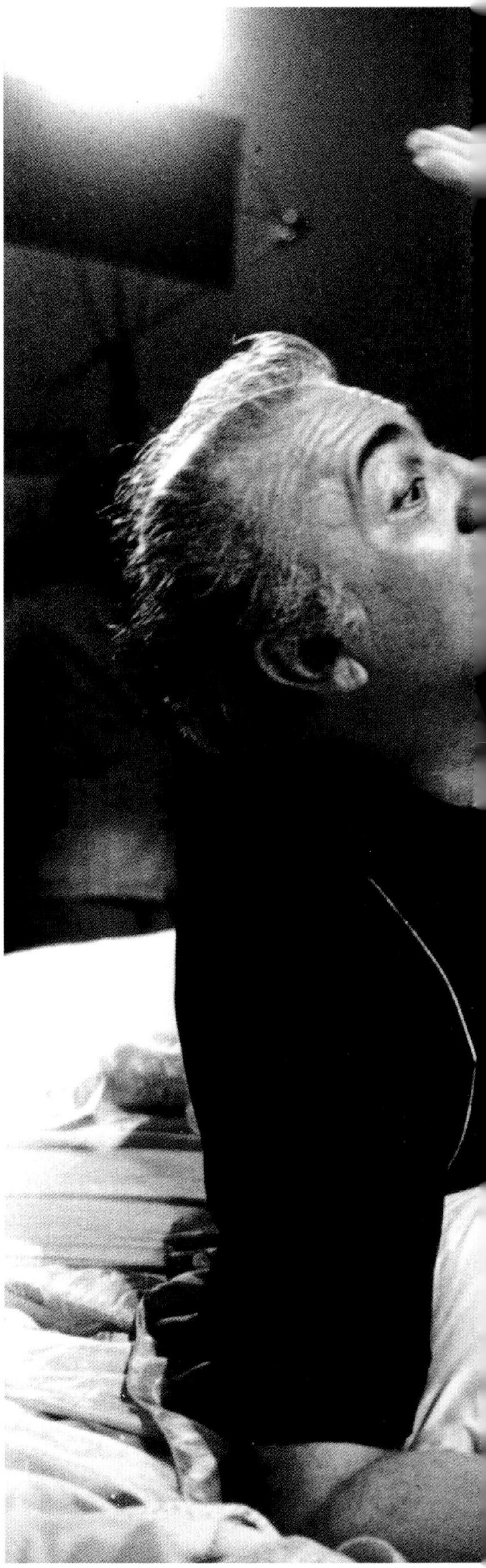

179

Federico Fellini
mit Sandra Milo
am Set von
Achteinhalb,
1963

Fellini scherzt mit
Regieassistent
Guidarino Guidi
am Set von
Achteinhalb, 1963

Auf dieser und den
folgenden Seiten:
Federico Fellini und
Marcello Mastroianni
am Set von *Achteinhalb*,
1963

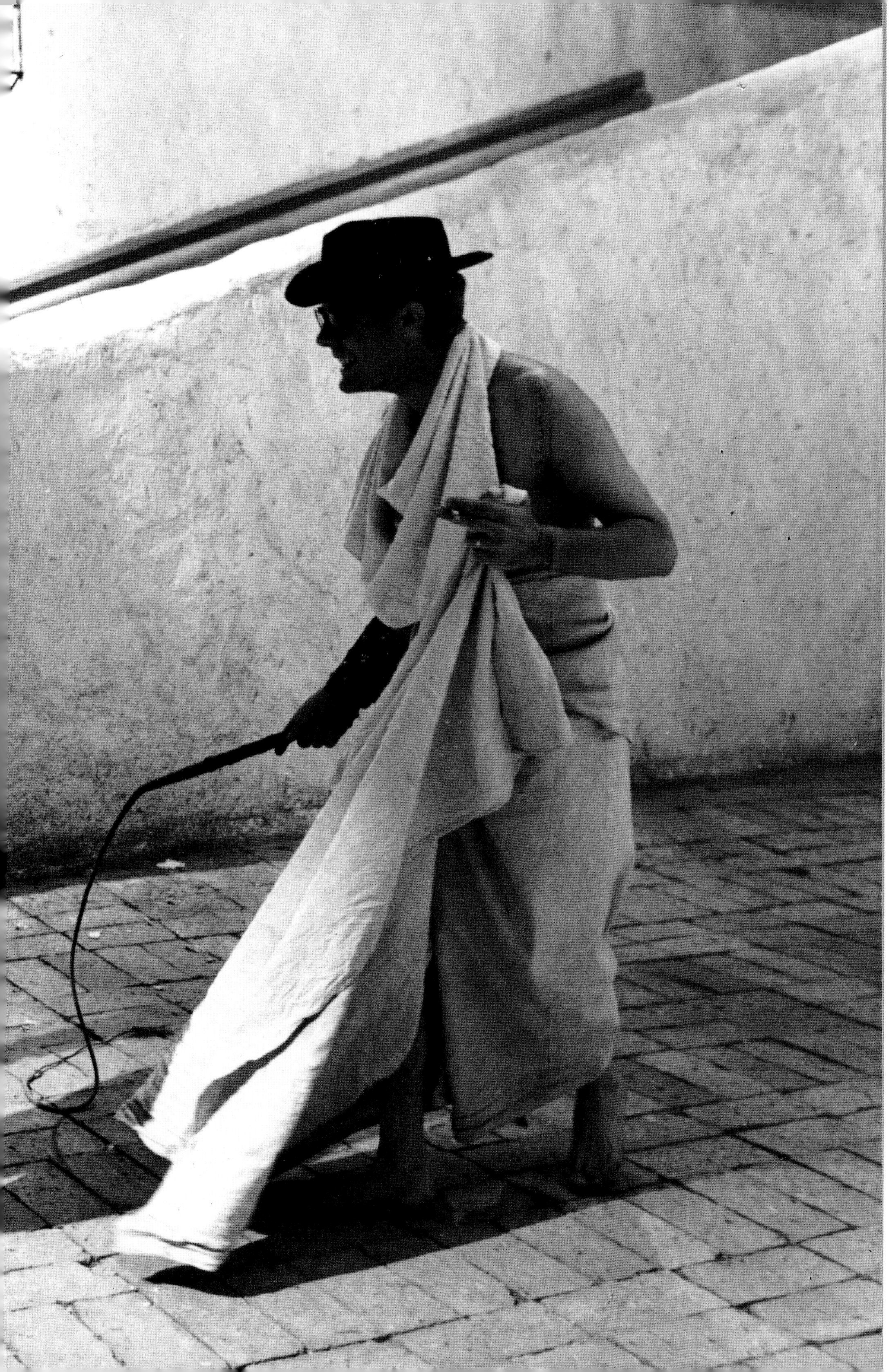

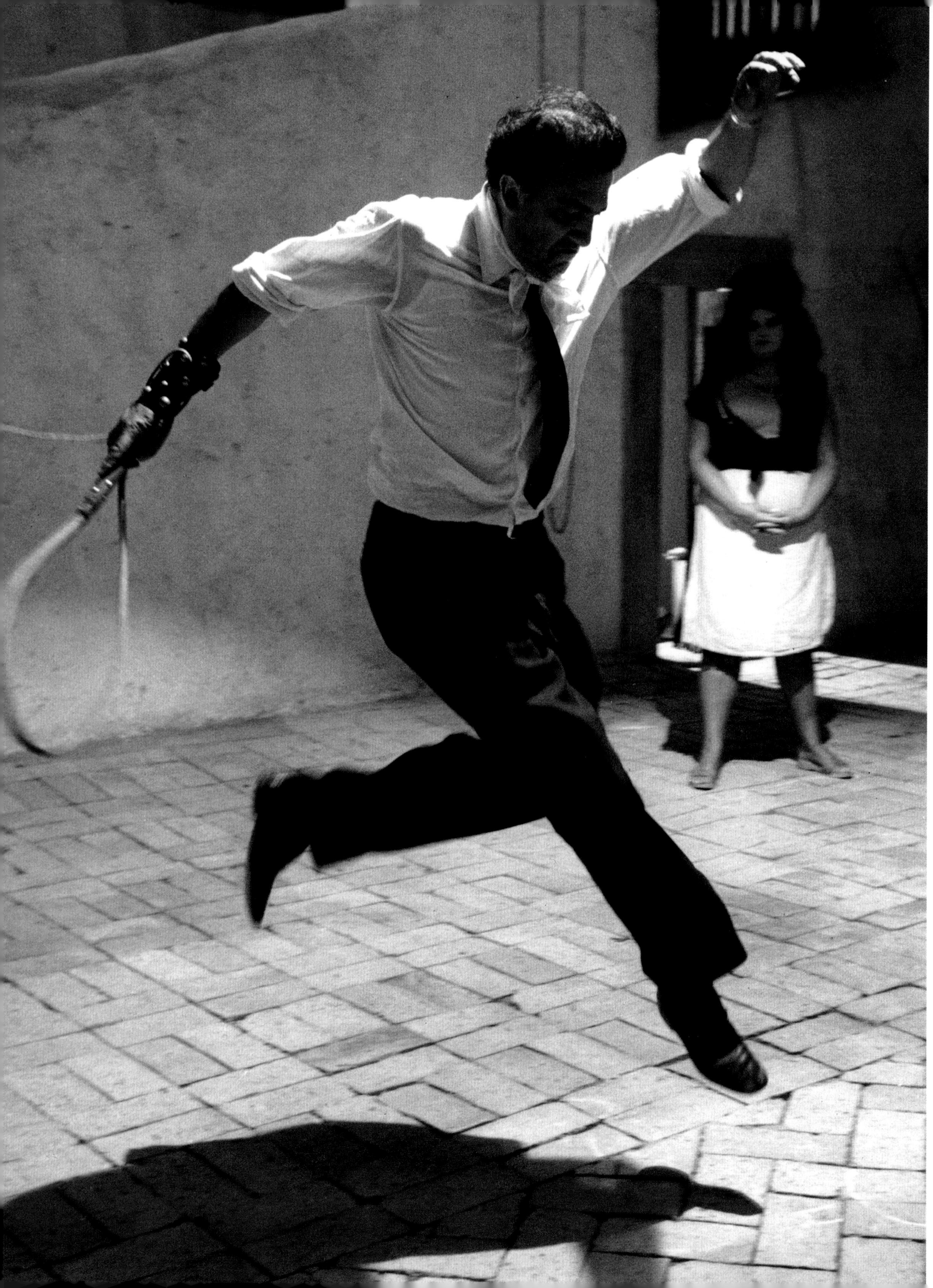

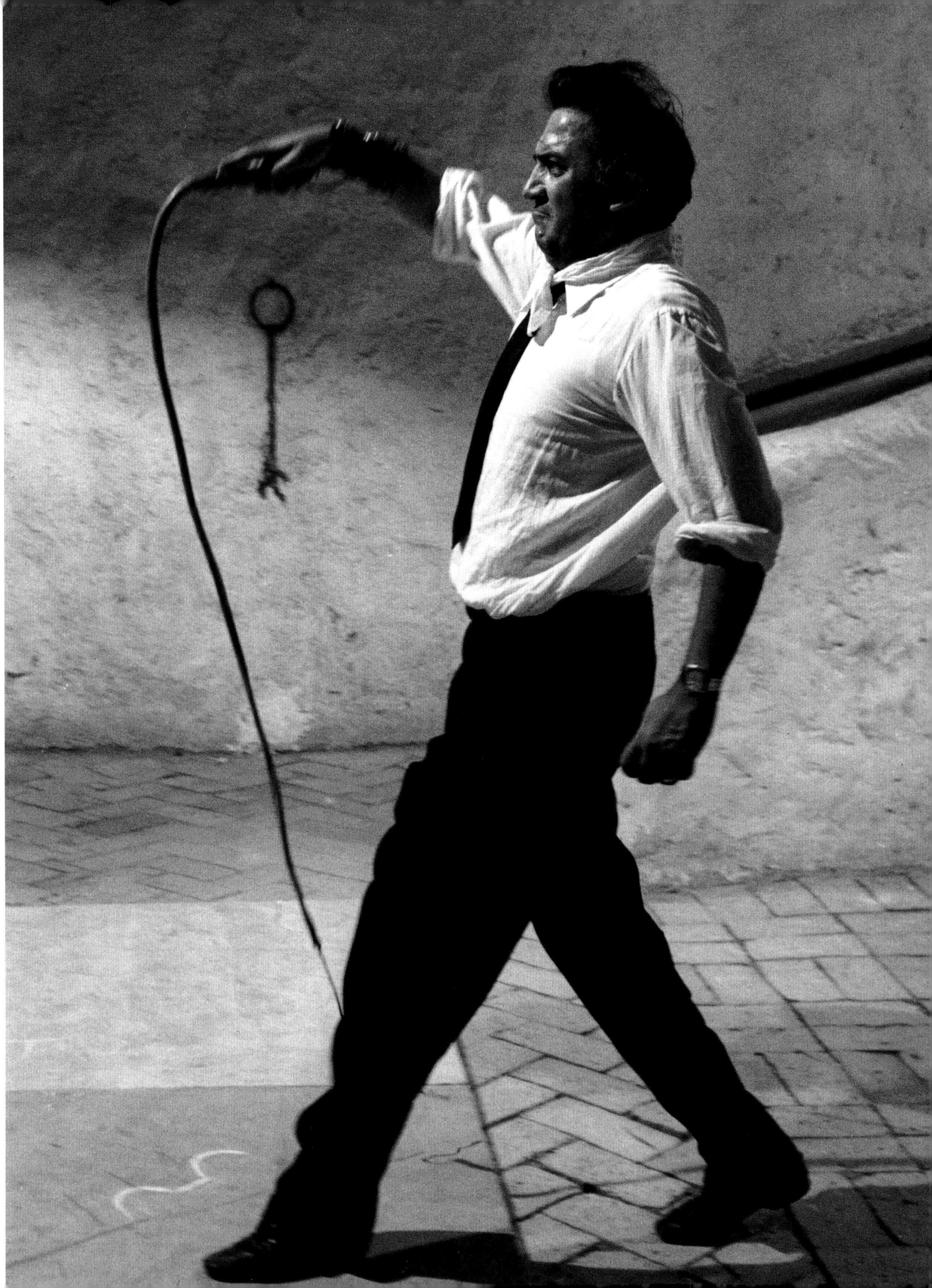

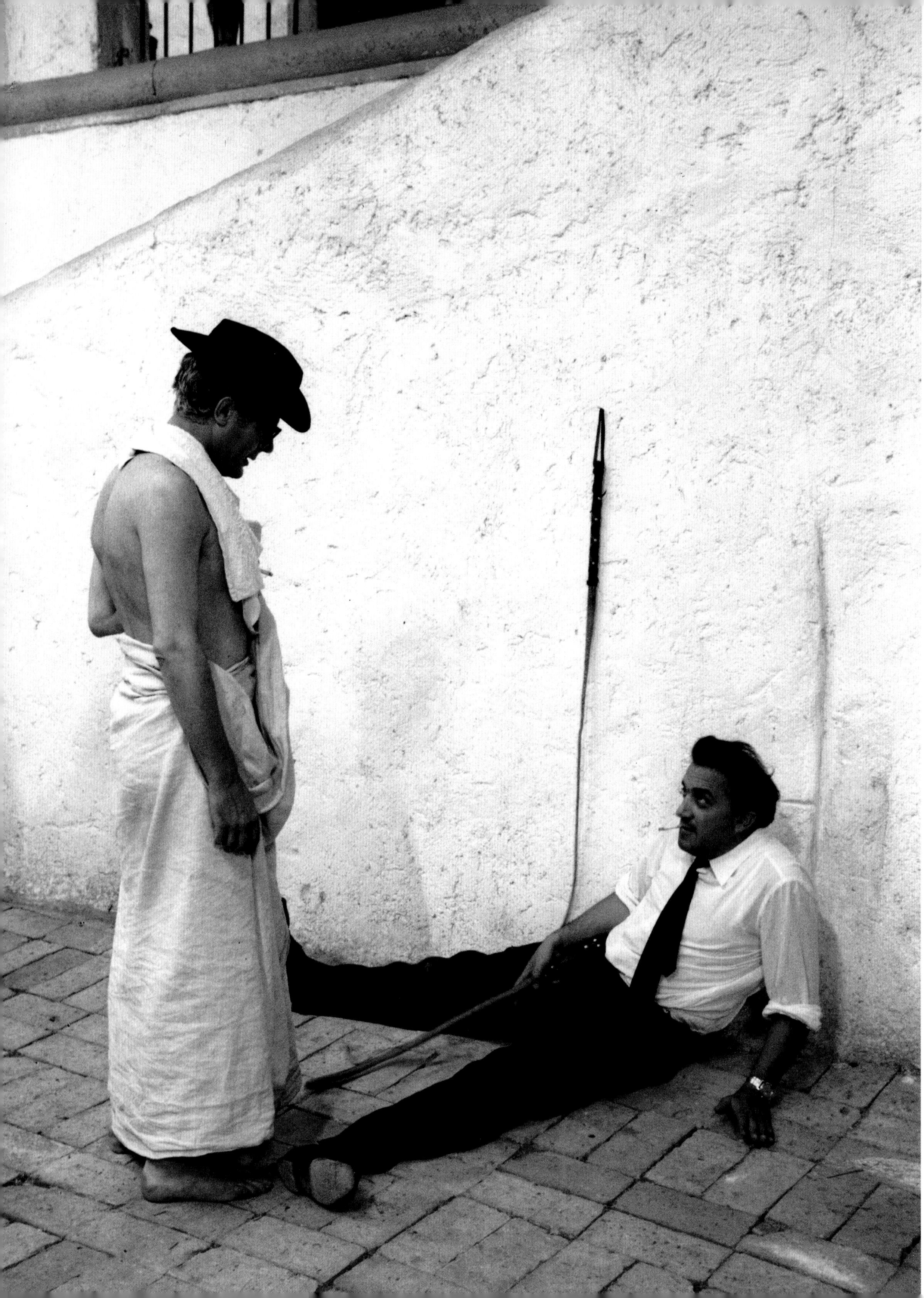

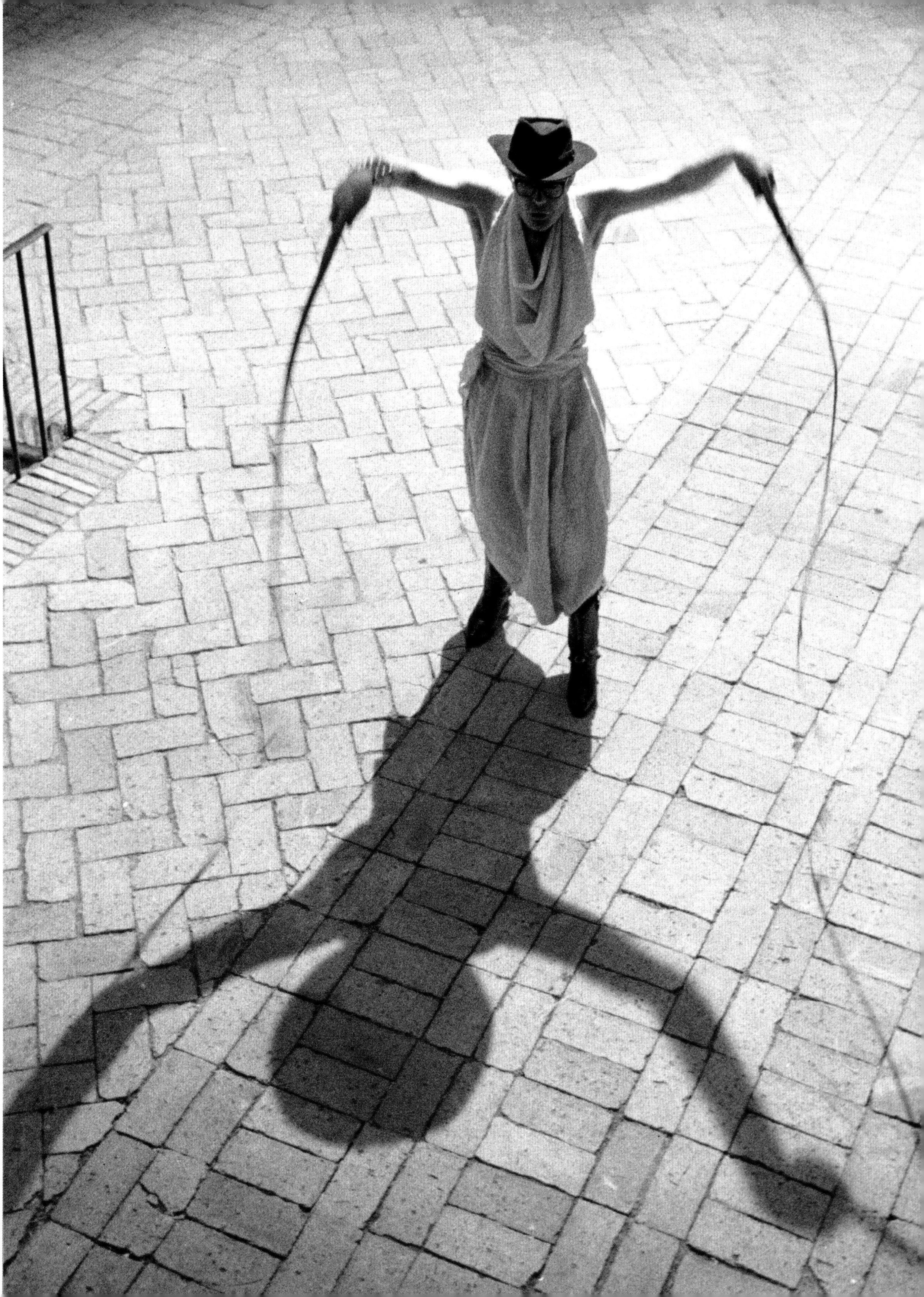

Federico Fellini
am Set von
Die Stadt der Frauen,
Cinecittà 1979

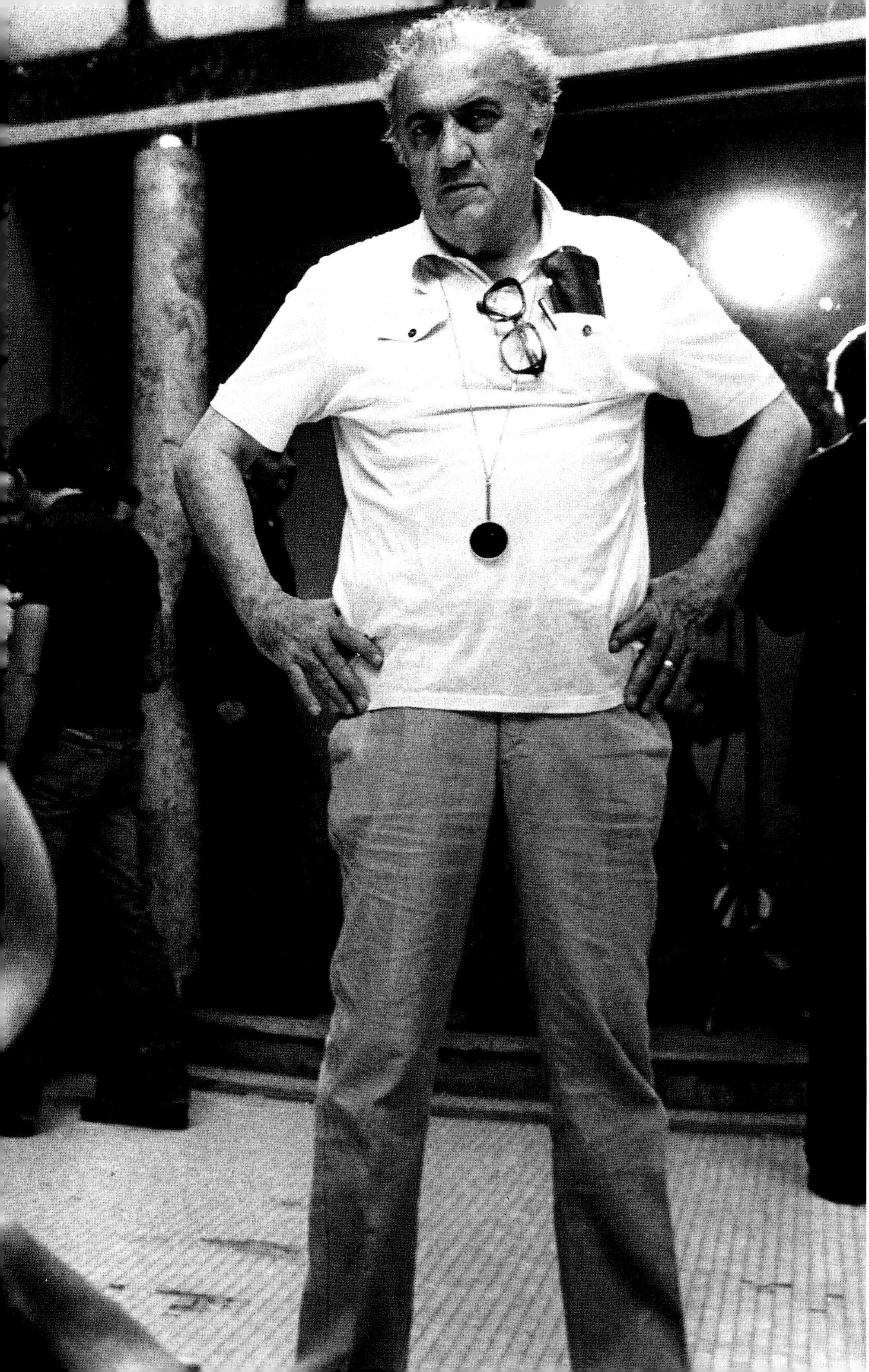

Federico Fellini
am Set von
Die Stadt der Frauen,
Cinecittà 1979

191

Szene aus
Die Stadt der Frauen,
1979

Federico Fellini,
Cinecittà 1959

Federico Fellini
am Set von
Achteinhalb,
Cinecittà 1963

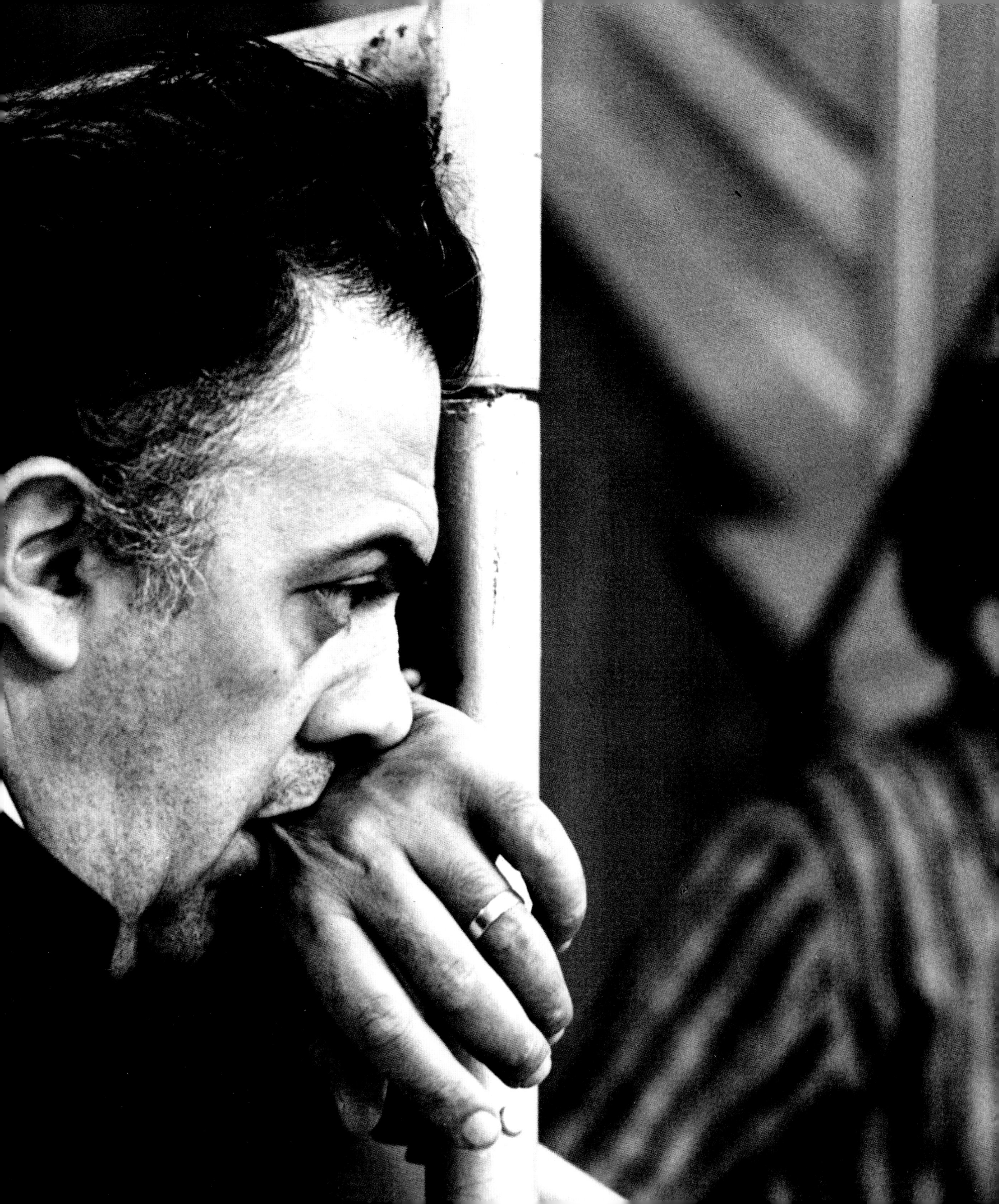

Fellini am Set
von *Amarcord*,
Fregene 1964

Fellini auf der Terrasse
seines Hauses in
Parioli, Rom 1972

Fellini am Strand
von Rimini, 1974

198

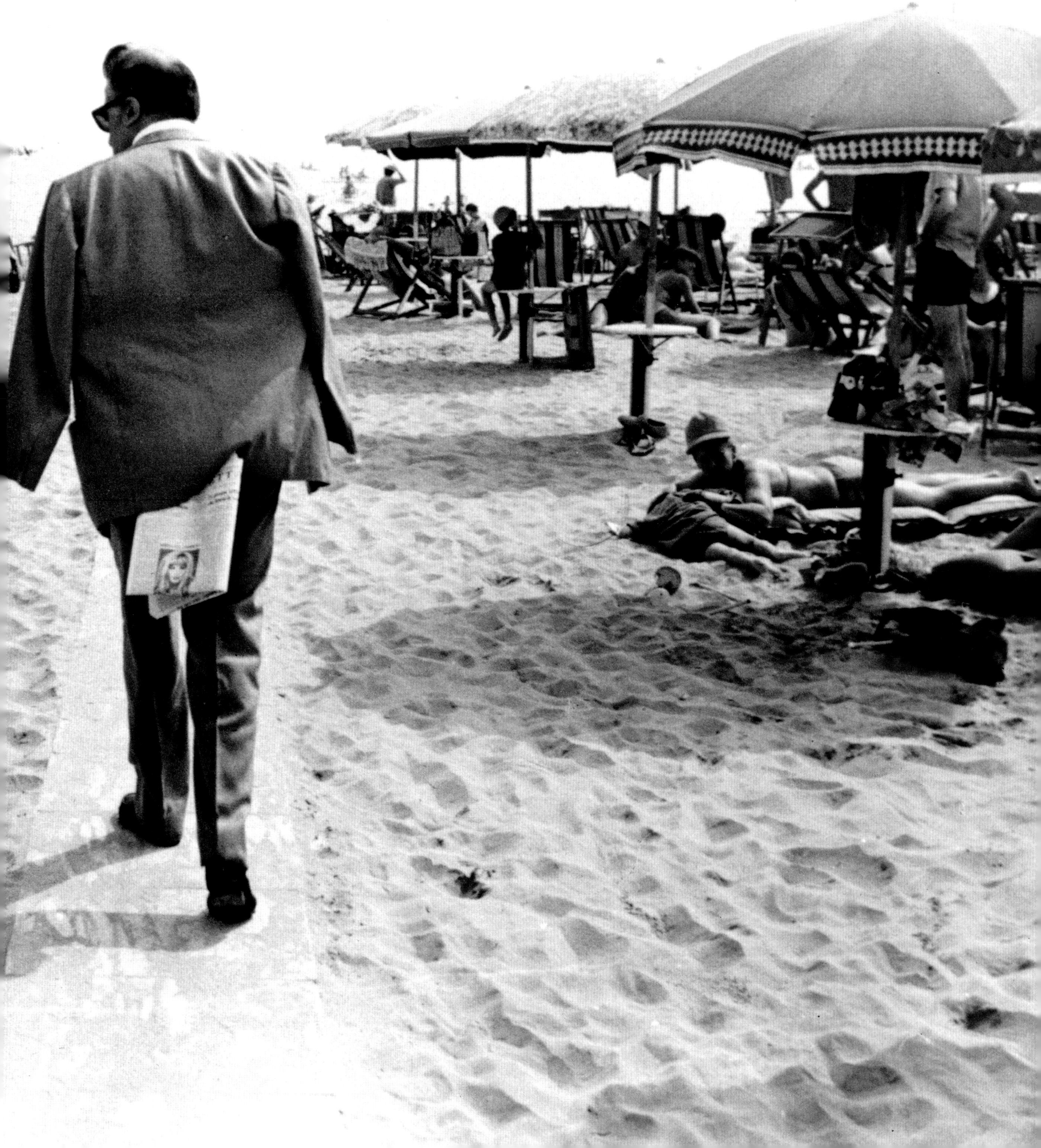

Signora Loren

Sophia Loren während
einer Drehpause
von *Arabeske*,
London 1966

Seite 204–209:
Sophia Loren und
Richard Avedon,
Rom 1966

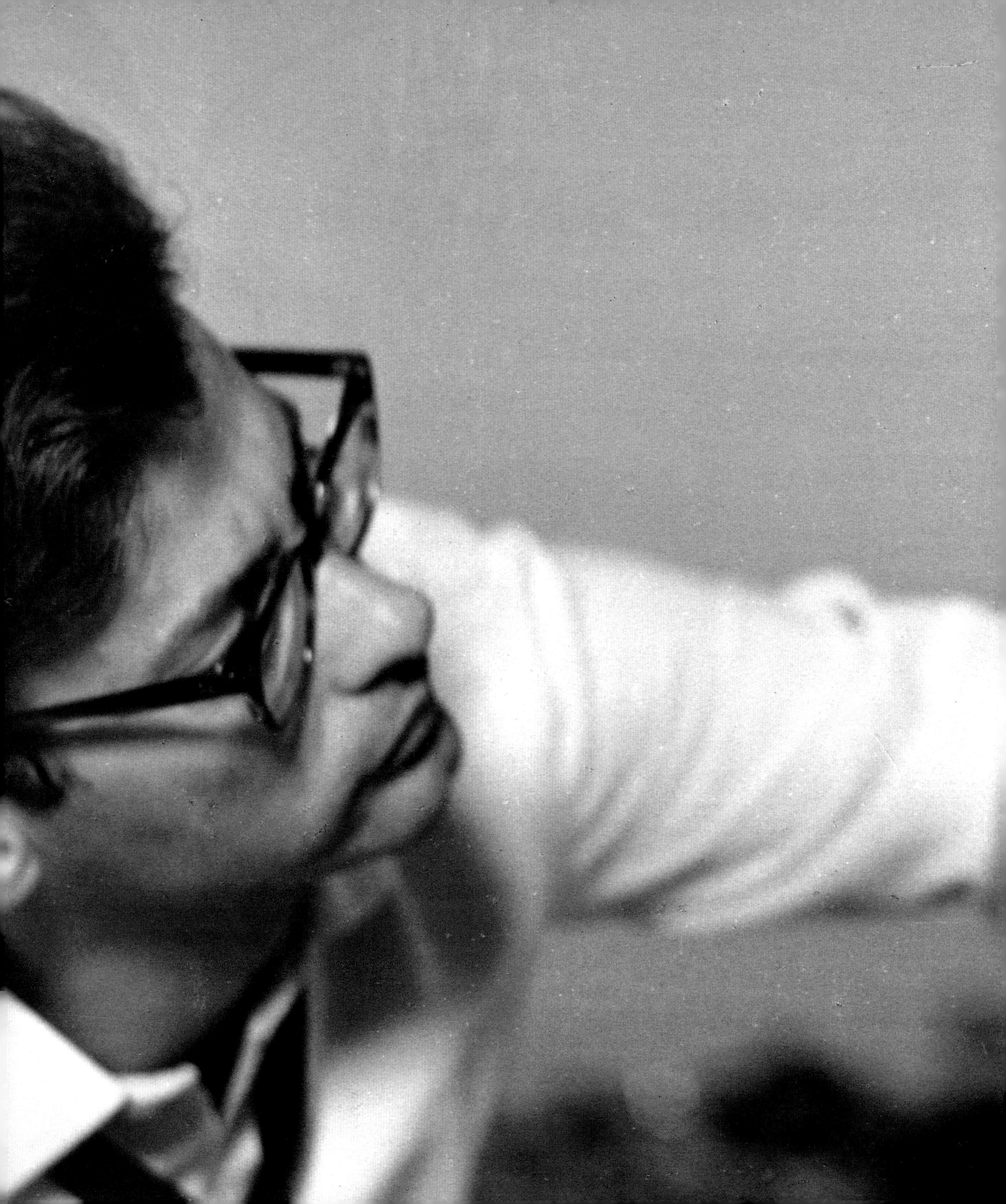

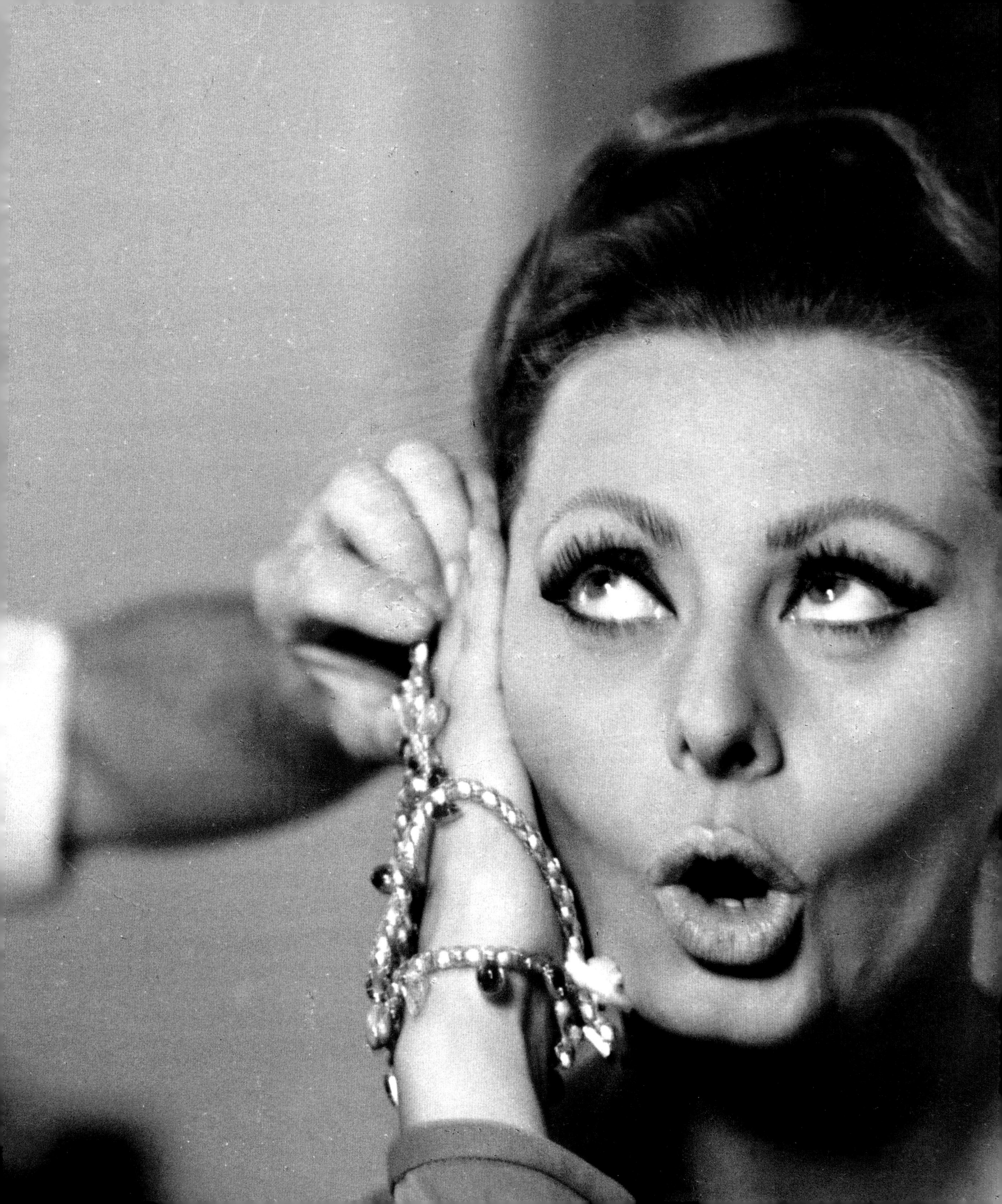

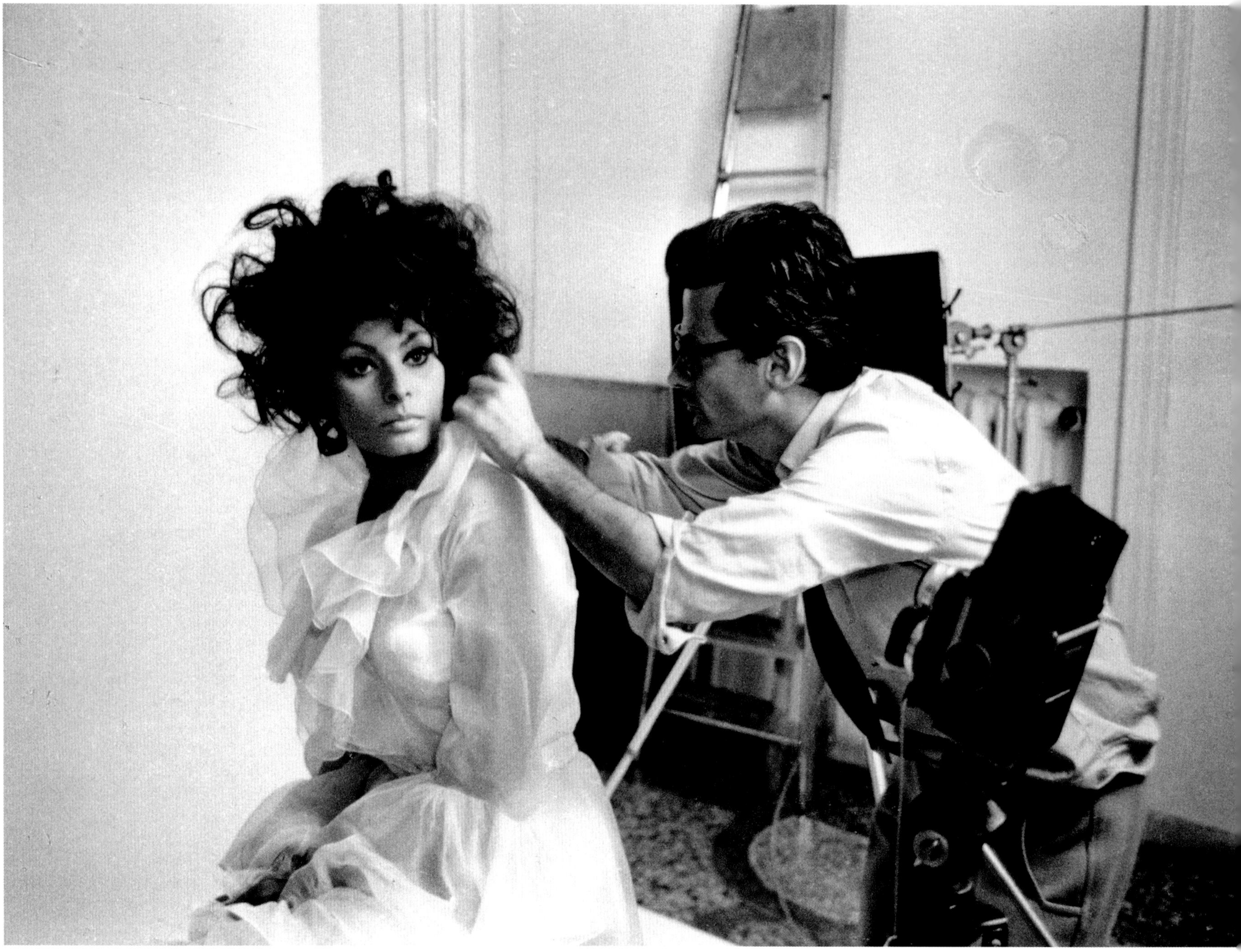

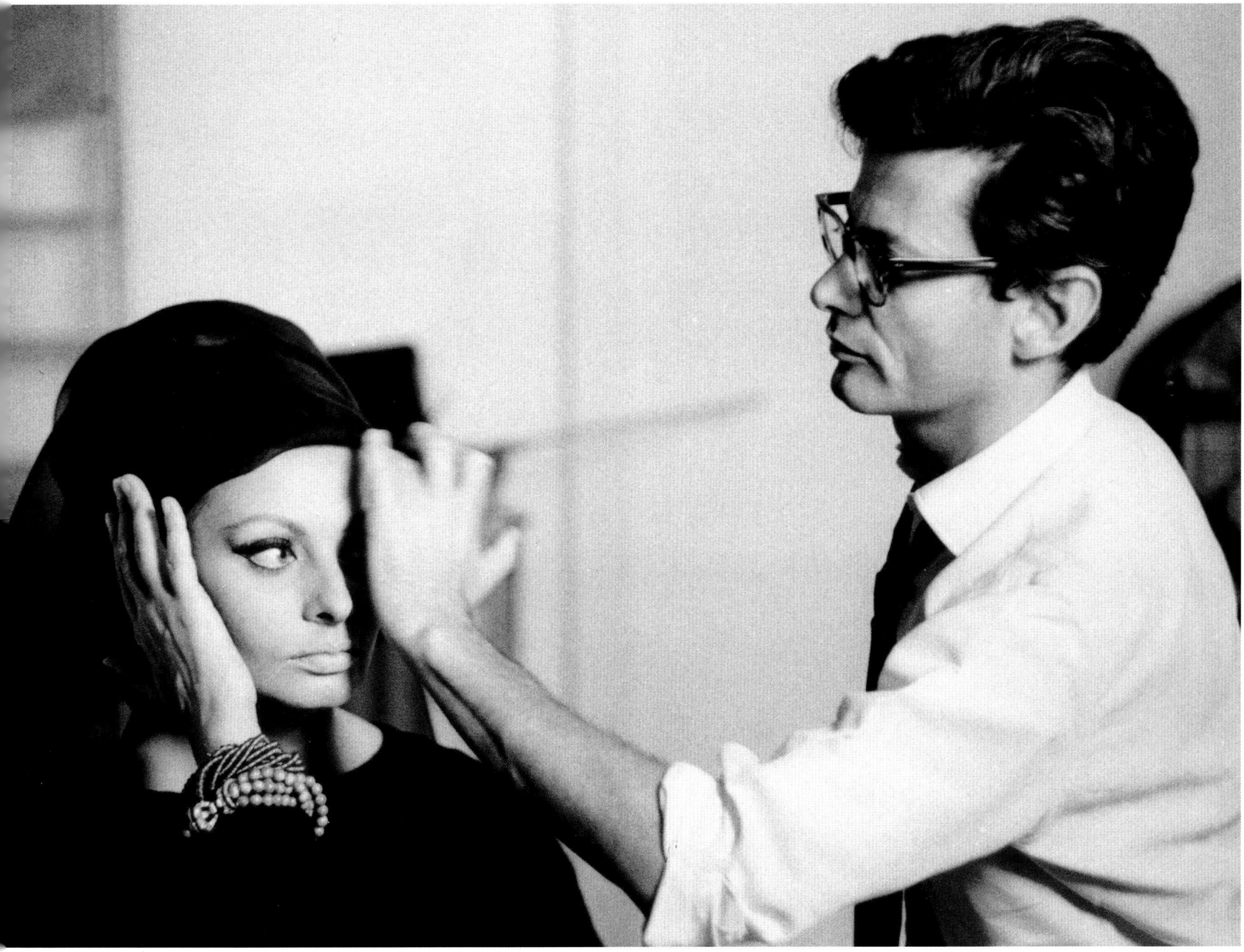

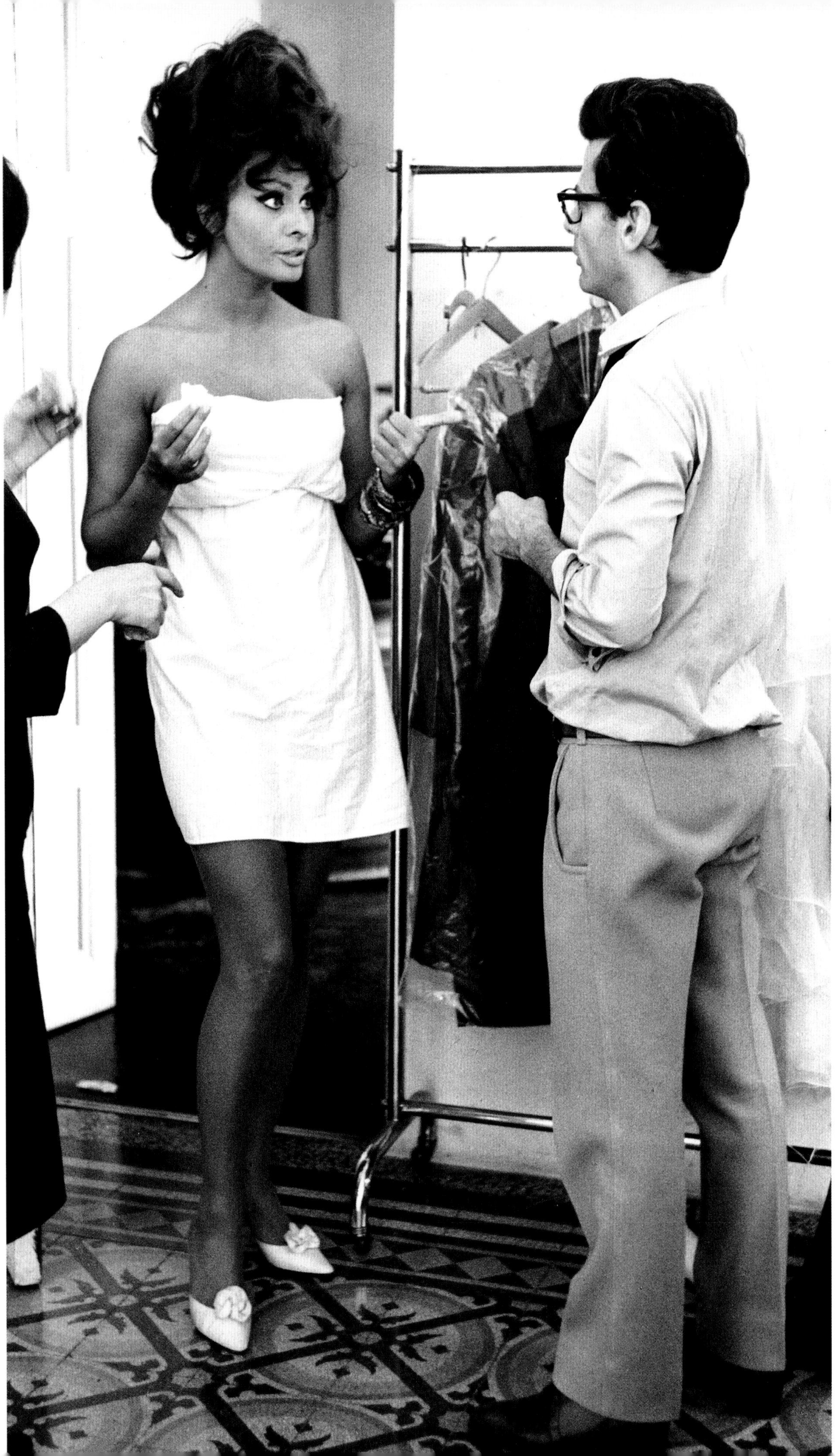

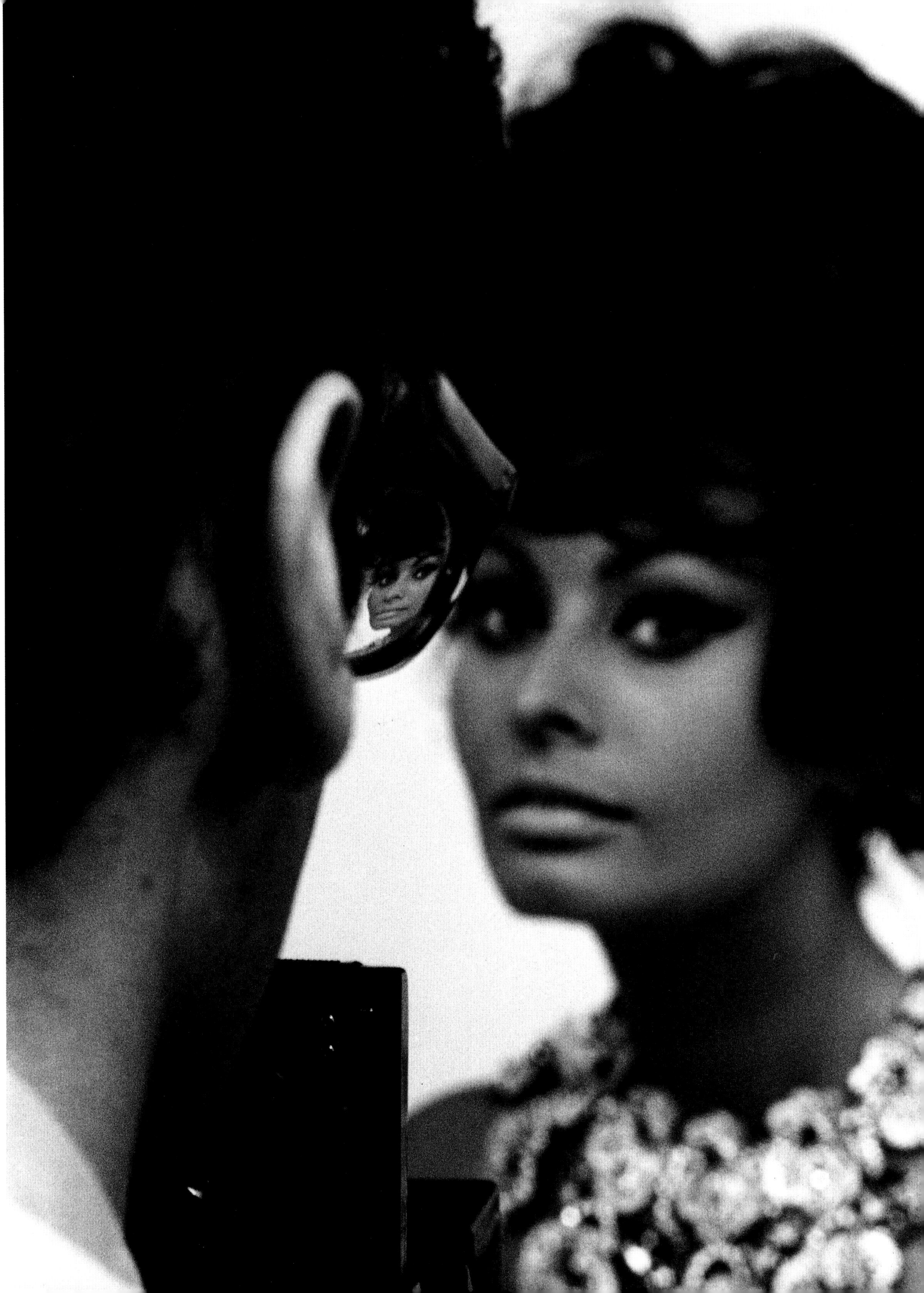

Sophia Loren während einer Drehpause von *Hochzeit auf italienisch*, Cinecittà 1964

Basilio Franchina,
Sophia Loren und
Vittorio De Sica während
einer Drehpause von
Hochzeit auf italienisch,
Cinecittà 1964

212

harlie Chaplin bespricht mit Marlon Brando und Sophia Loren Szenen aus *Die Gräfin von Hongkong*, 1967

Marcello Mastroianni
und Sophia Loren in
Ein besonderer Tag,
1977

Marcello Mastroianni und
Sophia Loren am Set von
Hochzeit auf italienisch,
Cinecittà 1964

Sophia Loren und Carlo Ponti in einer Drehpause von *Arabeske*, 1966

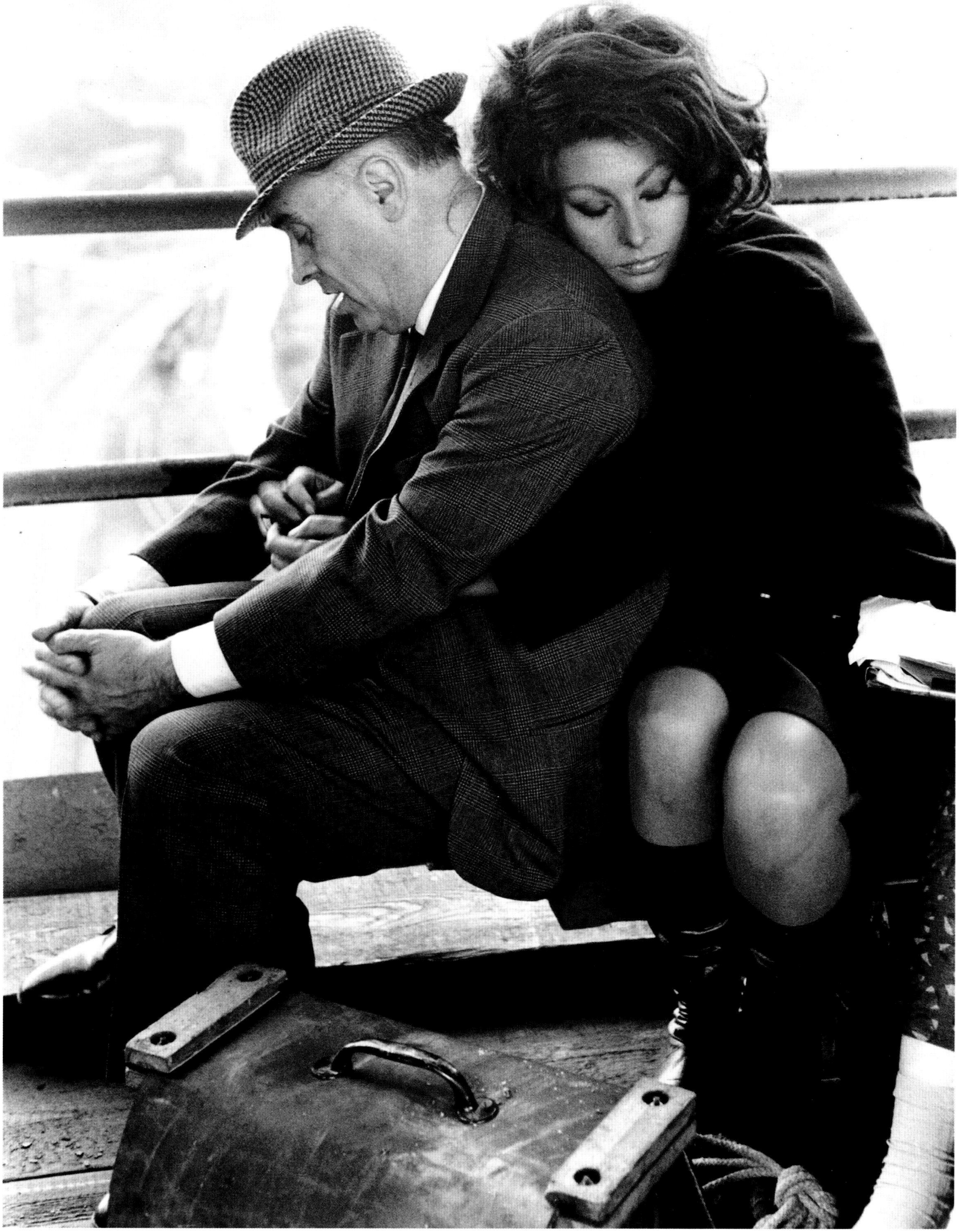

Sophia Loren und
Marcello Mastroianni in
Hochzeit auf italienisch,
1964

219

Sophia Loren in
einer Szene des Films
Die Frau des Priesters,
Padua 1970

Sophia Loren während
der Aufnahmen zu
Schöne Isabella,
Apulien 1967

Marcello Mastroianni
und Sophia Loren
warten auf ihren Einsat[z]
in *Die Sonnenblumen*,
Mailand 1970

Recht[s]
Sophia Loren i[n]
einer Szene des Film[s]
Die Frau des Priester[s]
Padua 197[0]

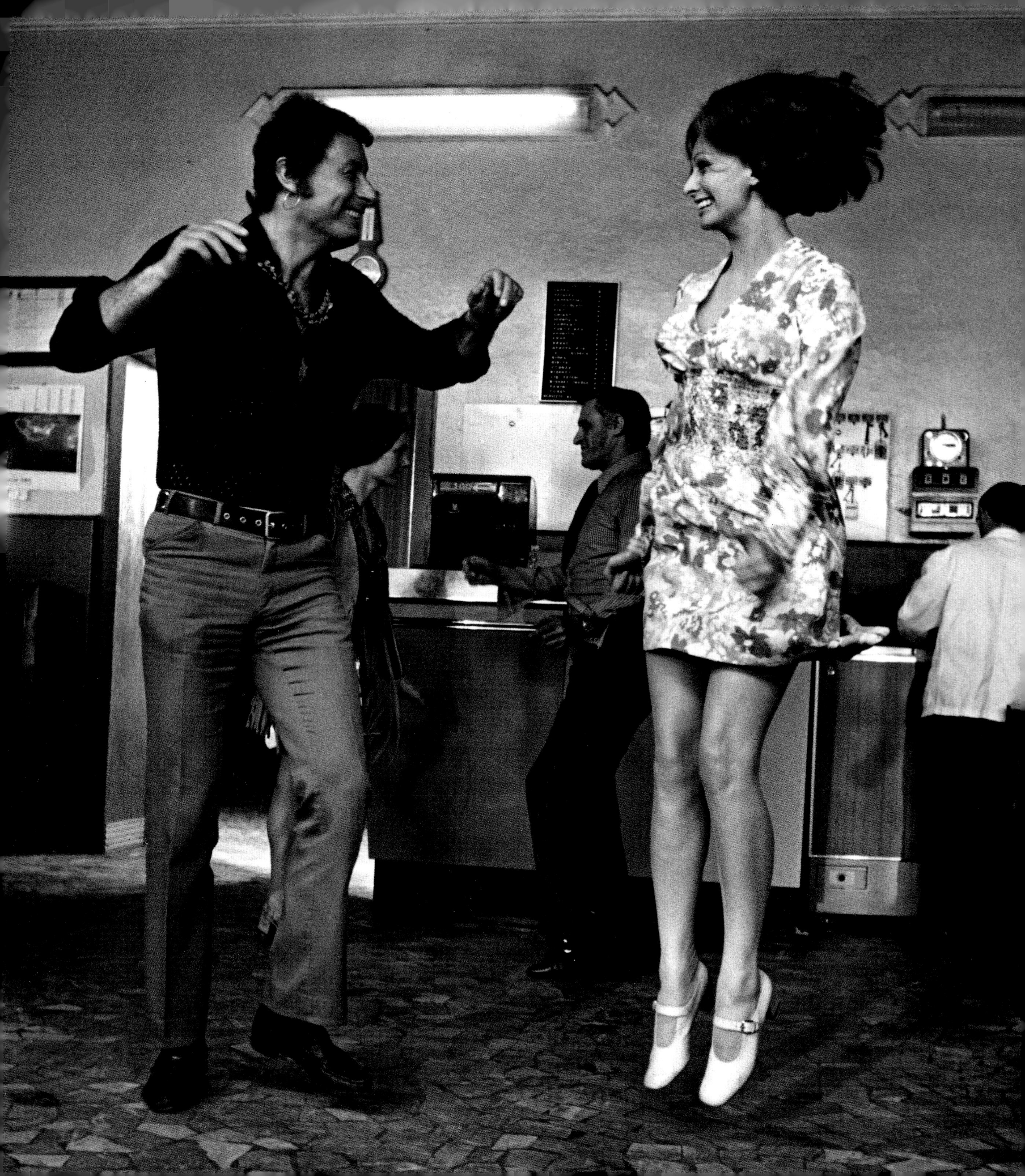

Links und rechts:
Sophia Loren während
einer Drehpause von
Die Frau des Priesters, 1970

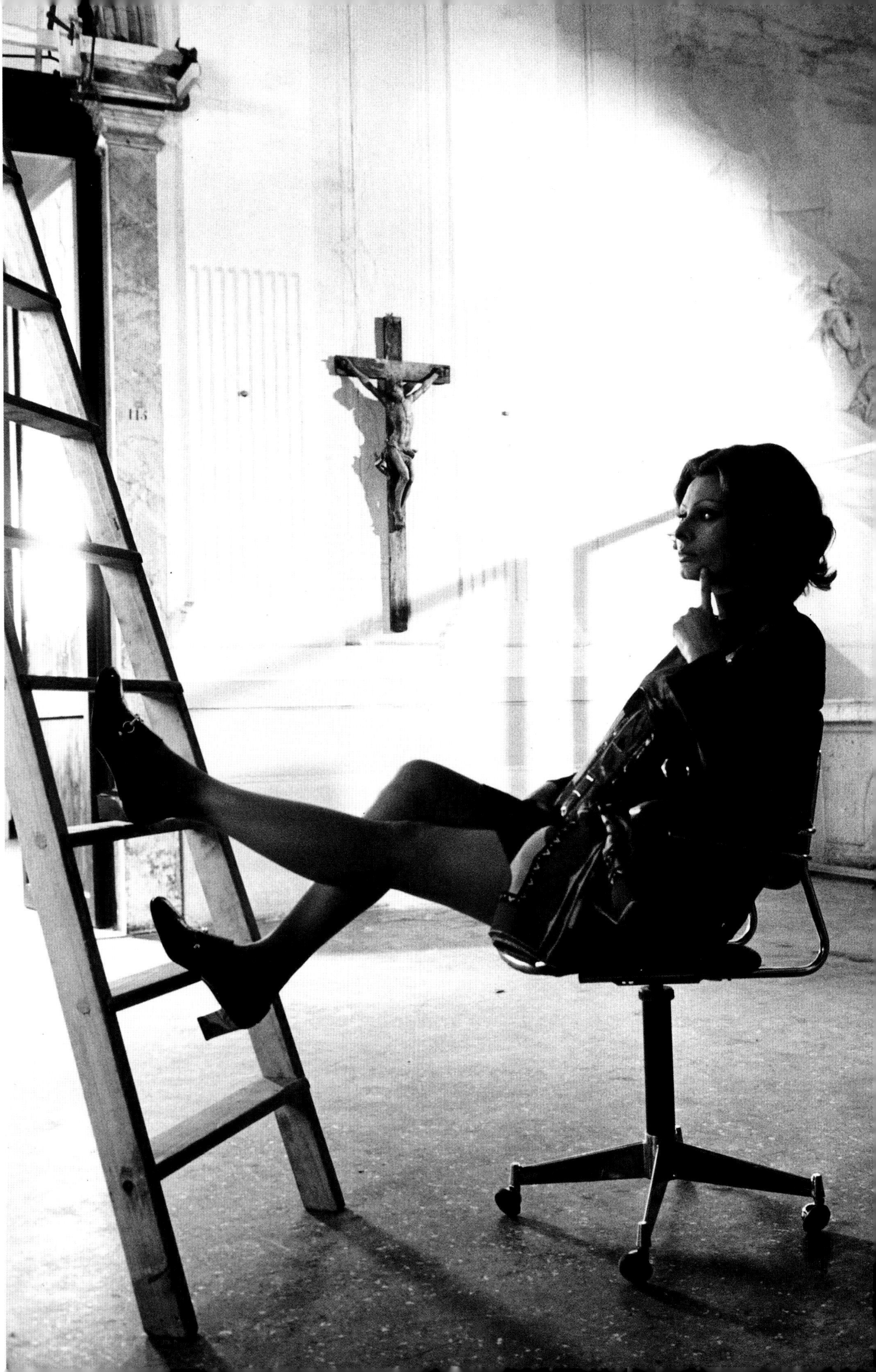

Sophia Loren
während einer
Drehpause von
Judith

226

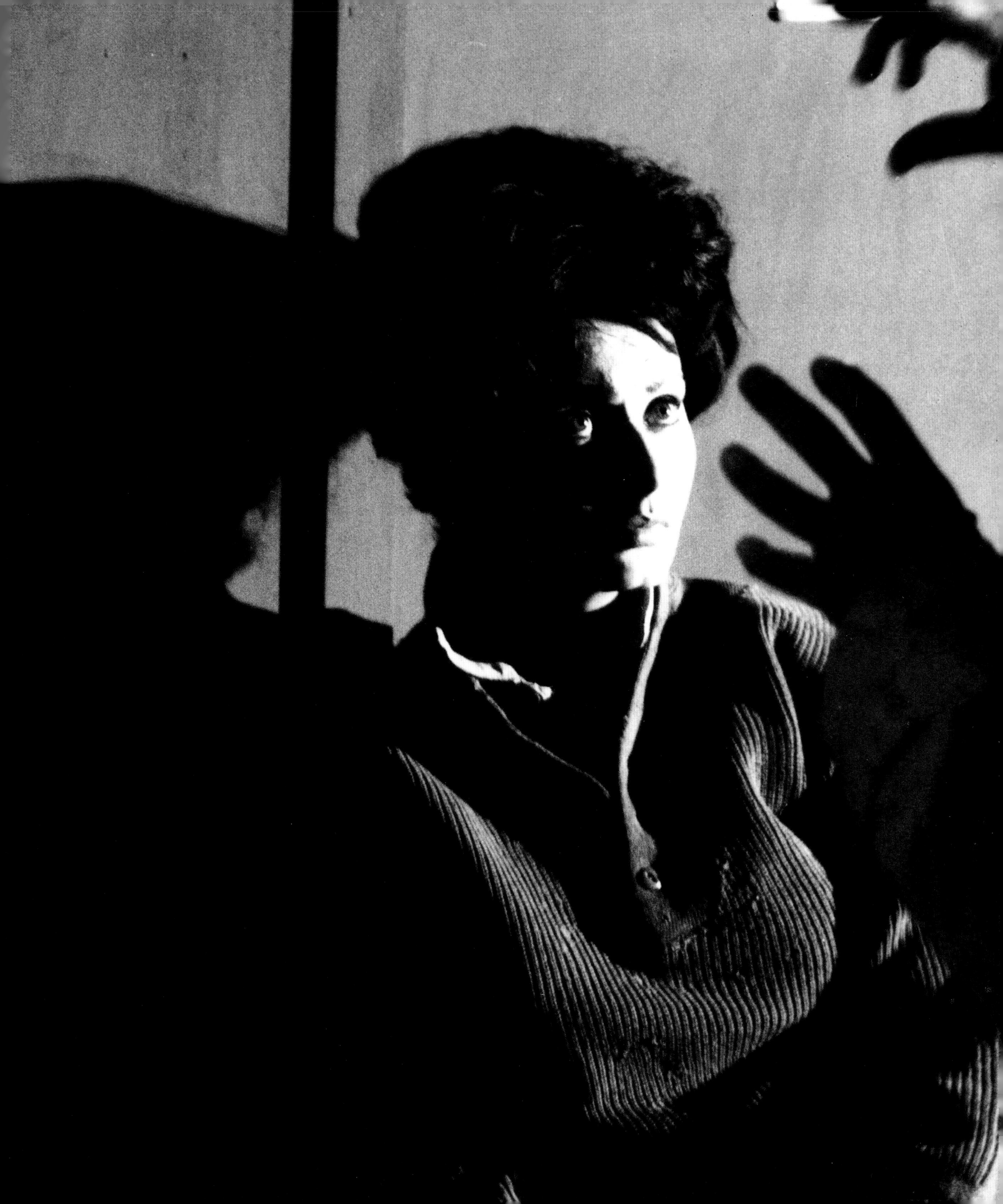

Sophia Loren am Set von *Arabeske*, London 1966

Richard Burton und Sophia Loren am Set des Films *Flüchtige Begegnung*, 1974

Ein überglücklicher Junge gibt Sophia Loren einen Kuß, Wengen, Schweiz 1978

Sophia Loren gibt in London Autogramme, 1966

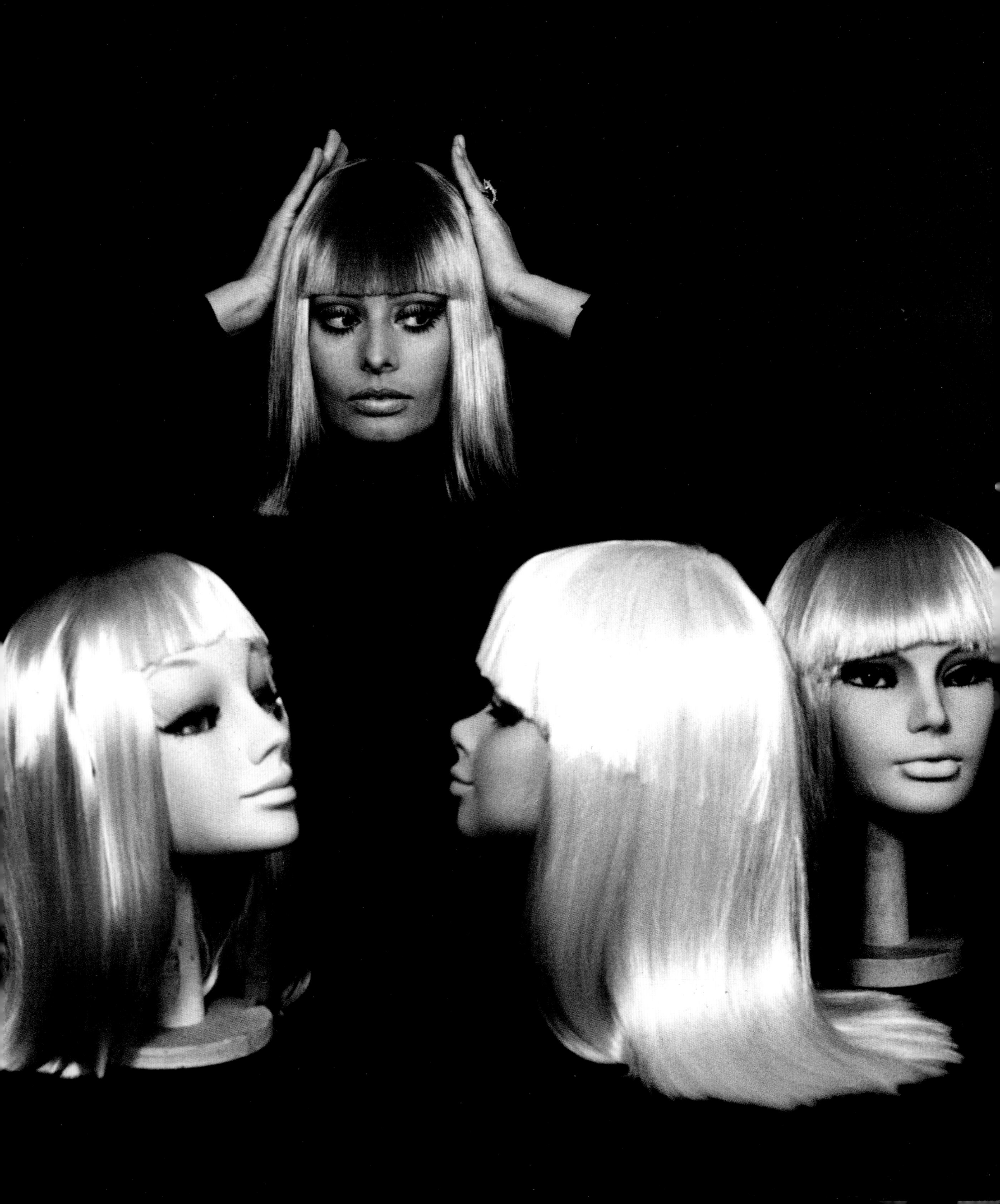

Links und rechts:
Sophia Loren
umgeben von
Perücken

233

Sophia Loren
in einer Drehpause
von *Schöne Isabella*,
Matera 1977

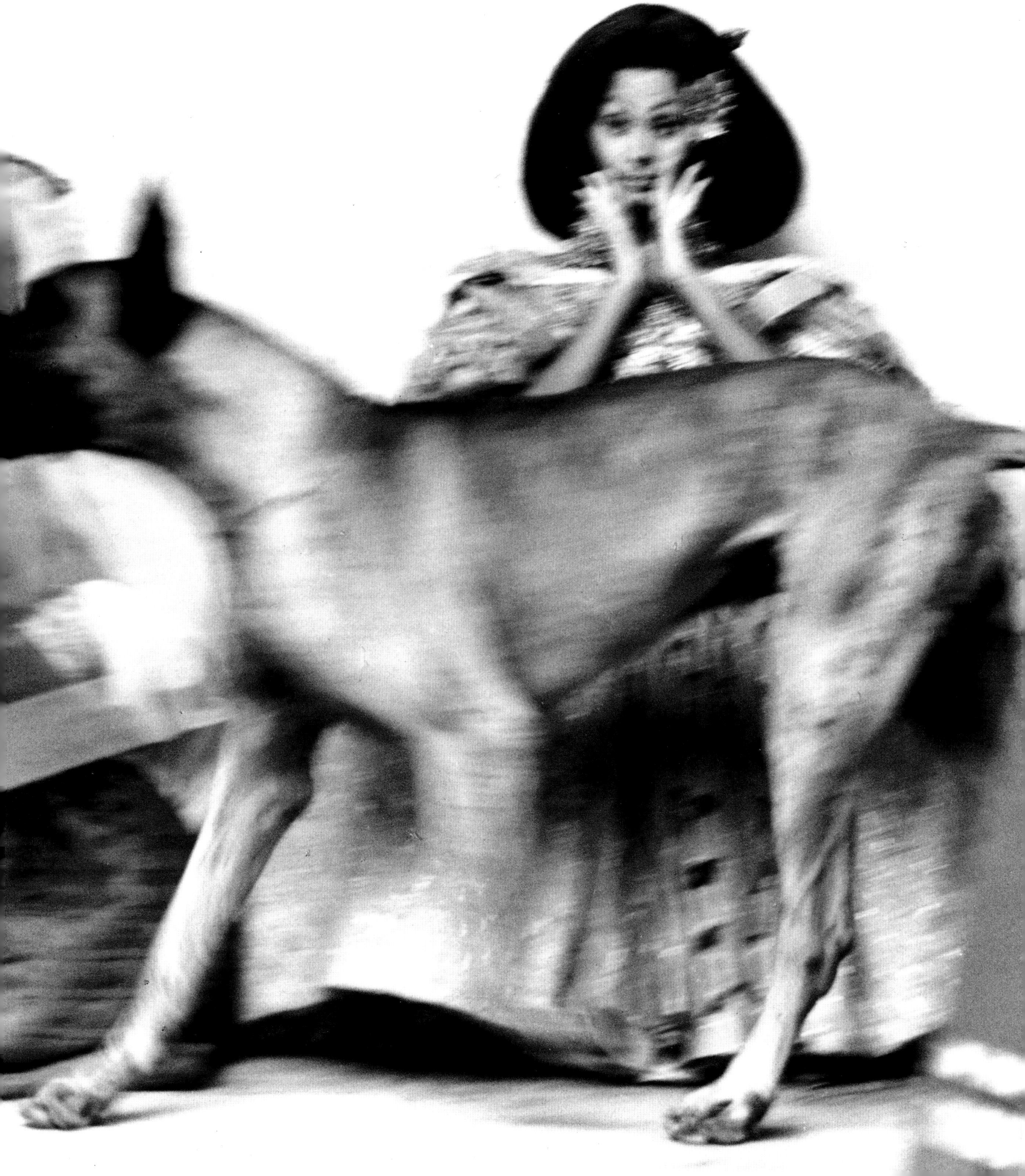

Sophia Loren,
Cinecittà 1966

Sophia Loren
scherzt bei den
Dreharbeiten zu
*Die Gräfin von
Hongkong,*
London 1966

Sophia Loren und Carlo Ponti
mit ihren Kindern in Mégève,
Schweiz 1976

Ein Kind kriecht unter dem Bretterzaun am Set von *Arabeske* durch, um Sophia Loren zu sehen, 1966

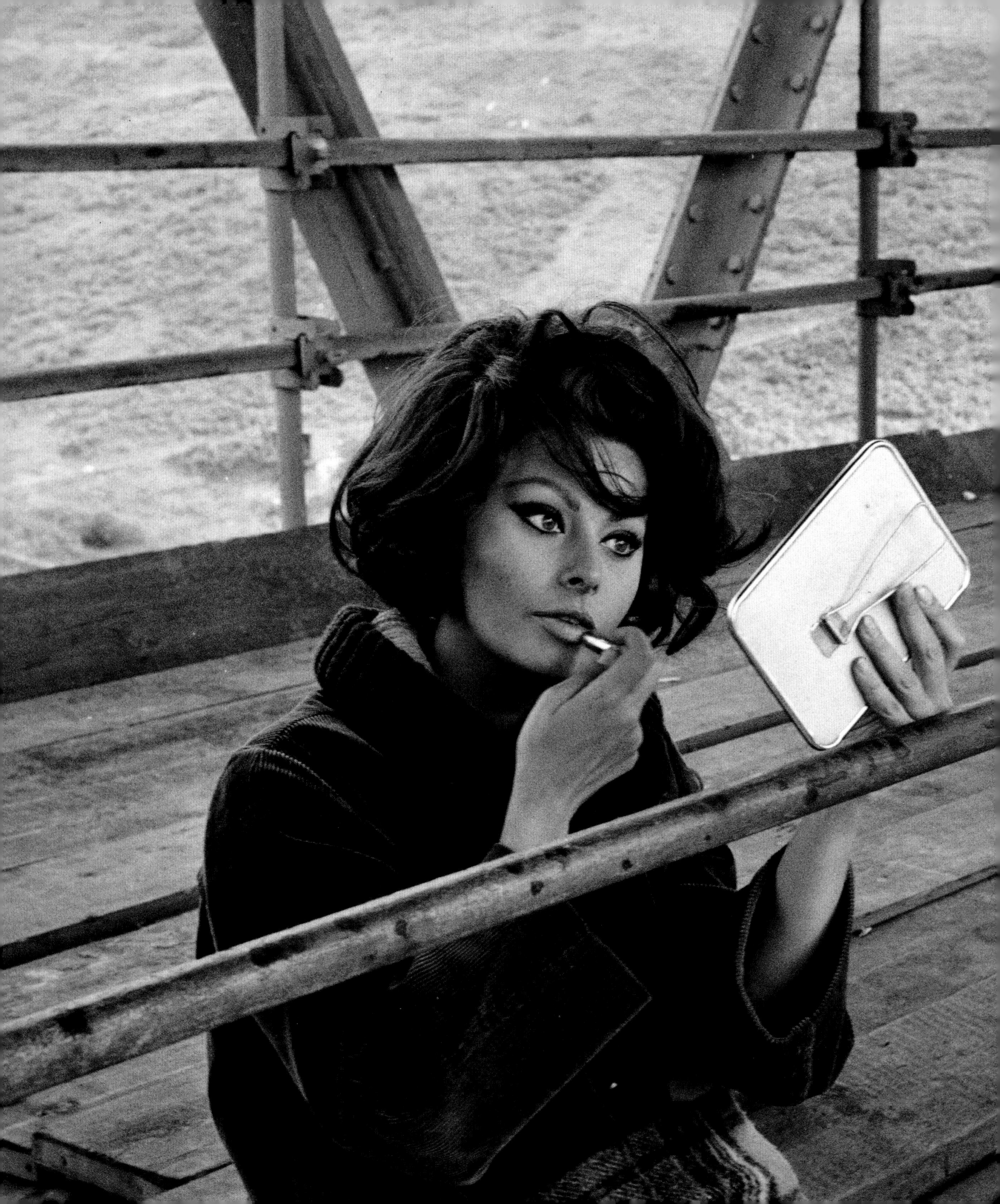

Sophia Loren und
Gregory Peck während
einer Drehpause von
Arabeske, 1966

Seite 242–243:
Sophia Loren und
Gregory Peck in
Arabeske, 1966

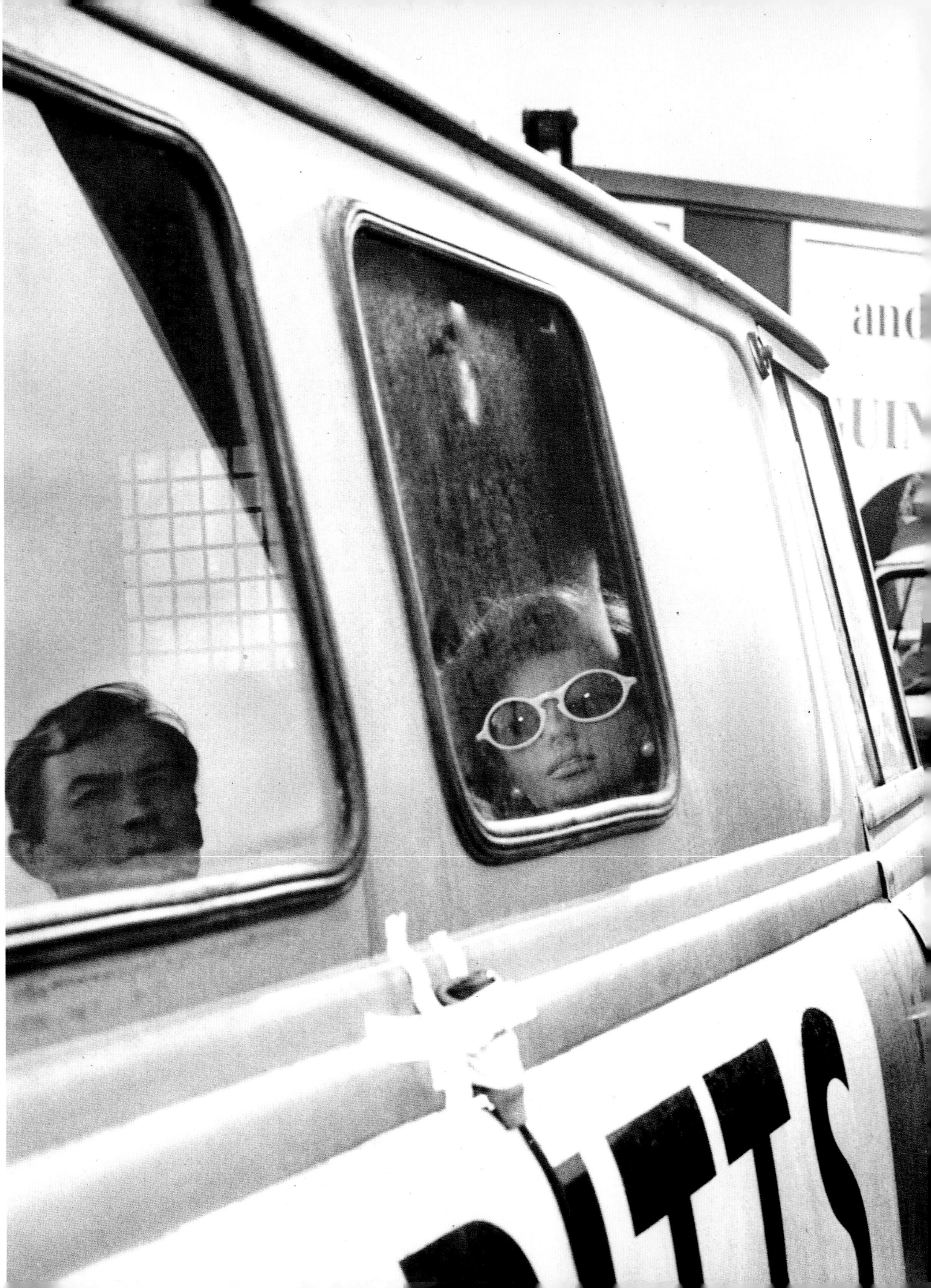

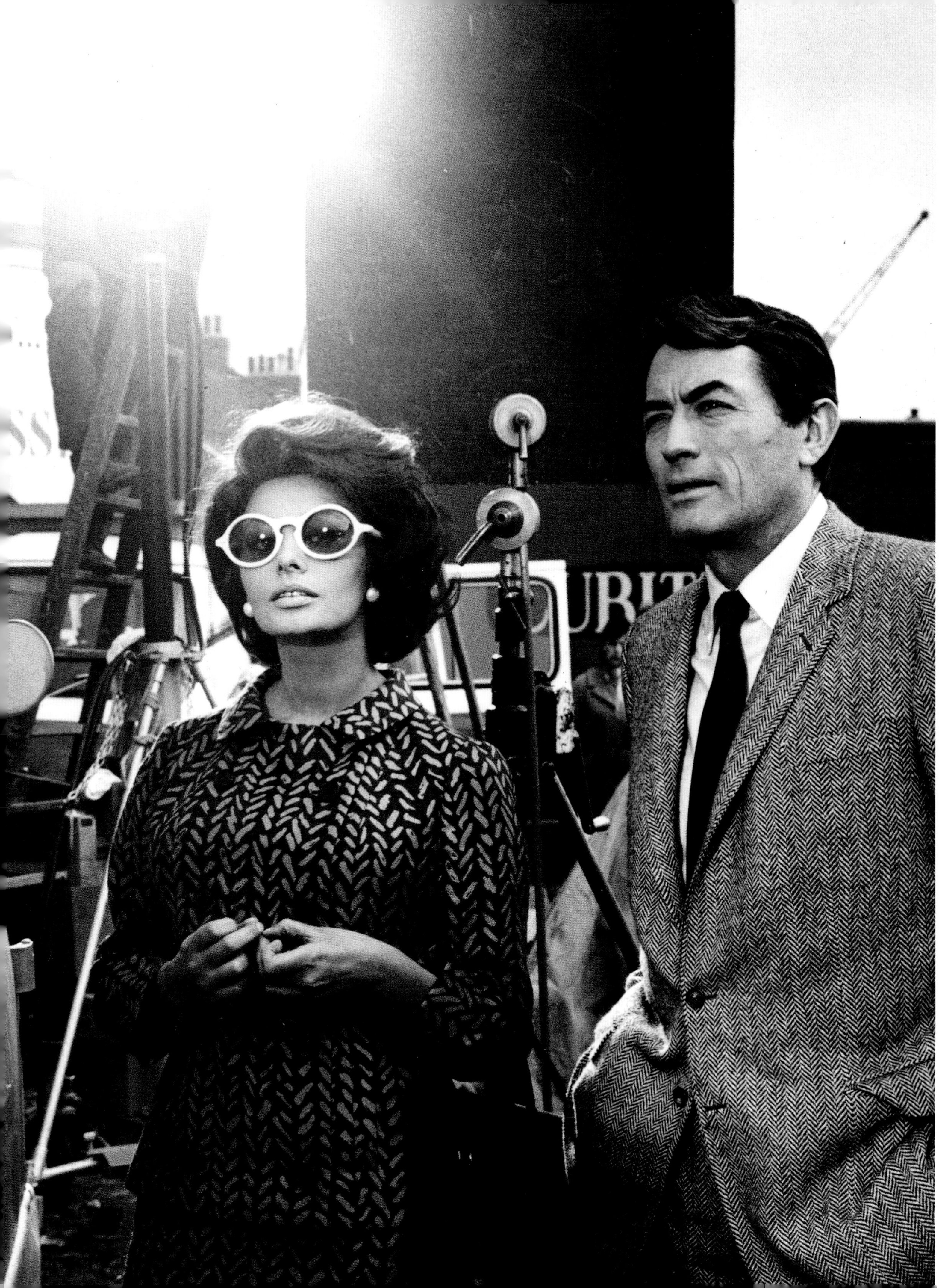
URIT

Sophia Loren während einer Drehpause von *Arabeske*, 1966

Sophia Loren und
Gregory Peck in
Arabeske, 1966

Sophia Loren während einer Drehpause von *Arabeske*, 1966

Sophia Loren während
einer Drehpause von
Schöne Isabella,
Matera 1967

Sophia Loren in
einer Drehpause
von *Die Sünde*,
Almeria, Spanien 1972

Biographie

1925 Tazio Secchiaroli wird am 26. November in Rom geboren. Seine Eltern stammen aus den Marken.

1941 Mit der Kodak Retina (35 mm) eines Freundes macht er seine ersten Aufnahmen.

1943 Er arbeitet als Laufbursche in Cinecittà.

1944–1951 Als Straßenfotograf in Rom fotografiert er amerikanische Soldaten und Touristen. Im Sommer führt er die gleiche Tätigkeit am Strand von Ostia aus.

1951 Die amerikanische Agentur International News Service beschäftigt ihn als „Mädchen für alles".
Seine Fotografenlaufbahn beginnt er bei der Agentur VEDO von Adolfo Porry-Pastorel, einem der Väter des italienischen Fotojournalismus, von dem er alle Tricks lernt.

1954 Er landet seinen ersten Scoop mit Bildern von einem bedeutenden Politiker, den er beim Betreten und Verlassen eines Bordells fotografiert, in dem dieser seine Ehefrau beim Sex mit anderen Männern beobachtet.
Er kauft seine erste Leica.

1955 Zusammen mit Sergio Spinelli von VEDO gründet er die Agentur Roma Press Photo.

1958 In der Nacht vom 15. auf den 16. August realisiert er drei Fotoreportagen, die die großartige Epoche der italienischen Glamourfotografie einleiten.
Er gibt Federico Fellini verschiedene Anregungen für den Film *La Dolce Vita*.

1960 Durch den Namen eines Protagonisten aus Fellinis Film *La Dolce Vita* entsteht der Begriff Paparazzo. Der große Regisseur öffnet ihm die Türen von Cinecittà.

1961 Tazio beendet seine Karriere als Paparazzo und wird Setfotograf.

1962 Er steigt aus der Agentur Roma Press Photo aus und arbeitet nur noch freiberuflich.

1964 Marcello Mastroianni macht ihn mit Sophia Loren bekannt, deren persönlicher Fotograf er wird.

1964–1983 Er fotografiert zahlreiche internationale Filmschauspieler und bereist mit Sophia Loren die Welt.

1979 Bei der Ausstellung „Venezia '79. La fotografia" werden Arbeiten von ihm gezeigt.

1980 Im Palazzo delle Stelline in Mailand findet seine erste Einzelausstellung statt.

1983 Ende der aktiven Laufbahn als Fotograf.

1984 Diego Mormorio und Mario Verdone laden ihn zu einer Veranstaltung mit Studenten des Istituto di Scienze dello Spettacolo der Universität von Rom ein, die großen Anklang findet.

1990 Cartiere Milani di Fabriano widmet ihm eine Einzelausstellung.

1996 In der Galerie Photology in Mailand wird seine Ausstellung „The original Paparazzo" gezeigt.